作者夫妇与恩师、师母合影

弘揚武術精華

豐富武術寶庫

賀朱瑞琪教授新作出版

張山 二〇一二年七月

张山老师为本书题词

作者与张山老师合影

李志坚书记为作者颁发证书

作者与门惠丰、阚桂香老师合影

作者与夏柏华老师合影

作者在08年奥运会上留影

作者与吴彬老师合影

作者在辅导意大利武术团

作者在日本表演陈式太极拳

作者演练南拳

作者在11届亚运会执裁时留影

2008年奥运会裁判员合影

作者在全国武术研讨会上发言

作者在16届亚运会上留影

作者指导本单位进修教师南棍

作者在11届全运会上留影

武术散打技术理论与裁判

朱瑞琪 编著

人民体育出版社

图书在版编目(CIP)数据

武术散打技术理论与裁判/朱瑞琪编著． —北京：人民体育出版社，2015（2016.6.重印）
ISBN 978-7-5009-4835-3

Ⅰ.①武…　Ⅱ.①朱…　Ⅲ.①散打（武术）–裁判法
Ⅳ.①G852.44

中国版本图书馆 CIP 数据核字（2015）第 141244 号

*

人民体育出版社出版发行
三河兴达印务有限公司印刷
新　华　书　店　经　销

*

787×960　16 开本　20 印张　351 千字
2015 年 11 月第 1 版　2016 年 6 月第 2 次印刷
印数：5,001—8,000 册

*

ISBN 978-7-5009-4835-3
定价：46.00 元

社址：北京市东城区体育馆路 8 号（天坛公园东门）
电话：67151482（发行部）　　邮编：100061
传真：67151483　　　　　　　邮购：67118491
网址：www.sportspublish.com
（购买本社图书，如遇有缺损页可与邮购部联系）

作者简介

朱瑞琪，1950年2月生，广东省阳江市人。1971年参加工作，1974年毕业于原北京体育学院武术专业，后留校任教至今。现为北京体育大学教授、博士生导师、享受"政府特殊津贴"；国际A级武术裁判员、中国武术九段、中国武术协会委员、国家体育总局武术研究院专家委员会专家。1994年至2014年间，曾任北京体育大学武术学院院长、学校学位委员会委员、中国武术协会常委、北  京市武术协会副主席、中国体育科学学会武术分会副主任、中国武术协会裁判委员会副主任。

朱瑞琪从小习练南拳，上大学后又师承于张文广、门惠丰教授，掌握了长拳、查拳、形意拳、陈式太极拳、杨式太极拳等诸多拳种。1979年又在恩师张文广教授的培养和指导下，从事散打的教学、训练及科研工作；1982年至1992年间任北京体育大学散打代表队总教练，培养出新中国第一个"武状元"和数名全国冠军、世界冠军。

1991年1月，被国际武术联合会批准为首批国际武术裁判员。1987年至今，一直担任国家级、国际级武术散打裁判员的培训、晋级、复考的主讲教师。长期从事武术套路和散打的裁判工作，其中包括第3、5、6、7届全国运动会武术套路预赛、决赛南拳组、短兵组裁判员、裁判长；第7~11届全国运动会武术散打预赛、决赛总裁判长；第11、12届亚运会和第1届东亚运动会武术套路比赛南拳组裁判员；1988年首届中国武术节国际散打擂台邀请赛总裁判长；第4、6、7届亚洲武术锦标赛散打比赛裁判长；第16届亚运会散打比赛裁判长；第7、8、9、10、12届香港国际武术节散打比赛总裁判长兼裁判长；第1、2、4、6、7、9、11届世界武术锦标赛散打赛裁判长、总裁判长；首届世界青少年武术锦标赛总裁判长；第2~4届亚洲青少年武术锦标赛裁判长、总裁判长；第1~4届世

界杯武术散打赛裁判长；2008年北京奥运会特设武术散打比赛总裁判长等职务。

参与编写的教材有《中国武术教程》《中国散手》《全国武术训练教材》《全国武术馆校教材》《国际武联指定教材》《中国武术段位制教程》《中国武术百科全书》《散手入门》（日文版）《散手入门与提高》等；独立编著的教材有《武术格斗技术教学》《南拳入门》《南拳入门与提高》等；发表有"论散手实战中运用距离差、时间差、空间差打法特点及训练对策""竞技武术散手攻防战术行动运用现状的定量分析""中国武术散打王赛制与市场的研究""中国功夫—美国职业拳击对抗赛的赛制与市场的研究""武术的功能与开发""现行竞技武术散打竞赛规则实施状况的调查""武术散打运动发展现状与对策研究""民族传统体育专业创新人才培养模式的研究""散打运动员在保持最佳竞技状态下减控体重的方案""高水平武术散打运动员抢攻与防反步伐运用规律研究""散打优秀运动员智力特征与评价标准""民族传统体育专业本科复合型应用人才培养模式的理论与实践研究"（获国家体育总局教学成果二等奖）等十多篇学术论文。

曾于1985年、1990~1993年、1993~1997年、1998~2001年、2006~2009年5次获国家体育总局（原国家体委）评选的"全国体育竞赛优秀裁判员"；1997年、2001年、2001~2005年、2005~2009年4次获国家体育总局武术运动管理中心评选的全国"十佳"武术裁判员；1995年获全国中华武林"百杰"；2009年获国家体育总局教学成果二等奖；2011年获第九届香港国际武术节组委会颁发的"中国武术最佳推广贡献金奖"。

自1986年起先后次被北京体育大学、中国武术协会、国际武术联合会选派到日本、西班牙、美国、加拿大、意大利、南斯拉夫、马来西亚、印度尼西亚、越南、菲律宾、泰国、土尔其、新加坡、拉斯维加斯等国以及香港、澳门、台湾等地区讲学、培训裁判员、组织竞赛和执裁等工作。

序

《武术散打技术理论与裁判》一书的出版发行，是武术散打界的一大喜事，作者朱瑞琪教授请我为之写序，甚感欣慰。武术散打技术理论与裁判是在新中国武术运动中构建起来的散打竞技项目技理实践研究的成果，是作者30多年从事散打教学及工作的实践与经验总结。本书的出版对散打运动的发展、普及、提高具有现实和深远的指导意义。

朱瑞琪教授，还是武术界中比较年轻的一员，自散打项目试验至今30多年来，他始终坚守在散打竞赛场上。先后担任国内外散打比赛的总裁判长及技术顾问，得到了武术散打界领导、专家及同行的高度赞赏和好评，是武术散打界学习的榜样。

朱瑞琪先生在大学时代，就是北京体育大学红专培养对象，毕业留校在武术教研室工作。先后担任过党支部书记兼副主任、武术学院院长职务。正像他自己说的那样："几十年来，我从一个普普通通的年轻人，成长为北京体育大学教授、博导、国际A级武术裁判员，并荣获国务院颁发的'政府特殊津贴'，这一切都得益于母校和恩师栽培。"其实这一切都是他敬业于武术体育教育事业的结果。

朱瑞琪教授具有高尚的武术品德，他在前言中写道："特别感谢我的恩师张文广教授，没有他老人家的栽培就没有我的今天。"以专著来缅怀自己的恩师，业成念念不忘师恩，不忘领导、师长、同学好友的栽培和支持，这种品德难能可贵。

《武术散打技术理论与裁判》大作内容详实，价值很高，我向大家推荐，希望读者喜欢。

北京体育大学教授、研究生导师、太极拳名家、武术九段，中国武术协会专家委员会委员，东岳太极拳创始人。

门慧丰
2012年3月18日于北京

前 言

1979年，正值我国实行改革开放，"国内武术热"也再度兴起，以至于业内的有识之士对"武术本质问题"的大讨论也愈加激烈。原国家体委为全面继承和发展武术这一古老的传统文化遗产，决定在浙江省体委、北京体育学院（现北京体育大学）和武汉体育学院三个单位，进行武术对抗性项目（含散手、太极推手、短兵、长兵）的挖掘、整理和试验工作。当时，我作为北京体育学院的青年教师，非常幸运地跟随我的恩师张文广教授参与了该项工作。1972年我刚上大学时，张老师是我的专项老师，但那时中国的"十年浩劫"还没有完全结束，自己对武术技击理论的知识知之不多，心理存有很多疑团，但由于各种原因我只能把它深深地埋藏在心里等待合适的机会以求解答。而今天我又能在恩师的指导下研究和学习武术技击理论与知识，实现自己多年的愿望了，心里的高兴实在难于言表！

由于有张文广教授、温敬铭教授等老一代武术家的辛勤耕耘，使武术散打的发展从试验走向了成熟，从国内走向了国际，从单一竞赛项目跨入到全国性、世界性综合运动会的大家庭。我作为一名散打专业人员，自38岁开始连续担任了20多年全国武术散打锦标赛和纵跨了5届全运会预赛、决赛的总裁判长；多次担任了洲际和世界武术散打锦标赛的总裁判长；一直担任国内、国际武术散打裁判员晋级或培训的主讲教师；参加了历次由国家体育总局武术运动管理中心组织的有关散打技术研讨会、竞赛规则与裁判法的修订工作。如今30多年过去了，想起来还历历在目。30多年来虽然幸运之事不少，但也留有很多遗憾。比如，当今对散打理论上的研究还比较滞后；在国际、国内对散打的宣传还很有待于提高；项目的发展在各国和地区还很不平衡；在竞赛市场的开发方面还没有形成自己独特的品牌；在群众性的健身活动中，尤其是在学校体育活动中，与"舶来品"的跆拳道相比，差距还很大，更谈不上达到学校体育"为立足于娱乐、健康和终身体育"的教学要求；即便是在从事散打学习和训练的人群中，对散打的基本理论、基本动作名称、术语的规范性、竞赛的组织形式、裁判规则、裁判方法等缺乏有针对性的权威教材及相关的学习交流活动。要想改变这些不足与遗憾，

还要依赖于武术散打界的各位同仁及社会有识之士同心协力地为之奋斗。如今的我，已到了花甲之年，也想把自己积累的个人体会写一写，为今后武术散打事业的发展做点有益的事情，希望能多少会弥补一些自己的遗憾。

现在，《武术散打技术理论与裁判》已完稿。此书的主要内容是为广大散打爱好者、专业教师、社会体育指导员以及从事专业训练的教练员、裁判员、运动员和相关行业的特殊人员提供有关武术散打的基础知识、技术与技能、教学与训练、技击理论与运用、竞赛的组织、规则与裁判法等方面的知识。

《武术散打技术理论与裁判》全书共分武术散打技术理论与竞技散打裁判知识两大部分。武术散打技术理论是自己多年来给本科生、留学生、硕士生、博士生教授的专业基础知识和专项技术的教学、训练，以及组织他们参与讨论和研究的相关成果和内容。武术散打裁判知识主要是自己近30年来对武术散打竞赛的组织与裁判实践的经验体会，同时也吸纳了曾于久、蔡仲林、杨玉峰、于万岭、刘玉福、马学智等教授和专家们的研究成果。在此，本人特向他们致以诚挚的谢意！

经过几十年的不断努力，我在武术的教育事业中取得了一些成绩，也获得了一些荣誉，这些成绩和荣誉是恩师张文广教授长期以来对我谆谆教导和无私培养的结果，如果没有他老人家的栽培就不会有我今天的进步。如今老师虽然已经永远地离开了我们，但他老人家那种坚定不移的政治信仰、勇于实践的科学态度、一丝不苟的工作作风和无私奉献的崇高品格却时刻在激励着我。同时也借此机会感谢国家体育总局武术运动管理中心原副主任张山先生长期对我的帮助和培养！感谢门惠丰教授、夏柏华教授等老师们对我的不吝赐教和无微不至的关怀！感谢黄凌海同志、王玉龙同志、陈国荣同志、杨战旗同志以及周金彪同志等领导长期以来对我的信任和支持！感谢北京体育大学、中国武术协会历届的领导、老师、朋友们对我的关心与帮助！

由于本人水平有限，书中难免有不妥之处，敬请批评指正。

朱瑞琪
2011 年 12 月

目 录

武术散打技术理论

第一章　相关概念的讨论 …………………………………………（2）

第一节　武术概念的嬗变 ……………………………………（2）

第二节　散手与散打概念的由来 ……………………………（4）

一、散打的总概念 …………………………………………（5）

二、竞技散打的概念 ………………………………………（5）

三、传统散打的概念 ………………………………………（5）

四、大众散打的概念 ………………………………………（6）

五、实用散打的概念 ………………………………………（6）

六、综合散打的概念 ………………………………………（7）

七、演艺散打的概念 ………………………………………（7）

第三节　竞技散打与实用格斗术的区别 ……………………（7）

第四节　武术搏击术与套路的区别 …………………………（8）

第五节　传统武术与竞技散打的关系 ………………………（9）

第二章　散打运动的产生、发展与特点 …………………………（13）

第一节　古代的散打（原始社会至1840年）………………（13）

第二节　近代的散打（1840—1949年）……………………（14）

第三节　现代散打的发展与特点 ……………………………（14）

一、试验阶段（1979—1988年）…………………………（14）

二、快速发展阶段（1989—1998年）……………………（15）

三、成熟阶段（1999年至今）……………………………（17）

第四节　当前散打运动存在的主要问题 ……………………（18）

第三章 竞技散打基本动作与技法运用 ………………………（20）

第一节 竞技散打的基本动作 ……………………………（20）
一、实战姿势 ……………………………………………（20）
二、基本步法 ……………………………………………（21）
三、基本防守法 …………………………………………（29）
四、基本跌法 ……………………………………………（41）
五、基本拳法 ……………………………………………（46）
六、基本腿法 ……………………………………………（49）
七、基本摔法 ……………………………………………（57）

第二节 技法组合与运用 …………………………………（65）
一、技法组合 ……………………………………………（65）
二、技法运用的自身优势与条件 ………………………（85）

第四章 实用散打基本动作与技法组合 ……………………（92）

第一节 抓握与解脱动作及要点 …………………………（92）
一、抓握 …………………………………………………（92）
二、抓握与解脱 …………………………………………（93）

第二节 抓握与擒拿动作及要点 …………………………（100）
一、同侧手腕被对方单手逆抓的擒拿 …………………（101）
二、同侧手腕被对方单手顺抓的擒拿 …………………（104）
三、异侧手腕被对方单手逆抓的擒拿 …………………（105）
四、头部被对方抓握的擒拿 ……………………………（106）
五、胸部被对方抓握的擒拿 ……………………………（109）
六、肩部被对方同侧手抓握的擒拿 ……………………（112）
七、肩部被对方异侧手抓握的擒拿 ……………………（113）
八、被对方抱腰的擒拿 …………………………………（114）
九、与对方正面相遇的擒拿 ……………………………（115）
十、从对方后面实施擒拿 ………………………………（116）

第三节 肘、膝基本动作及要点 …………………………（117）
一、基本肘法 ……………………………………………（117）
二、基本膝法 ……………………………………………（123）

第四节　抓握与格斗技法组合及其运用 …………………… (125)
　　一、右手腕被对方左手逆抓的反击 …………………… (125)
　　二、左手腕被对方左手逆抓的反击 …………………… (129)
　　三、左手腕被对方右手逆抓的反击 …………………… (130)
　　四、左手腕被对方右手顺抓的反击 …………………… (132)
　　五、胸部被对方手抓握的反击 ………………………… (134)
　　六、头部被对方右手抓握的反击 ……………………… (135)
　　七、腹部被对方右冲拳攻击的反击 …………………… (137)
　　八、头部侧面被对方用右掼拳攻击的反击 …………… (138)
　　九、头部被对方用右劈拳攻击的反击 ………………… (139)
　　十、与对方迎面相遇实施与抓捕 ……………………… (140)
　　十一、从对方后面实施抓捕 …………………………… (141)

第五章　散打教学与训练 …………………………………… (144)

第一节　散打教学与训练的基本特点 ………………………… (144)
　　一、以德为本，贯穿始终 ……………………………… (144)
　　二、动作规范，注重实用 ……………………………… (144)
　　三、循序渐进，区别对待 ……………………………… (145)
　　四、以点带面，触类旁通 ……………………………… (145)
　　五、两人配对，贵在适度 ……………………………… (146)

第二节　散打技术学习的阶段 ………………………………… (147)
　　一、初步建型阶段（泛化阶段）……………………… (147)
　　二、配合运用阶段（分化阶段）……………………… (147)
　　三、实战提高阶段（巩固和自动化阶段）…………… (148)

第三节　散打技术的教学步骤 ………………………………… (148)
　　一、学会动作 …………………………………………… (148)
　　二、强化体会 …………………………………………… (149)
　　三、配合运用 …………………………………………… (149)
　　四、条件实战 …………………………………………… (149)
　　五、实战训练 …………………………………………… (149)

第四节　散打的练习形式 ……………………………………… (150)
　　一、集体练习 …………………………………………… (150)

二、分组练习 ……………………………………………………… (150)
　　三、双人练习 ……………………………………………………… (150)
　　四、单人练习 ……………………………………………………… (151)
　第五节　散打技术的训练方法 ………………………………………… (151)
　　一、空击训练 ……………………………………………………… (151)
　　二、点击训练 ……………………………………………………… (152)
　　三、攻防训练 ……………………………………………………… (152)
　　四、递招训练 ……………………………………………………… (153)
　　五、喂靶训练 ……………………………………………………… (153)
　　六、踢打沙包训练 ………………………………………………… (154)
　　七、隔空训练 ……………………………………………………… (155)
　　八、加难训练 ……………………………………………………… (155)
　　九、降难训练 ……………………………………………………… (155)
　　十、假设性训练 …………………………………………………… (156)
　　十一、模拟训练 …………………………………………………… (156)
　　十二、假实战训练 ………………………………………………… (157)
　　十三、摔"假人"训练 …………………………………………… (157)
　　十四、条件实战训练 ……………………………………………… (158)
　　十五、实战训练 …………………………………………………… (158)

第六章　散打技术的特点及训练 ……………………………………… (159)

　第一节　散打步法技术的特点及训练 ………………………………… (159)
　　一、步法技术的特点 ……………………………………………… (160)
　　二、步法训练的要点 ……………………………………………… (161)
　第二节　拳法、腿法技术的特点及训练 ……………………………… (162)
　　一、拳法、腿法技术的特点 ……………………………………… (162)
　　二、拳法、腿法训练的要点 ……………………………………… (165)
　第三节　摔法技术的特点及训练 ……………………………………… (168)
　　一、摔法技术的共性特点 ………………………………………… (168)
　　二、摔法训练的要点 ……………………………………………… (169)
　第四节　跌法技术的特点及训练 ……………………………………… (171)
　　一、跌法技术的特点 ……………………………………………… (171)

二、跌法训练的要点 …………………………………… (172)

　第五节　防守技术的要点及训练 …………………………… (173)

　　一、接触性防守技术的要点 …………………………… (173)

　　二、非接触性防守技术的要点 ………………………… (174)

　　三、提高防守能力训练的要点 ………………………… (175)

第七章　竞技散打战术的特点及训练 ………………………… (179)

　第一节　竞技散打战术的特点 ……………………………… (179)

　　一、主动性 ……………………………………………… (179)

　　二、欺骗性 ……………………………………………… (180)

　　三、应急性 ……………………………………………… (181)

　　四、多变性 ……………………………………………… (182)

　　五、层次性 ……………………………………………… (182)

　　六、针对性 ……………………………………………… (183)

　第二节　散打战术训练的要点 ……………………………… (184)

　　一、"自信"与"胆量"，是培养运动员运用主动性战术的关键
　　　 ………………………………………………………… (184)

　　二、提高"真假"战术运用的能力 …………………… (185)

　　三、提高应急能力的训练 ……………………………… (185)

　　四、提高战术多变性能力的训练 ……………………… (186)

　　五、培养多层次战术运用的能力 ……………………… (186)

　　六、提高运用各种有针对性战术的能力 ……………… (187)

第八章　散打竞技制胜的核心因素 …………………………… (188)

　　一、快 …………………………………………………… (188)

　　二、准 …………………………………………………… (189)

　　三、狠 …………………………………………………… (189)

　　四、稳 …………………………………………………… (190)

　　五、硬 …………………………………………………… (190)

　　六、绝 …………………………………………………… (191)

　　七、全 …………………………………………………… (192)

　　八、变 …………………………………………………… (192)

竞技散打裁判知识

第一章 竞技散打竞赛的组织（机构）与职责 ……………… (196)

第一节 组织委员会 …………………………………………… (196)
一、成立秘书处（组）或办公室 ……………………………… (197)
二、成立竞赛处 ………………………………………………… (197)
三、成立后勤处 ………………………………………………… (199)

第二节 竞赛监督委员会 ……………………………………… (200)
一、竞赛监督委员会的组成 …………………………………… (200)
二、竞赛监督委员会的主要职责 ……………………………… (200)

第三节 仲裁委员会 …………………………………………… (201)
一、仲裁委员会的组成 ………………………………………… (201)
二、仲裁委员会的主要职责 …………………………………… (201)

第四节 裁判队伍的职责与工作任务 ………………………… (202)
一、裁判队伍（委员会）的主要职责 ………………………… (202)
二、散打竞赛前的准备工作 …………………………………… (203)
三、散打竞赛期间和后期主要工作 …………………………… (205)

第二章 编排与抽签的原则、程序和方法 …………………… (208)

第一节 编排的准备工作 ……………………………………… (208)
一、学习竞赛规程，掌握重点内容 …………………………… (208)
二、审核报名表，绘制统计表 ………………………………… (208)
三、制定竞赛日程安排表 ……………………………………… (209)
四、制定大会日程安排表 ……………………………………… (209)
五、准备竞赛所需的表格 ……………………………………… (209)
六、制作轮次表 ………………………………………………… (209)
七、编制秩序册 ………………………………………………… (209)
八、准备抽签用具 ……………………………………………… (209)

第二节 编排的原则与程序 …………………………………… (209)
一、编排的原则 ………………………………………………… (209)
二、编排工作的基本程序 ……………………………………… (210)

第三节　编排方法 …………………………………… (214)
　　　一、单败淘汰赛的编排方法 ……………………… (214)
　　　二、双败淘汰赛的编排方法 ……………………… (216)
　　　三、单循环赛的编排方法 ………………………… (217)
　　第四节　抽签的原则、程序及注意事项 …………… (218)
　　　一、抽签的原则 …………………………………… (218)
　　　二、抽签程序 ……………………………………… (219)
　　　三、抽签注意事项 ………………………………… (219)

第三章　裁判人员及其职责 …………………………… (220)
　　第一节　裁判人员的组成及要求 …………………… (220)
　　　一、裁判人员的组成 ……………………………… (220)
　　　二、对裁判员的要求 ……………………………… (220)
　　第二节　裁判人员的主要职责与工作任务 ………… (221)
　　　一、总裁判长的主要职责与工作任务 …………… (221)
　　　二、副总裁判长的主要职责与工作任务 ………… (223)
　　　三、裁判长的主要职责与工作任务 ……………… (223)
　　　四、副裁判长 ……………………………………… (225)
　　　五、台上裁判员的主要职责与工作任务 ………… (225)
　　　六、边裁判员的主要职责与工作任务 …………… (227)
　　　七、记录员的主要职责与工作任务 ……………… (228)
　　　八、计时员的主要职责与工作任务 ……………… (229)
　　　九、编排记录长的主要职责与工作任务 ………… (230)
　　　十、检录长的主要职责与工作任务 ……………… (231)
　　　十一、副检录长的主要职责与工作任务 ………… (232)
　　　十二、宣告员的主要职责与工作任务 …………… (232)
　　　十三、医务人员的主要职责与工作任务 ………… (233)

第四章　武术散打竞赛规则的演变 …………………… (235)
　　第一节　民国时期 …………………………………… (235)
　　第二节　试验期间 …………………………………… (235)

　　第三节　快速发展阶段 …………………………………… (236)
　　第四节　成熟阶段 ………………………………………… (236)
　　第五节　现行国内竞赛规则及裁判法主要修改的内容 …… (237)
　　第六节　现行国内《武术散打竞赛规则与裁判法》的基本精神 … (238)
　　　一、增强体育竞赛的安全性 ……………………………… (239)
　　　二、体现竞赛的公平性 …………………………………… (239)
　　　三、引领"踢打摔"三类攻击技术的均衡发展 ………… (240)
　　　四、把握规则和裁判法的可操作性 ……………………… (240)

第五章　新竞赛规则与裁判法的释义 ……………………… (242)
　　通则 ………………………………………………………… (242)

第六章　技法要求、得分标准与判罚 ……………………… (253)
　　第一节　可用方法与禁用方法、得分部位与禁击部位 …… (253)
　　第二节　得分标准 ………………………………………… (256)
　　第三节　犯规与罚则 ……………………………………… (265)
　　第四节　暂停比赛 ………………………………………… (273)

第七章　胜负评定 …………………………………………… (276)

附录　裁判员晋级考试 ……………………………………… (280)

　　笔试题 ……………………………………………………… (281)
　　口试题 ……………………………………………………… (295)
　　录像考试 …………………………………………………… (299)
　　技术考试 …………………………………………………… (300)

参考文献 ……………………………………………………… (302)

武术散打技术理论

第一章　相关概念的讨论

第一节　武术概念的嬗变

中国武术的概念是武术项目发展的逻辑起点，她决定了武术运动的本质属性，也是决定武术内涵与外延以及内容分类的主要依据。武术是以技击本质为特征的多功能体系，由于人们在不同历史时期对武术的不同要求，使得武术的内容极其丰富和繁杂。不同的学者根据自己的实践经历，从不同的视角阐述了自己对武术的理解，从而形成了各自的观点。

1932 年的《国民体育实施方案》中对武术的定义为：武术亦称国术。原为我国民族固有之身体活动方法，一方面可以作为防卫技能，一方面可做锻炼体格之工具。

1961 年出版的全国体育院校《武术》教材中对武术的定义为：武术是以拳术、器械套路和有关的锻炼方法所组成的民族形式体育。它具有强筋壮骨、增进健康、锻炼意志等作用；也是我国具有悠久历史的一项民族文化遗产。

1978 年出版的全国体育院校《武术》教材中对武术的定义为：武术，是以踢、打、摔、拿、击、刺等攻防格斗动作为素材，按照攻防进退、动静疾徐、刚柔虚实等矛盾相互变换的规律编成徒手和器械的各种套路。它是一种增强体质、培养意志、训练格斗技能的民族体育项目。

1983 年出版的全国体育院校《武术》教材中对武术的定义为：武术，是以踢、打、摔、拿、击、刺等技击动作为素材，遵照攻守进退、动静疾徐、刚柔虚实等规律组成套路，或在一定条件下按照一定的规则，两人斗智较力，形成搏斗，以此来增强体质、培养意志、训练格斗技能的体育运动。

1988 年出版的全国体育院校《武术》教材中将武术概念表述为：武术是以技击动作为主要内容，以套路和格斗为运动形式，注重内外兼修的中国传统体育项目。

2003 年，人民体育出版社出版的《中国武术教程》（全国体育院校教材委员会审定）中对武术的定义为：武术是以攻防技击为主要技术内容、以套路演练和搏斗对抗为运动形式、注重内外兼修的民族传统体育项目。

李印东学者在其《武术释义——武术本质及功能价值体系阐释》的博士论文中认为武术的概念有广义和狭义之分。

广义武术概念：武术，亦称"武艺""功夫"，旧称"国术"，是以技击为内容，以身心练习为基本手段，中华民族传承的个人防卫实践活动。

狭义武术概念：武术又称武术运动，是在继承传统武艺基础上形成的以技击动作为主要内容的民族体育项目，表现为套路、对抗等多种运动形式。

人们对武术概念的认识还在继续。本人认为，武术的概念可作如下修定：

武术，旧时称"武艺""功夫""国术"，以传承古代各种技击动作为基本内容，为满足不同时代人们对生存能力与安全、军事技能、健体养生、体育竞技、娱乐表演、文化教育等社会需求而发展成为各种技击动作、练功方法、套路演练、对抗实战等多种运动形式的中华民族传统的人体防卫术。

这一概念，涵盖五层意义：

首先，突出阐明了武术的渊源和本质是源于"古代"的各种"技击"动作。无论武术如何发展，这一"技击"的本质是不能脱离或者变异的。

其二，论述了武术的发展动因是人类为了掌握生活和生存能力；提高格斗与军事技能；增强健体养生、体育竞技、娱乐表演、文化教育效果等社会功能与价值的要求。当然武术的社会功能与价值远不止这些，还会有很多不确定因素。如李印东学者在他的博士论文《武术释义——武术本质及功能价值体系阐述》中列举了军事功能、健身功能、修身功能、医疗功能、观赏功能、自娱功能、经济功能、教育功能八种。所以这里用了一个"等"字而概之。另外对于武术的功能与价值是随着社会的发展而发展的，如远古时代的武术（尽管是萌芽时期）的功能主要是用于生产和生存，"人民少而禽兽众……人类在生存竞争中，首先是人与兽斗，而在这种严酷的斗争中，武术技击开始了萌芽"（《中国武术史》——国家体委武术研究院编纂）。到了冷兵器时代的战争形式，武术的功能就凸显了军事功能；随着冷兵器时代的结束，武术的娱乐欣赏与体育健身功能又得到了彰显。

其三，阐明了武术的运动形式，列举其有各种练功方法、套路演练、对抗实战，可能还会有其他，因此这里用了"主要"两个字。

其四，确定了武术是一项"中华民族传统的"人体防卫术。无论是哪一个国家和民族，自从有了人类的祖先就开始存在着各民族传统的防卫术，但作为中华"武术"，它是受中华民族传统文化的影响，由中华民族的先民传承和发展起来的

人体防卫术。"武术源于中国"。

其五，把武术最后归属为"人体防卫术"而不完全定位在"体育项目"。正如伍绍祖先生在《中国武术史》的序言中说道，"从广义上讲，武术的某些功能属于体育范畴，但它有许多内涵，超过了一般体育概念。它与西洋体育处于不同的层面，武术属于体育，但高于一般体育"。作为具有绵绵五千年古老历史传统的中华武术之功能，并非用"体育"一词就能一概而全的。

第二节 散手与散打概念的由来

"散手"俗称"散打"，在现代的武术术语中是表达同一个项目的两种称谓。民国时期，始将武术徒手格斗称为"散手"，在民间得到广泛使用，并沿用至今。"散手"是相对武术套路的固定动作而言，表示将武术套路中固定的攻防招术拆散运用于攻防实战，所以散手、散着（招）、散打、拆手，实际上是不同的词表达的同一概念（《中国武术教程》下册，全国体育院校教材委员会审定）。从1979年开始，张文广、温敬铭等老一代武术家尊重了历史的沿革，将武术徒手对抗项目仍然称之为"散手"。至2000年，由湖南电视台与中国武术协会联合举办的中国武术"散打王"赛制开播之后的四年间，使"散打王"这一武术徒手对抗项目在国内、国外产生了极大的影响。至2009年由中国武术协会在河南郑州大学体育学院举办的"武术散手30年的历史回顾与展望"的研讨会上，绝大部分与会代表建议：既然"散打"这个名称已经家喻户晓了，又通俗易懂，以后应该把"散打"这个称谓固定下来，以免产生概念上的混淆。

有关散打概念的释义问题，经过了几十年的实践，必然会经过从认识，发展再认识，再发展的研究发展过程。

1991年人民体育出版社出版的体育学院专修通用《武术》教材中对散打的概念释义为："散打，是两人按照一定的规则，使用踢、打、摔等攻击方法制胜对方的徒手搏斗运动。"

江百龙教授在《散手运动概论刍议》中将散打定义为："两人运用各自肢体的特殊功能和技击技巧，在特定规则的制约下进行攻防实战的一项传统徒手对抗性体育运动。"

《中国散手》一书的定义为："散手是武术的重要组成部分，是一项互以对方技击动作为转移的斗智、较技的对抗性竞技项目。"

武术教练员岗位培训教材《散手》一书的定义为:"现代散手是两人按照一定的规则运用武术中的踢、打、摔和相应的防守等技法进行徒手对抗的现代竞技体育项目。"

《中国武术教程》(全国体育院校教材委员会审定)一书的定义为:"散打是两人按照一定的规则,运用武术中的踢、打、摔等攻防技法制胜对方的、徒手对抗的现代竞技体育项目,它是中国武术的重要组成部分。"

综上所述,不同的学者对散打定义的表述是不尽相同的,这很正常。因为历史在发展,认识也在不断的发展和提高。随着社会的进步,散打的社会功能也必然会不断地拓展和丰富。本人认为,散打的概念应有上位与下位之分,即种与属的关系。

一、散打的总概念

散打是指两人或多人运用武术中各种徒手的攻防格斗技法进行搏斗,以达到制胜、制服、致残甚至致死对方为目的的对抗性项目。它包括有竞技散打、传统散打、健身散打、实用散打、综合散打、演艺散打等,是中国武术中对抗形式的重要组成部分。

二、竞技散打的概念

竞技散打是两人按照一定的规则,运用武术中"踢、打、摔、格、挡、抱"等攻防技法进行徒手对抗的现代竞技武术项目之一。它是中国武术中的重要内容。其主要技术特点及发展目标为:以动作规范、技术简捷,"踢打摔"技术均衡发展为指导思想;以"快、准、狠、稳、硬、绝、全、变"为竞技制胜的核心因素;以发展人体"超越极限"的能力和永攀技术高峰,以夺取最佳运动成绩(夺取金牌)为终极目标。

适应人群:各运动队的专业运动员。

三、传统散打的概念

传统散打是两人或多人按照一定的规则,运用各种传统拳术中徒手的"踢、打、摔、拿、格、挡、截、抱"等部分典型技法进行攻防练习,以达到增进健

康、提高防身自卫能力为主要目的的武术对抗性内容之一。它是体现武术"技击"本质特征的重要形式。其主要技术特点及发展目标为：以传统拳种（流派）为依托，突出传承自身的文化特色和技术特点、讲求技击功能和特点，注重攻防的运用效果；以"说招、用招、点击、轻打"为特点，在本拳种或流派内进行攻防练习或条件实战；以传承本拳种的文化内涵及特色，提高防身自卫能力和身体健康水平为主要发展目标。

适应人群：各传统拳术（流派）中的传承人及武术爱好者等。

四、大众散打的概念

大众散打是根据社会不同健康人群中的特点、爱好和需要，选择武术徒手对抗中的部分较简捷、实用的招法，按照一定的规则进行攻防练习或条件实战，以达到掌握健身功法、增进健康水平，提高自我保护能力为主要目的的大众武术项目之一。其主要技术特点及发展目标为：选用武术徒手对抗中较"简单规范"的动作，按照攻防练习的形式和基本规则，以"点到为止"或"轻打"为特点，注重安全和保护措施；以全面发展学校广大青少年学生、社会业余武术爱好者的身体素质，掌握终身体育锻炼方法，提高基本攻防技法的运用能力为发展目标；注重中国传统文化的传承和武术道德教育，树立正确的习武观。

适应人群：各大、中、小学校的学生、社会广大业余武术爱好者和健康人群。

五、实用散打的概念

实用散打是两人或多人运用各种徒手的攻防技法进行搏斗，以达到制胜、制残甚至致死对方（在法律允许范围内）为目的的武术综合格斗术。它是中国武术中格斗类项目之一。其主要技术特点及发展目标为：突出武术技击特点，追求"快、准、狠、绝"和"一招制敌"的应用效果；结合行业特点，以全面发展身体素质，熟练掌握综合搏击术，达到用最有效的方法保护自己、打击对手的目的。

适应人群：公安、武警、军人、治安保卫等各行业人员。

六、综合散打的概念

综合散打是两人按照一定的规则，在站式或卧式的状态下，运用武术中的"踢、打、摔、拿、肘、膝"等攻防技法进行搏击的对抗项目，它是中国武术中格斗类项目之一。其主要技术特点及发展目标为：以全面发展人体身体素质和"超越极限"的综合能力，达到制服、制胜对方为终极目标，动作规范、技术精确、规则简要；以"快、准、狠、硬、绝、全"为制胜的核心因素。

适应人群：各职业团队中的专业运动员。

七、演艺散打的概念

演艺散打是以武术技击理论为依托，结合徒手类攻防动作的基本结构和特点而创作的形体表演艺术。它普遍运用于武打小说、武打影视、武术表演等。其主要技术特点及发展目标为：根据表演或剧情的需要，为达到渲染情景和满足人们的审美要求，并结合表演者的基本条件和各种道具、音响等多种综合功能，对武术徒手的攻防动作进行改造或夸张，并不拘于动作本身在实际对抗中的攻防效果。

适应人群：文人笔下的各类武术传承人、名家、武士、影星、各类武术艺术表演人员或团体。

第三节　竞技散打与实用格斗术的区别

武术运动主要有两种形式，一是套路演练形式（包括徒手和器械）；二是攻防对抗形式（包括徒手和器械）。竞技散打属于武术徒手对抗中的一种形式，是将传统武术中的徒手格斗技术，按照现代体育竞赛的要求进行整合性的继承和再现，并且有了新的提高和发展。其中最为突出的就是转变了传统中注重"说招、用招"的"唯招论"观念，把散打发展成为融身体形态、体能、技能、战术、智能和心能（心理）等于一身的、突出了综合运用能力和挑战自我的竞技体育。在技法上更突出了简单、实用、规范的特点，因而把代表不同地域、不同风格的拳种的徒手技击术按照科学与竞技体育的特点进行筛选、整合和取舍，使竞技散打

更具有现代体育共性意义的对抗类竞技体育项目。

实用格斗术，是指运用传统武术中的踢、打、摔、拿、劈、砍、刺、扎等徒手或器械的实用技击方法，以达到制服、致残甚至致死对方（在法律允许的范围内）为目的的综合搏击。其特点是：快、准、狠、重、绝，讲求速战速决，三下五除二地解决战斗。因此，招法更加简单、实用，使用起来十分隐蔽，"打人人不知，人知我不打"，什么招法"狠"就用什么招法，而且专打人体最要害的部位。如裆部、后脑、咽喉、眼睛、颈部、肋部等。所以，公安武警，治安保卫人员把实用格斗术作为他们的专业技能，以达到最大程度地保护自己、打击对手的目的。

竞技散打和实用格斗术主要有以下不同（如表1-1-1所示）：

表1-1-1 竞技散打与实用格斗术的区别

序号	竞技散打	实用格斗术
1	有规则	无规则
2	有禁击部位	无禁击部位
3	有限制动作	无限制动作
4	有裁判	无裁判

第四节　武术搏击术与套路的区别

武术搏击术，是武术中的对抗形式。是运用武术中各种徒手和器械中的攻防技法进行对抗搏斗的人体技击术。在实战中，一方必须针对另一方的体能、技能、心能、智能和战术等各种情况灵活、多变地发挥出自己的竞技能力。换句话说，自己的技战术水平发挥得如何，是受制于对方的。因此，实战的双方都想方设法以自己的长处攻击对方的短处，达到扬长避短或抑长制短的目的。即，对自己而言，要最大限度地发挥自己的长处，避免暴露自己的短处；对对手而言，要最大限度地抑制对方的长处使其不能得以发挥而专门击打其短处。这就需要自己始终把握实战的主动性，没有主动性，就不可能获得搏击对抗的最终胜利。而这种主动性的把握，不是靠别人给的，更不是从天上掉下来的，只能靠自己平时的刻苦训练、日积月累地提高自己的身体素质，高质量地掌握各种技战术；有沉着冷静、顽强拼搏的心理品质和反应敏捷、把握战机的心智能力。归根到底，就是反应一个人在实战对抗中，如何"把控战机、调整距离、巧用击法、灵活应变"的能力问题。

套路，是武术中的艺术表演类项目（含传统和竞技武术套路类）。是以武术的踢、打、摔、拿、击、刺等攻防动作为素材，按照攻守进退、动静疾徐、高低起伏、刚柔虚实等矛盾相互变化的规律而编成各种徒手和器械的单练、对练或集体练的套路。要求练习者根据个人的体能和技能状况，尽情逼真地运用各种素材，运用人体中的手、眼、身法、步、精神、气、力、功等配合的艺术和表演技巧，以最佳的效果展示出该拳种的风格和特点。它的明显特点有三：

其一，以攻防技击动作为素材，并可以将这些素材进行艺术加工和改造，还可以改变或夸大其功能效果，包括动作的起止路线、运行轨迹、击打力点、动作造型等都不需要严格地考虑攻防实战的应用特点，如冲拳必须从腰间开始；冲拳或踹腿之后必须伸直或停顿亮相，定势造型要求舒展大方；在动作的运行中要求"未行向左先向右，未行向前先向后""欲向上需先向下，欲向下需先往上"等矛盾的反差效果以表现出演练的技巧与艺术等。

其二，表演者所演练的内容不仅是事先按顺序编排好的、有一定之规的套路，而且必须经过千锤百炼，达到炉火纯青，熟能生巧的地步。

其三，个人的演练不受他人所制约，完全可以按照个人的情景和意愿、节奏和技巧进行演练，在个人心理素质发挥正常的情况下可以尽情地表现出自己应有的实际水平。

搏击与套路的区别概括起来主要在以下三个方面（表1-1-2）：

表1-1-2　搏击与套路的区别

序号	搏击	套路
1	对抗性	表演性
2	动作的无序性	动作的有序性
3	技战术的运用要受制于人	技战术的运用能以我为主

第五节　传统武术与竞技散打的关系

宋代以前，中国的武术基本上是以刀、枪、剑、棍、拳分门别类。明代开

始，中国武术开始形成了各种流派或门派，使每一个拳种或器械有了不同的风格、特点和内容，或者说武术中的每一个流派，都有着自己的鲜明独特的拳械方法和内容（《中国武术史》）。但无论是哪一个流派或拳种，都会随着历史的发展而发展，逐步完善其内容及练习程序，形成本门派或拳种的风格和特点。如由基本功、基本动作（或统称为基本功法）、基本组合及初级套路（拳术及器械）、综合套路（代表性套路）、套路对练（或称拆手或散招或散手）等体系构成。而尽管有些比较成熟的拳种，在攻防练习时，也只是局限于本门派或拳种内的人运用该拳种的方法进行的拆手练习（是有条件的）。建国前的中国武术严格地讲尚未形成综合性的徒手对抗体育项目。

从新中国成立到1978年，中国武术基本上是以套路的形式传承和发展的。1978年后我国实行了改革开放，散打作为武术徒手对抗性项目的代表，经过了近10年的试验和20多年的逐步发展后，才有了今天的成绩与辉煌。有人说："现在的散打不是武术，它没有体现出武术传统拳术套路，如太极拳、八卦掌、形意拳、劈挂拳、螳螂拳等中的招法，只是拳击加腿加摔，没有中国武术特点……。"在试验的初始阶段，对竞技散打持有这种观点和评论的人，在武术的行内与行外都有。如今经过了30多年的发展与完善之后，对竞技散打运动持有上述观点或认识的人已经越来越少了。

至于如何评价当今的"竞技散打"运动，始终会有不同的意见，这正是促进事物发展的不竭动力。但在这里需要强调的是：如何评价"武术特点"？怎样才能具有"武术特点"？如果把具有"武术特点"仅仅理解为在实战交手时有没有体现出某一个或几个拳种与流派的招式（方法）上，本人认为这是一种肤浅的认识，或者说持这种认识和观点的人可能是受到古今中外武打小说或武打影视的影响有关。

竞技散打首先是武术中的一种徒手对抗形式，必然受中国传统文化的渗透和影响，包括传统武德、礼仪和技战术理念等。其二，作为竞技体育特别是以人体作为击打目标的竞技体育项目，必须要有安全保证，更不能人为地制造伤害和死亡，所以运动员上场比赛需要佩戴必备的护具。比如运动员要戴手套，就必然会限制了一些方法的使用，如掌法、指法、勾法等；在竞赛规则中必须要规定一些危险部位不能攻击，如裆部、后脑、颈部等。其三，技术内容的选择要符合"更快、更高、更强"的奥林匹克精神和搏击项目的规律，凡是对抗搏击项目都以"击中对方"最多为更好。因此，选用的动作应是最简单、最直接、最有效的，这才符合"竞技体育"的发展要求。因此，需要把动作进行整合和归类。如按动作路线进行分类即直线型、弧线型、上下型的拳法和腿法；摔法中的接招摔、贴身摔等。其四，作为竞技体育比赛的规则要公平、公正、公开、简单、实用，可操作性强，要使普通民众能够看懂。其五，中国武术竞技散打虽然发源于中国，但要向世界发展，越是民族的应越是世界的。中国是占有世界人口五分之一的泱泱大国，我们要为世界人民贡献一个本民族的体育项目，这就是我们对世界人类最大的贡献。而奥运会现在已经吸纳了拳击（用拳的）、跆拳道（主要用腿的）、柔道（用摔和拿的）等单一性的搏击项目，如今的武术散打靠什么才能够跨入奥运会的大家庭呢？中国武术散打又靠什么特点才能屹立在世界诸多搏击对抗项目之林呢？因此，竞技散打必须坚持走自己的路，走有自己的特色之路，这样才能够不雷同于别人。

竞技散打的特色主要归纳为以下几点：
①坚持"踢（腿）、打（拳）、摔"技术均衡发展的思路。
②扩大攻击人体目标，即：除禁击部位外，从头到脚均可击打，得分部位包括"上、中、下"三盘。
③采用"三局两胜制"的独特竞赛办法，提倡速战速决、勇者胜项目精神。
④具有厚重的民族文化特色（如场地、裁判用语、服装、礼仪等）。
⑤裁判方法与胜负评定均采用少数服从多数。

总之，当今的武术竞技散打要沿着一条既有中国特色又能与世界融合的道路发展。

可能有人又会问，既然竞技散打是武术的对抗项目，那为什么现在的散打运动员有很多没有练过武术（套路）就能练散打，而且又能出成绩，甚至会夺取金牌呢？一名运动员为什么不能同时兼练两个项目（套路演练与搏击对抗）？

首先，作为散打的学习者，必须是由教练或者师父传授的。散打的第一代教练和老师们就是传统武术的名家，如张文广教授、温敬铭教授等，又有技击对抗的实践经验，有这么一代一代人的传承，不就是体现了"水有源树有根"的道理吗？

其二，如今从事竞技散打项目学习的人，如果原来学习过传统武术或者某一个传统拳，对散打学习的初始阶段是大有帮助的，因为在学习散打的攻防招法时，必定会产生"技能迁移"的效果，从而大大地缩短了动作学习的时间。当然，对那些没有学习过武术套路的人，只要在教练和老师们的耐心指导下，自己又付出了比别人更多的精力和汗水，他（她）们也一定会成为竞技场上的佼佼者。

其三，竞技体育项目，是一种超越自我、挑战人体极限的运动，必然会受到人的生理特点所制约。作为一名优秀的运动员，最佳的运动寿命是短暂的。更何况散打作为搏击对抗项目，与武术套路的特点有着天壤之别，对运动员的选材及身体素质和心智能力等方面的要求也都是有差异的。因此，一名运动员在有限的最佳生长期内，同时兼练两个完全不同运动特点的项目，而且都要获得最优秀的运动成绩是难于实现的。

概括起来，传统武术（拳种）与竞技散打的关系应表现在以下几方面的关系（表1-1-3）：

表 1-1-3　传统武术（拳种）与竞技散打的关系

序号	传统武术（拳种）	竞技散打
1	传统	现代
2	继承	发展
3	个体	整合
4	基础	提高
5	套路表演	实战对抗

综上所述，武术的内容丰富多彩，源远流长。在当今社会的发展中，必须以满足社会各个群体中的不同任务和需求为终极目标。因此，对古老的传统武术要加以改造和整合，发展和创新，才能焕发出新的生机与活力。如：竞技武术套路要朝着"高难美新、挑战极限、追求卓越"的方向发展；竞技武术散打要遵循"规范实用、全面发展、内壮外硬、挑战极限、敢于拼搏、永不言败"的发展原则和精神；传统武术（拳种）应坚持"动作规范、朴实无华、特点突出、风格各异"的项目特点；大众武术（含套路和散打）要主张"淡化技术、精简套路、健身安全、易学易懂、灵活多样、娱乐人生"的发展思路；实用武术（格斗）要追求"简捷实用，快准狠绝"的训练效果；商业武术要充分遵循市场规律，注重把传统与现代文化艺术相结合，办成既能反映当前最具专业水准和特色，又能满足广大观众审美情趣和娱乐要求的、喜闻乐见的各种职业赛事。

第二章 散打运动的产生、发展与特点

第一节 古代的散打（原始社会至1840年）

《兵迹》中讲："民物相攫而有武矣。"武术起源于古代先民们的生产劳动和生活实践中。随着私有制和部落间战争的频繁出现，原用于生产和狩猎的搏斗技能逐渐摆脱其生产生活的属性，而成为人与人斗的一种专门技击术，并且得到了不断的发展。散打，古称技击、卞、弁、白打、相搏、手搏、手战、武艺、角抵等。由于徒手搏斗的形式是在台子上进行，故亦称为"打擂台"。现在称之为散手，俗称散打（《中国武术教程》——全国体育院校教材委员会审定）。它是武术徒手对抗类项目。"人类徒手搏击虽在原始时期已有萌芽，但形成具有一定技巧的拳击搏斗之术，当开端于商周时代" "拳搏技术的发展，主要还是体现在人与人的徒手搏斗" "商周时期，习练搏斗、角力是军事训练的重要内容"（《中国武术史》——中国武术史编辑委员会，1997年9月，人民体育出版社）。春秋战国时期的武士们在较技比武的实践中，为表达崇敬强者，还形成了一种公平竞争、以武艺高低决定社会地位的竞争意识。隋、唐、五代的角抵极为盛行，但多为在节日举行的表演活动。其名称有角抵、角力、手搏、相搏以及相扑等多种称谓。宋代相扑也叫"角抵" "争交"，它不仅是宫廷宴席上的表演内容，也是城市瓦舍中极受百姓欢迎的项目。相扑除了有男子外，还有女子参加。比赛时不分体重级别，注重方法和技巧，以勇气和力量取胜。到了明代，正规的比武叫"打擂台"，赛前先设擂主，再安排高手应战，凡欲较量高低之人，临场报名并立下生死文书，方可上台献艺。明清时期是武术的大发展时期，比武打擂在民间颇为流行，诸如春节、庙会或节日集会，各门各派或不同的武"馆" "社"都会设擂比武，发展武技。

第二节 近代的散打（1840—1949 年）

民国初年，习武开禁，拳技之风盛行一时。1928 年，中央国术馆在南京举办了"第一届国术国考"，比赛为期 10 天，其中散打比赛采用双败淘汰制，三局两胜。由于没有穿戴护具，所以规则规定"点到为止"，只要脚尖踢中或手指摸到对方就算得分。因此，比赛双方躲躲闪闪，跳来蹦去，武术的固有特点得不到体现，以至于当时的报纸评论说："国术场成了斗鸡场。"1929 年，由浙江省国术馆承办的"国术游艺大会"在杭州举行。有 12 个省市共 300 多人参加，其中参加散打的就有 125 人。1933 年，中央国术馆在南京又举办了"第二届国术国考"，大部分省、市都派有代表队参加，有的代表队多达百人。项目设有男、女短兵，男、女散打等。由于规则规定任何手法、腿法都可以使用，而且没有时间限制，所以打法野蛮、残暴，伤者众多，以至于当时的报纸评论说，"国术场成了斗牛场"。同年，民国政府还在南京举办了"全国运动大会"，继续设有散打项目的比赛。由于当时中央政府的鼓励，各地方政府竞相仿效，组织各种形式的武术散打活动，一时间掀起了武术散打运动的热潮。这为当时积贫积弱的旧中国注入了强健国人体魄、振奋民族精神的一丝活力，但最终由于旧中国的内忧外患，政治腐败，使得武术散打未能得到长足的发展。

第三节　现代散打的发展与特点

一、试验阶段（1979—1988 年）

1979 年，中华人民共和国体育委员会为全面继承和发展武术这一古老的传统文化遗产，按照竞技体育的模式，首先在浙江省体委、北京体育学院（现为北京体育大学）、武汉体育学院三个单位，进行武术对抗性项目散打、短兵、长兵、太极推手的试点训练，以求取得经验后全面推广。

1. 试验阶段的任务

①挖掘、整理、研究并逐步构建与完善散打的技术和理论体系。

②研究、修定散打的比赛规则和裁判方法，包括场地、器材、服装、护具等。

③培训一支思想过硬特别是热爱散打和太极推手事业、作风正派、熟悉业务的裁判员队伍。

④按照国家体委"积极、稳妥地开展武术对抗性项目"的方针，做到有组织、有计划地扩大散打和太极推手的试点单位。因此，近10年间能参加散打和太极推手比赛的单位只有15~20个队，一般每队只可报6~8人，所以比赛的规模控制在120人左右。分别于1982年在北京市、1983年在江西南昌市、1984年在山东潍坊市、1985年在山西太原市、1986年在山东潍坊市、1987年在黑龙江的哈尔滨市、1988年在甘肃的兰州市举行全国武术对抗性项目表演大会。

2. 试验阶段的特点

①限制比赛的规模。

②没有形成一支比较稳定的运动员队伍（业余性质）。

③技术不规范，动作术语不统一。

④规则可变性大（每年都有可能修改规则）。

⑤比赛的性质只能是"表演赛"，而且与太极拳、剑及推手在一起举行，大会贯名为"××年全国武术对抗性项目表演大会"。

二、快速发展阶段（1989—1998年）

1. 散打比赛归属到全国武术锦标赛之列

国家体委决定，从1989年开始把散打比赛纳入全国计划内的单项锦标赛，正式贯名为"全国武术锦标赛散手团体赛、个人赛"。至此，散打比赛经过10年的不断试验、探索，作为一个现代竞技体育项目已基本成型，武术竞技散打也从此进入了一个蓬勃发展的新阶段。

2. 扩大了参赛队伍的规模

参赛单位除了各省、市和直属体育院校外，还有部分行业体协运动队，最多可达50多支队伍近500多人参加比赛。

3. 出版了竞赛规则

1990年由人民体育出版社出版了第一部铅印的《散手竞赛规则》；同年由国家体委武术处组织全国部分权威专家编写了第一部专著《中国散手》，由人民体育出版社出版，10年间共重印了7次，在国内武术界产生了较大的影响；1991年，国家体委武术运动管理中心还组织部分专家编写了第一本"散手裁判法"（草稿）。

4. 从单项锦标赛发展为全国综合运动会的比赛项目

1993年的第七届全国运动会，散打被列为正式比赛项目，在全运会29个项目中唯独武术套路和散打不是奥运会的竞赛项目。七运会虽然只设一枚男子团体金牌，但这一枚金牌，受到了很多省市运动队的重视，这是散打运动发展史上具有里程碑意义的大事，更是一个发展中的"加油站"。

5. 竞技散打由国内走向了国际

自1988年在中国深圳成功地举办了首届"国际散打擂台邀请赛"之后，1991年上半年在北京举办了"讯华杯世界散打邀请赛"；同年年底在北京举办了"第一届世界武术锦标赛"，散打被列为表演项目。此后，国际武术联合会决定：从第二届世界武术锦标赛开始，增设散打比赛。至今一共举办了14届世界锦标赛。1992年后，在韩国汉城举行的"第三届亚洲武术锦标赛"也把散打和套路同时列为亚洲武术锦标赛的正式比赛项目，至今也举办了8届。1998年在泰国曼谷举行的"第十三届亚运会"上首次把散打和套路列为正式比赛项目（前两届只有套路比赛）；至今的亚运会也连续4届同时增设了武术套路和散打比赛。

6. 积极开拓散打竞赛市场

为适应社会发展的需要，深化武术竞赛改革，就必须面向市场，按照市场规律和大众的需求来运作比赛。1994—1996年分别在广州、长沙、成都举办了"中华武术南北擂台争霸赛"，并产生了新中国成立后的第一个"武状元"——陈超。

1998年，分别在陕西户县、河北沧州、山东青岛举行了3次具有商业特点的试验性比赛，运动员只戴手套、护齿、护裆，不穿戴其他护具，使比赛更加精彩，更具观赏性。同年又分别在北京、上海举行了中美、中欧、中日等多种类型的搏击争霸赛。

举办以上这些赛事，其宗旨是试想按照体育市场的规律、具有一定商业性特点的模式运作赛事，以期从中获得经验，为今后开展散打职业赛事做些前期铺垫工作。

三、成熟阶段（1999年至今）

从1999年至今，可以看作是散打发展的第三阶段，即走向成熟阶段。这一阶段散打的发展具有以下特点：

1. 修改了竞技散打中有关运动员穿戴护具的规定

为了适应竞赛市场的需要，为了提高项目的观赏性和参赛运动员的抗击打能力，国家体育总局武术运动管理中心决定：在1999年全国武术散打锦标赛上，取消参赛运动员佩戴的部分护具，如护头、护胸、护腿、护脚背等，只保留了手套、护齿和护裆。这种大胆的改革和尝试，虽然在试验的首次比赛中出现了一些伤害事故，如运动员的眉弓出现开放性损伤大约有20多例。经过了2~3年的适应性训练和比赛之后，这种状况就减少多了，基本达到了改革之初的设想和发展目标。至2003年初，由于考虑竞技散打的竞赛规则应在国内与国际的赛事中保持一致性，故又重新执行了《国际武术散手（散打）竞赛规则》，运动员佩戴的护具除了不用护小腿外，其他护具都保留不变。

2. 继续拓展散打竞赛市场的空间

1999年，经过长期的酝酿和艰苦的谈判，于12月中旬，中国武术散打代表团赴美国，与美国职业拳击进行了一场对抗赛。双方共进行了男子8个级别和女子1个级别的较量，最后中国队以7∶2的比分赢得了对抗赛的胜利。这次比赛是武术与企业界携手使散打走向海外市场的巨大进步，把武术散打与职业拳击两个打法不同的项目放在一起交流，本身就是一个创举。近几年，散打与泰国拳、法国的自由搏击、日本的空手道等都进行了多次双边或多边的交流和比赛。

1995年5月，在浙江台州还举办了别开生面的"散打水上擂台赛"，此后，在湖北等地也举办过多次类似的全国水上擂台赛，观众踊跃，市场火爆。

2000年3月，经过精心策划和筹备之后，一个完全按照市场规律来运作的比赛——"中国武术散打王争霸赛"在北京正式开赛。散打王争霸赛每周举行一

场比赛，贯穿全年。前3年由湖南有线卫视进行异地现场直播，第4年由中央电视台转播，把"散打王"比赛的场面真实地传递给国内外的亿万观众。现代化的灯光、音响、音乐和舞美设计，比赛现场主持人的解说，包括运动员的服装、发型以及出场亮相的动作都经过专业人员的包装，而且这种包装都具有民族特色，极具观赏性。散打王争霸赛是中国武术史上比赛跨度最长的赛事，也是散打运动开展以来影响最大的赛事。这不仅大大提高了武术散打运动的社会认知面和认同度，而且使众多原本默默无闻的散打运动员成了世人瞩目的明星。此举也表明散打运动在市场化、产业化的方向上进入了一个新的发展期，是武术散打向职业化进军的一个重大突破（《中国武术教程》下册——全国体育院校教材委员会审定）。

2006年、2007年、2009年分别在中国重庆举办了3次"国际搏击王争霸赛"。2008年，由中国武术协会主办，在黑龙江电视台直接参与和社会企业的支持下举办的"功夫王争霸赛"，历时一年的常规赛事。同年，黑龙江电视台还承办了"中日""中法""中伊""中俄"散打对抗赛等。2009年，由中国武术协会主办，在内蒙古电视台直接参与和社会企业的支持下，举办了"中国武术散打超级联赛"，每周比赛两场，历时半年以上。2009年6月17—18日，在广州举行了"世界功夫王争霸赛"，中央电视台5频道也转播了比赛的实况，让世界观众又看到了一个传统与现代结合的热烈而火爆的竞赛场景。这个赛事是由"中国奇瑞"和"世纪荣氏集团"两家大企业与中国武术协会联手打造的。

总之，由于举办了以上诸多赛事，取得了非常好的社会效益和经济效益，也为今后散打市场的开发积累了极其宝贵的经验。

3. 进一步完善了散打的竞赛制度

自2001年开始，国际武术联合会决定：今后在各洲际的锦标赛和世界锦标赛、亚洲运动会、东亚运动会、南亚运动会、世界运动会等都将散打列为正式比赛项目，而且从2002年开始每两年举办一次散打世界杯赛，至今已举办了7届。在2008年的北京奥运会期间，特别增设了武术套路和散打比赛，从而让世界更多的国家和人民了解中国武术，了解了竞技武术套路和散打。

第四节　当前散打运动存在的主要问题

①竞技散打的理论研究滞后于竞赛工作。

②健身散打在大众体育中的普及程度较低。
③竞技散打的《竞赛规则》及裁判方法仍需继续完善。
④竞技散打技术体系的构建尚需规范和统一。
⑤竞技散打的护具、女子的服装需要进行规范化的研究。
⑥竞技散打在各省市的发展及训练水平不平衡。
⑦运动队专业人员的道德休养与文化教育等有待于提高。
⑧专业运动训练体制尚未形成网络和梯队，后备力量不足。
⑨对教练员、运动员、裁判员三支队伍的管理仍需规范化、制度化。

第三章 竞技散打基本动作与技法运用

第一节 竞技散打的基本动作

当前竞技散打的基本动作包括有踢、打、摔、格、挡、抱等攻防动作以及与之相匹配的基本步法。所谓基本动作主要是指最基本、最主要、单一性的动作。其中包括有：实战姿势、基本步法、基本防守法、基本拳法、基本腿法、基本跌法、基本摔法等。本书不再介绍动作组合的形式和方法，主要是考虑作为动作组合可以说千变万化，用之不绝，如拳拳组合、腿腿组合、摔摔组合、拳腿组合、拳摔组合等，还有不同次数组合，如2次组合、3次组合、4次组合等不尽其数。学习者可以根据个人的特点和需要进行有针对性的选编和训练。

动作规格，是指在完成动作过程中对肢体产生变化后的静态性描述，包括有动作的起止路线、外形结构、姿势状态、攻击目标、击打力点等方面的规范。

一、实战姿势

两脚左前右后站立（左脚在前为正架，右脚在前为反架，本书如没有特殊说明均以正架为例），两脚距离约与肩宽，左右距离约10厘米，两脚尖微内扣，两膝微屈，重心在两腿之间；身体侧向站立，下颌微收，咬牙闭嘴，含胸收腹，前臂屈肘，肘关节夹角100°~120°，肘下垂置于体前；右臂屈肘，肘关节夹角约80°~100°，肘下垂，臂部紧贴胸肋，拳面置于下颌处。（图1-3-1、图1-3-1附图）

【要点】身体侧向站立，有弹性，便于起动，防护面要大，身体的得分部位和禁击部位暴露给对手的面积要小。

【易犯错误】①身体局部紧张而影响了整体的灵活性；②左右脚在一条线上而导致身体的稳定性差。

【纠正方法】面对镜子检查动作，或请同伴帮助，纠正错误。

图 1-3-1　　　　　　　　图 1-3-1 附图

二、基本步法

1. 进步

左脚向前进半步，右脚急速跟进半步。（图 1-3-2~图 1-3-4）

图 1-3-2　　　　　　图 1-3-3　　　　　　图 1-3-4

　　【要点】此步法结合主动抢攻技法运用较多，右脚蹬左脚迈，左右两脚移动连贯、紧凑，步幅宜小，身体不可松懈，稳定性要强。
　　【易犯错误】步幅偏大而移动速度较慢；左右脚移动脱节不连贯甚至动步之前下肢关节先下沉再进步，动作预兆明显。

【纠正方法】练习时严格控制距离，步幅宁小勿大，强调"一个拍节"完成左右脚的移动，动步之前身体各关节保持适度紧张，重点体会身体移动的整体性、急速性、稳定性。

2. 垫步

右脚向左脚急速靠拢垫步并独立支撑，左腿屈膝提起，然后快速落地。（图1-3-5~图1-3-7）

图 1-3-5

图 1-3-6

图 1-3-7

【要点】此步法结合主动抢攻技法运用较多，要点要做到①一步距离，步幅宜小；②水平移动，身体不可明显腾空；③一拍完成，即右脚向前垫步与左脚提膝，或完成蹬腿或踹腿都要在"一个拍节"完成，这是要求抢攻者必须把步法移动与完成攻击动作做到完整、连贯；④预兆要小，即动步之前身体不可明显前后移动或左右摆动；或先动步后动拳脚；哪怕是一个小小的眨眼都不应该有，应尽量避免出现抢攻前的动作预兆。

【易犯错误】①两脚前后移动不连贯甚至脱节（两个拍节以上完成），导致步法与抢攻动作不完整；②身体腾空或身体先后倒再垫步，预兆明显。

【纠正方法】请同伴配合练习踢靶，或面对沙包或木桩或墙壁，严格按照动作要点反复练习。

3. 迈步

右脚不动，左脚略向前迈进一小步，身体重心微偏于左脚。（图1-3-8、图1-3-9）

图 1-3-8　　　　　　　　　图 1-3-9

【要点】此步法结合主动抢攻技法运用较多，为快速缩短与对手的距离，因此，必须注意三点：①迈步要小，尽量缩短步法移动的时间；②迈步与出拳、出腿要完整一致，隐蔽性要强；③要充分做好防犯对手堵截的战术准备。

【易犯错误】步与拳腿不完整一致，或者步幅移动过大而出现动作预兆。

【纠正方法】请对手配合，反复体会击打的有效距离和动作的完整性。

4. 退步

右脚向后退半步，左脚急速向后滑动半步。（图 1-3-10~图 1-3-12）

图 1-3-10　　　　　图 1-3-11　　　　　图 1-3-12

【要点】此步法结合防守反击技法运用较多，要点与进步基本相同，唯退步是左脚蹬地右脚迈步，对身体重心的控制要根据反击的意图或出击动作的需要而变化，双脚的移动要连贯、急速。

【易犯错误】左脚先收右脚再迈，双脚移动急速性差；或步幅偏大而延长了反击的有效距离，对"反击"不利。

【纠正方法】在掌握动作的基本规范以后，请同伴帮助，分别设计出不同的抢攻动作和相应的退步防守反击方法进行配合练习，从而逐渐提高和巩固步法移动的速度和准确性。

5. 闪步

以左闪步为例，左脚向左前移动半步，右脚随即向左前跟进半步。（图1-3-13~图1-3-15）

图 1-3-13

图 1-3-14

图 1-3-15

【要点】此步法结合防守反击技法运用较多，左闪步时，身体向左前闪动，右脚跟进要连贯快速，步幅宜小；右闪步时，身体向右前闪动，但右脚先向右前上一步，左脚再向右前跟进半步，成为反架势。

【易犯错误】步法移动偏大或方向不准确，甚至造成远离对手而失去了反击的最佳距离和时机。

【纠正方法】以两人配合练习为主，逐步提高调控距离和掌控时机的能力。

6. 侧跨步

以左跨步为例，左脚向左侧横跨半步，右脚随之向左脚跟进半步，脚尖虚点地面，重心落于左脚，身体右侧斜向右前方，右臂屈肘护于右侧下盘，左臂屈肘护于左侧上盘。（图1-3-16、图1-3-17）

图 1-3-16　　　　　　　图 1-3-17

【要点】此步法结合防守反击技法运用较多,身体向左或向右跨度要小并侧向对手。左、右臂分别护于上下和左右,防守面要大。左脚或右脚虚点地面,为反击做好充分的姿势准备。

【易犯错误】步法弹性差、不灵活,侧跨后身体远离对方,对实施反击战术不利。

【纠正方法】两人配合练习,反复体会攻防的有效距离,或者通过跳绳的训练以提高各关节的柔韧性和灵活性。

7. 撤步

右脚不动,左脚经右脚向后撤一步,脚前掌着地成右前左后站立姿势;同时,左右臂前后交换。(图 1-3-18、图 1-3-19)

图 1-3-18　　　　　　　图 1-3-19

【要点】此步法结合防守反击技法运用较多，左脚后撤时，步幅宜小，动作迅速，身体重心平稳并微偏于右腿，为反击做好充分的姿势准备。

【易犯错误】步幅偏大，身体重心过于偏后而影响反击动作的连接速度。

【纠正方法】请同伴配合以低鞭腿进攻，反复练习左撤步防守后再以低鞭腿反击，强调体会撤步防守与反击的有效距离。

8. 收步

右脚不动，左脚向后回收半步，脚掌虚点地面，重心微偏于右腿；左臂（前手）下落，屈肘防护于左侧下盘。（图 1-3-20、图 1-3-21）

图 1-3-20　　　　　　　　　图 1-3-21

【要点】此步法结合防守反击技法运用较多，左前脚回收成虚步，主要用于退防对手以腿法攻击下盘，但又必须准备以前腿反击。因此，步幅宜小，身体不可明显晃动，重心要平稳。

【易犯错误和纠正方法】请参考撤步，训练时可以把收步、迈步、撤步、上步、换步、跳闪步等多种步法组合起来，以不断提高步法的灵活性、急速性、准确性。

9. 插步

右脚向左脚后面插步，两脚成交叉势。（图 1-3-22、图 1-3-23）

【要点】此步法结合防守反击技法运用较多，而且衔接摔法较多，因此，步幅宜小并结合身体微转，为后接某种摔法，如夹颈过背摔、抱腿打腿摔等做准备。

图 1-3-22　　　　　　　图 1-3-23

【易犯错误】插步与转体配合不连贯、不顺畅，或者身体稳定性不高。

【纠正方法】通过某一个摔法，两人配合反复体会插步转体的连贯性和准确性。

10. 转换步

两脚微微蹬地跳起，前后脚迅速交换落地成反架姿势，或由反架交换成正架落地。（图 1-3-24～图 1-3-26）

图 1-3-24　　　　　　图 1-3-25　　　　　　图 1-3-26

【要点】此步法结合防守反击技法运用较多，腾空时间越短越好，身体轻盈，转体迅速，重心平稳。

【易犯错误】转换不灵活，身体缺乏弹性。

【纠正方法】坚持不懈地反复练习，或者通过专门的步法组合以及跳绳的辅助练习，不断增强下肢关节、韧带的灵活和柔韧性。

11. 跳闪步

两脚同时微微蹬地跳起并轻轻落地，两膝微微弯曲，两前脚掌着地，重心在两腿之间。（图1-3-27、图1-3-28）

图1-3-27　　　　　　　　　　图1-3-28

【要点】此步法结合防守反击技法运用较多，跳闪步可以向左右、前后移动，也可以原地或转身跳动，步幅宜小，身体轻盈、灵活，有弹性。

【易犯错误】速度慢，灵活性不高。

【纠正方法】参考转换步。

12. 纵步

左腿（或右腿）提膝，右脚（或左脚）连续向上、向前或左右纵跳。（图1-3-29、图1-3-30）

图1-3-29　　　　　　　　　　图1-3-30

【要点】此步法结合主动抢攻或防守反击技法运用均可，步幅宜小，腾空时间要短，身体不可明显晃动，身体的稳定性要强。

【易犯错误】下肢关节弹性不好，身体稳定性差，移动距离不准确。

【纠正方法】经常、反复地按照规格要求进行练习，以及在素质训练中多采用单脚跳绳或单脚连续前后跳转的辅助练习，对提高散打步法的质量会有事半功倍的效果。

13. 上步

右脚经左脚向前上步，成左脚在后，右脚在前姿势。（图1-3-31、图1-3-32）

图1-3-31　　　　　　　　图1-3-32

【要点】此步法结合主动抢攻或防守反击技法运用均可，右脚上步要快，步幅宜小，身体重心平稳并微偏于右腿，为后接反击动作做好充分的准备。

【易犯错误】目的不明确，上步缓慢，上步后与攻击动作衔接不连贯。

【纠正方法】结合上步的要求，设计相应的攻防动作两人进行配合的进攻与防守练习，重点提高步法的移动速度和准确性。

三、基本防守法

1. 接触性防守

接触性防守，是指防守方需要通过自己身体的非得分部位（主要是两手和两臂）与对方接触（含格、挡、抱）而达到防守目的的动作。主要包括：拍挡、挂挡、拍压、抄抱、外截、里挂、掩肘、阻挡等。

(1) 左右拍挡

以左拍挡为例，左臂弯曲，前臂向下垂直，以手心为力点向里横拍。拍挡后即刻还原。（图1-3-33、图1-3-34）

图1-3-33

图1-3-34

【要点】前臂垂直，防守面大，横摆幅度宜小，还原迅速。

【易犯错误】前臂不垂直甚至抬肘，防守面小，摆动幅度过大，还原较慢。

【纠正方法】按照动作的正确要求反复练习，不断强化正确的动力定型。在学习的初级阶段采用双人攻防练习时，进攻方要降低难度，避免因心里害怕而导致错误动作的形成。

【实战运用】此法主要用于防守对方以直线拳法或腿法攻击我胸、面部位。如当对方以左冲拳或左踹腿攻击我头部时，我即以右手拍挡来化解对方攻击。（图1-3-35、图1-3-36）

图1-3-35

图1-3-36

(2) 左右挂挡

以左挂挡为例，左臂弯曲，前臂向下垂直，以前臂为力点向左斜后挂挡至耳廓，然后还原预备势。（图 1-3-37、图 1-3-38）

图 1-3-37　　　　　　　　　　　　图 1-3-38

【要点】左臂弯曲，尽量使前臂向下垂直，防守面要大，臂部保持向外的张力，摆动幅度宜小，还原要迅速。

【易犯错误】前臂只是向外格挡或摆动过大，甚至向上抬肘以致失去防守效果。

【纠正方法】参考左右拍挡。

【实战运用】此法主要用于防守对方用拳法或腿法横向攻击我躯干或头部。如当对方以右贯拳或右鞭腿攻击我头部左侧时，我即以左手挂挡来化解对方攻击。（图 1-3-39、图 1-3-40）

图 1-3-39　　　　　　　　　　　　图 1-3-40

(3) 拍压

由预备势开始，以左手拍压为例，左臂弯曲，以手心为力点，由上向下拍压，前臂接近水平。（图1-3-41）

【要点】屈肘，前臂横置于体前，指尖朝内，防守面大，拍压幅度宜小，用力短促，还原迅速。

【易犯错误】前臂下垂，手指尖朝前或朝下，防守面过小。

【纠正方法】请同伴帮助，以直线拳法或腿法进攻，练习者反复体会正确的防守动作和效果。

【实战运用】此法主要用于防守对方以直线拳法或腿法攻击我胸、腹以下部位。如当对方以左冲拳或右踹腿攻击我腹部时，我即以左拍压防守来化解对方攻击。（图1-3-42、图1-3-43）

图1-3-41

图1-3-42

图1-3-43

(4) 外抄抱

以左侧外抄抱为例，身体向左侧微转，左臂屈肘向下、向外摆至身体左侧腹前，左掌心朝上；右臂屈肘并紧护于胸、面部位，右掌心朝前下，两手形成上下相抱状态。（图1-3-44、图1-3-45）

【要点】身体微左转，下颌内收，含胸收腹，左手臂弯曲贴近身体左侧，右手臂弯曲紧贴于胸、面部位，形成上下相抱状态。

图 1-3-44   图 1-3-45

【易犯错误】仅以两手掌为力点抓握对方的攻击腿，双臂远离躯干或抄抱不紧，接抱腿的效果不佳。

【纠正方法】两人攻防配合练习，降低腿法攻击的速度和力度，练习者以纠正错误和提高抱腿效果为目的，逐渐形成正确的动力定型。

【实战运用】此法主要用于抄抱对方向我左外侧进攻的横线腿法。如对方以右鞭腿攻击我左侧头部时，我身体即刻向左转，以外抄抱抱住对方的攻击腿，并及时予以相应的反击。（图 1-3-46）

图 1-3-46

(5) 里抄抱

以右侧里抄抱为例，身体向右侧微转，左臂屈肘向下、向右（内）摆至腹前，左掌心朝上；右臂屈肘并紧护于胸、面部位，右手心朝前下，两手形成上下相抱状态。（图 1-3-47、图 1-3-48）

图 1-3-47

图 1-3-48

【要点】右臂屈肘，前臂近似垂直，紧贴躯干并护于胸前，防守面大；左手弧线向内下抄，用于抄抱对方攻击腿，左前臂近似水平。

【易犯错误及纠正方法】参考外抄抱。

【实战运用】此法主要用于抄抱对方以直线或横线攻击我右侧中上盘部位的腿法。如对方以左鞭腿攻击我右侧胸部时，我身体微向右转，以里抄抱抱住对方的攻击腿，并及时予以相应的反击。（图1-3-49）

图 1-3-49

(6) 外截

以左外截为例，身体微微左转，左臂以肘关节为轴由上向下、向外截挡，手心朝里，肘尖斜朝后；右臂屈肘，前臂紧护于胸、面部位，动作完成后迅速还原。（图1-3-50、图1-3-51）

图 1-3-50　　　　　　　　　　　　图 1-3-51

【要点】左臂向斜后方截挡，用力短脆，肘微屈并朝后；右臂屈肘置于身体右侧，扩大防守面。

【易犯错误】外截时臂较直或肘关节朝外。

【纠正方法】先个人徒手练习，专门体会臂的形状和摆动路线，动作基本定型之后，再进行双人的攻防配合练习，练习难度由低至高，避免受伤。

【实战运用】此法主要用于防守对方攻击我腰以下部位的拳法或腿法。如当对方以右鞭腿攻击我腰部时，我即刻身体左转，以左手外截来腿，然后采用相应的技法予以反击对方。（图 1-3-52）

图 1-3-52

(7) 里挂

以左里挂为例，左臂以肘关节为轴由上向下、向内挂挡，手心朝内；右臂屈肘紧护于胸、面部位，动作完成后迅速还原。（图 1-3-53、图 1-3-54）

图 1-3-53

图 1-3-54

【要点】左臂内旋，向下、向内挂挡，用力短促，右臂屈肘，前臂紧贴右侧，扩大防守面。

【易犯错误及纠正方法】参考外截防守法。

【实战运用】主要用于防守对方攻击我中盘部位的直线腿法或拳法。如当对方以右踹腿攻击我腰部时，我即以左臂向内挂挡来腿，化解对方攻击。（图 1-3-55）

图 1-3-55

(8) 掩肘

以左掩肘为例，腰微向右转，左臂屈肘，前臂外旋并向右滚动，含胸收腹，拳心朝上；右臂屈肘紧护于右侧肋部。（图 1-3-56、图 1-3-57）

【要点】防守的力点在前臂的尺骨下端，滚动幅度宜小，以腰带臂。右掩肘时向左转腰，右前臂外旋并向左滚动，含胸收腹。

图 1-3-56

图 1-3-57

【易犯错误】只旋臂不转腰，两前臂远离胸腹部位，防守效果不佳。

【纠正方法】按照动作规格反复练习，待动作较熟练后再两人进行攻防配合练习。

【实战运用】主要用于防守对方由下至上正面攻击我腹部以上的拳法（如抄拳）。如当对方以右抄拳攻击我腹部时，我即向右转腰以左臂格挡其来拳，化解对方攻击。（图 1-3-58）

图 1-3-58

(9) 阻挡

屈臂提肩，缩颈，以右（或左）手心为力点阻挡对方的拳法或腿法的进攻。（图 1-3-59、图 1-3-60）

图 1-3-59　　　　　　　　　　　　图 1-3-60

【要点】屈肘开掌，主动迎击，尽量在对方发力（力锋）之前进行阻挡，双臂紧护于胸前。

【易犯错误】阻挡不主动，力点不准确，防守效果不佳。

【纠正方法】两人进行攻防配合练习，动作难易程度要因人而异，逐步提高练习难度，不能在练习者有心理压力的状态下练习。

【实战运用】主要用于阻挡对方攻击我胸、面部位的直线拳法或腿法。如当对方以左踹腿或右冲拳攻击我头或胸部时，我即以右掌阻挡化解对方攻击。（图1-3-61、图1-3-62）

图 1-3-61　　　　　　　　　　　　图 1-3-62

（10）阻截

屈膝抬腿，小腿微前伸，脚尖勾紧，以脚掌为力点阻截对方的腿部（小腿或

大腿)。（图1-3-63）

【要点】抬腿屈膝，主动阻截，脚微内扣，力达脚心。

【易犯错误及纠正方法】参考阻挡防守法。

【实战运用】主要用于提前阻截对方以腿法攻击我腿部。如对方起左腿攻击我的一瞬间，我左腿屈膝提起，用左脚掌阻截其小腿以化解对方攻击。（图1-3-64）

图1-3-63

图1-3-64

2. 非接触性防守

非接触性防守是指防守方通过身体的移动或躲闪就能收到防守效果的动作。包括身体向前、向后、向左、向右、向上、向下的各种移动或闪躲。

(1) 提膝

左腿屈膝提起，大腿近于水平并微微内扣。（图1-3-65、图1-3-66）

图1-3-65

图1-3-66

【要点】此法主要用于闪躲对方攻击下盘的腿法。提膝要及时、迅速，重心平稳，两臂屈肘紧护于躯干。

【易犯错误】大腿外翻，身体重心失控。

【纠正方法】反复练习提膝，提高平衡能力，必要时可加强髂腰肌和股四头肌的力量训练，以增强提膝的速度。

(2) 后闪

身体重心微后移，下颌微内收，上体微向后躲闪，右臂屈肘紧护于胸以上部位。（图1-3-67、图1-3-68）

图1-3-67　　　　　　　　　　　　图1-3-68

【要点】此法主要用于防守对方攻击我上盘部位的拳法或腿法。后闪距离要准确，梗脖缩颈收下颌，含胸收腹，重心平稳，还原转换迅速。

【易犯错误】身体重心后移过多，髋关节前送，腰部以下失去了防守效果。

【纠正方法】两人攻防配合练习，改正姿势和提高防守效果。

(3) 侧闪

两膝微屈，含胸收腹；上体微微向左或向右侧闪，两臂屈肘，前臂紧护于躯干和头部。（图1-3-69、图1-3-70）

【要点】此法主要用于防守对方攻击胸、面部位的直线拳法或腿法。膝、胯、颈同时弯曲下沉，移动距离准确，还原转换迅速。

【易犯错误】上体向左或向右摆动过大。

【纠正方法】参考后闪。

图 1-3-69　　　　　　　　　图 1-3-70

(4) 下躲闪

两膝微屈，沉胯、俯身、缩颈，含胸收腹；身体先向下再向左或右弧线闪躲，两臂屈肘紧护于躯干和头部；目视前方。（图 1-3-71、图 1-3-72）

图 1-3-71　　　　　　　　　图 1-3-72

【要点】此法主要用于防守对方攻击胸、面部位的直线拳法或腿法。身体先下沉，后弧形躲闪，动作幅度宜小。

【易犯错误和纠正方法】参考后闪。

四、基本跌法

1. 前滚翻

由实战姿势开始，身体全蹲，双手扶地（或抱膝），两脚蹬地，同时屈臂、

低头、团身，身体沿头顶、后脑、背、腰依次翻滚一周，而后站立成预备势。（图1-3-73~图1-3-76）

图1-3-73

图1-3-74

图1-3-75

图1-3-76

【要点】低头、团身、闭气，滚翻成圆。

【易犯错误】动作不连贯、圆活，展体过早。

【纠正方法】请同伴帮助，在练习者做滚翻时给予助力，反复体会身体滚动时的动作要领。

2. 后滚翻

由实战姿势开始，身体全蹲，含胸低头，双手向后撑地，沿臀、腰、背、后脑依次滚动一周，而后站立成预备姿势。（图1-3-77~图1-3-80）

【要点、易犯错误、纠正方法】参考前滚翻。

图 1-3-77

图 1-3-78

图 1-3-79

图 1-3-80

3. 鱼跃抢背

由实战姿势开始，右脚向前上步，双腿屈膝下蹲，两脚蹬地使身体腾空，随之团身、低头、闭气，沿右臂外侧、右肩、后背依次侧身滚动一周，而后站立成预备姿势。（图 1-3-81~图 1-3-83）

图 1-3-81

图 1-3-82

图 1-3-83

【要点】闭气、低头、团身，右手触地时指尖朝内，动作要圆活、连贯。
【易犯错误】滚动不连贯、圆活，躯干展开过早。
【纠正方法】反复体会前后滚翻的动作要领。

4. 前倒

由实战姿势开始，右脚向左脚靠拢，身体前倒，双臂屈肘，以两前臂着地缓冲。（图1-3-84、图1-3-85）

图1-3-84　　　　　　　　　　　　图1-3-85

【要点】勾脚、挺膝、挟臀、梗脖，下颌内收，腰肌、背肌、臂肌紧张收缩，闭气。
【易犯错误】背、髋、膝等关节松懈，导致腹部或膝关节先着地。
【纠正方法】为消除胆怯心态，可降低练习难度，先从全蹲式开始，或先在地上放一块海绵垫，先在垫子上练习前倒，着重体会腰、背、胯等部位肌肉紧张收缩的要领，待动作熟练后再逐渐按正常要求练习。

5. 后倒

由实战姿势开始，左脚向右脚靠拢，双脚蹬地使身体稍腾空，向后倒地，以背部先着地；同时，两手在体侧主动拍地以缓冲身体的重力，含胸收腹，两臂屈肘，双腿屈膝，梗脖勾头，目视双脚。（图1-3-86、图1-3-87）

【要点】含胸、收腹、勾头（收下颌）、闭气，双手主动拍地，目视双脚。
【易犯错误】臀部先着地，甚至后脑着地。

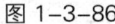

【纠正方法】①臀部先着地者只是因为心里害怕而不敢以后背着地，可先从全蹲式开始练习，还可以在海绵垫上练习。②后脑先着地者只是因为在倒地时颈部松懈或仰头，练习时请同伴用手掌保护着后脑，反复体会颈部肌肉收缩、勾头及目视双脚的要领。

6. 左右侧倒

以左侧倒为例，从实战姿势开始，双腿屈膝，双脚蹬地跳起后身体向左侧倒地，左腿屈膝在下；右腿屈膝在上，右脚底踏地；同时，左臂屈肘在身体左侧拍地；右臂弯曲，右手在腹前拍地；左右侧倒动作相同，唯方向相反。（图1-3-88、图1-3-89）

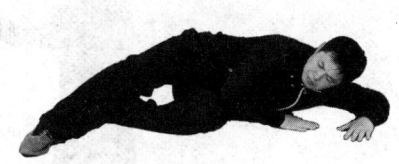

【要点】左臂（同侧臂）屈肘，指尖朝内，闭气、盘腿，身体侧面接触地面要大。

【易犯错误】侧倒时身体不平；同侧手臂没有内旋。

【纠正方法】练习时身体可先从全蹲式开始，或增加海绵垫保护，倒地时反复强调同侧手臂弯曲的动作要领。

五、基本拳法

1. 冲拳

(1) 左冲拳

左脚脚掌蹬地，腰微右转；同时，左拳以拳面领先向前直线冲出，力达拳面。（图1-3-90、图1-3-91）

(2) 右冲拳

右脚用力蹬地，扣膝、合胯、腰微左转；同时，右拳以拳面领先向前直线冲出，力达拳面。（图1-3-92、图1-3-93）

图1-3-90

图1-3-91

图1-3-92

图1-3-93

【要点】力始于根（脚），贯于中（腰），达于梢（拳），以气催力；拳面领先，以腰催肘，以肘催手，直线快冲、快收。

【易犯错误】①撩拳；②肘为轴，只是前臂屈伸发力；③肘关节先动，有明显的预兆；④出拳前先后引，有明显预兆。

【纠正方法】面对镜子或请同伴监督进行练习，初始练习时要淡化发力，反复体会冲拳时的发力顺序和起止路线，待建立正确的动力定型后再强调发力。

2. 贯拳

(1) 左贯拳

左脚前脚掌用力向内蹍地，腰微右转；同时，左拳以拳面领先，经外向前、向内弧线横击，臂微屈，肘略抬，拳心朝下，力达拳面。（图1-3-94、图1-3-95）

(2) 右贯拳

右脚前脚掌用力蹬地，扣膝、合胯，腰微左转；同时，右拳以拳面领先，经外再向前、向内弧线横击，臂微屈，肘略抬，拳心朝下，力达拳面。（图1-3-96、图1-3-97）

图1-3-94　　　　图1-3-95　　　　图1-3-96　　　　图1-3-97

【要点】左右贯拳，臂的弧线摆动幅度适中（45°~60°之间），拳面领先，力起于脚（根），顺于腰，达于拳。左右脚及腰的拧转与贯拳发力配合协调，用力完整。

【易犯错误】①肘先动，前臂外甩，用力不顺达；②臂的摆动幅度过大，预兆明显。

【纠正方法】参考冲拳。

3. 抄拳

(1) 左抄拳

上体先微左转，重心下沉；左脚（前脚）脚掌蹍地，腰由左微向右拧转发力；同时，左拳以拳面领先，由下向前上方勾击，臂微屈，肘下沉，拳心斜向上，力达拳面。（图1-3-98、图1-3-99）

(2) 右抄拳

右脚脚掌蹬地，扣膝、合胯，腰由右微向左拧转；同时，右拳以拳面领先，由下向前、向上勾击，臂微屈，肘下沉，拳心斜向上，力达拳面。（图1-3-100、图1-3-101）

图1-3-98

图1-3-99

图1-3-100

图1-3-101

【要点】抄拳要充分借助腰腿的蹬转而由下至上发力，臂的摆动幅度不宜过大，含胸收腹。

【易犯错误】抄拳与腰腿的发力脱节或不顺达；臂的抄摆幅度过大或过小。

【纠正方法】请同伴帮助持手靶，严格控制击打的距离，重点体会腰腿的用力技巧；也可面对镜子，淡化用力，重点改进动作的起止路线。

4. 转身鞭拳

以右鞭拳为例，右脚经左脚后插步，身体右后转180°；左拳与右拳一起回收至胸前；动作不停，身体继续右转180°；同时，右拳随转体反臂由屈至伸，向右侧弧线鞭击，拳眼向上，力达拳背；左手屈臂置于胸前；左右动作相同，唯方向相反。（图1-3-102~图1-3-104）

图1-3-102　　　　　　图1-3-103　　　　　　图1-3-104

【要点】主动转头，以腰带臂，转体平稳，插步或上步要快；拳背领先，屈伸明显，鞭甩脆快。

【易犯错误】转体与鞭拳不连贯、不顺畅，前臂鞭甩不充分。

【纠正方法】采用分解练习法：首先第一步可原地专门体会左右鞭拳甩臂的要领；第二步再练习转身鞭拳，重点体会动作的连贯性，淡化用力强度；第三步再做完整动作，要求用力充分，动作连贯。

六、基本腿法

1. 蹬腿

(1) 左蹬腿

重心移至右腿并独立支撑；同时，左腿屈膝上抬，以脚掌领先，由屈至伸，直线向前蹬出，髋微前送，脚尖向上，力达脚掌，快蹬快收。（图1-3-105、图1-3-106）

图 1-3-105

图 1-3-106

(2) 右蹬腿

重心移至左腿并独立支撑；同时，右腿屈膝上抬，以脚掌领先，由屈至伸，直线向前蹬出，髋微前送，脚尖向上，力达脚掌，快蹬快收。（图 1-3-107、图 1-3-108）

图 1-3-107

图 1-3-108

【要点】屈膝并充分上提，屈伸明显、连贯，力始发于髋，顺达于脚。

【易犯错误】屈膝不充分，屈伸不明显，甚至是直腿前撩。

【纠正方法】要求练习者放松用力，蹬腿的高度可由低至高，注重体会由屈至伸的用力技巧和动作的连贯性。

2. 踹腿

(1) 左踹腿

重心移至右腿并独立支撑，腰微右转；同时，左腿以膝关节外侧为力点屈膝侧向抬起，膝微内扣并迅速以脚领先，由屈至伸，直线向左侧踹出，勾脚；上体微侧倾，伸髋挺膝，力达足底，快踹快收。（图1-3-109、图1-3-110）

图 1-3-109

图 1-3-110

(2) 右踹腿

重心移至左腿并独立支撑。腰微左转；右腿以膝关节外侧为力点屈膝侧向抬起，扣膝合胯并迅速以脚领先，由屈至伸，直线向右侧踹出，勾脚；上体微侧倾，挺膝伸髋，力达足底，快踹快收。（图1-3-111、图1-3-112）

图 1-3-111

图 1-3-112

【要点】膝微内扣，侧向抬起，屈伸明显、连贯，力发于髋，达于脚。

【易犯错误】上体先侧倒，膝没内扣，屈膝不充分，屈伸不明显，甚至是直腿侧撩。

【纠正方法】参考蹬腿。

3. 鞭腿

(1) 左鞭腿

重心移至右腿并独立支撑；同时，上体微右转，左腿屈膝内扣，小腿外翻并向上摆起，由外向前、向内弧形鞭甩；伸髋、挺膝、绷脚尖，力达脚背后端，快鞭快收。（图1-3-113、图1-3-114）

图1-3-113

图1-3-114

(2) 右鞭腿

重心移至左腿并独立支撑；同时，上体微左转，右腿屈膝内扣，小腿外翻并向上摆起，由外向前、向内弧形鞭甩；伸髋、挺膝、绷脚尖，力达脚背后端。（图1-3-115、图1-3-116）

图1-3-115

图1-3-116

【要点】侧提膝，腿内扣，以大腿带小腿，鞭甩脆快。

【易犯错误】膝没内扣，小腿鞭甩不明显，力点在脚弓内侧。

【纠正方法】要求练习者淡化用力并放低鞭腿的高度，着重体会扣膝、小腿外翻后向前鞭甩的连贯性及用力技巧，改正击打的力点。

4. 勾踢

(1) 左勾踢

重心移至右腿并独立支撑，右腿膝微屈，右脚尖外撇；同时，上体微右转，左脚向左侧伸出再向内、向右后擦地勾踢，收腹合胯，挺膝勾脚，力达脚弓内侧。（图1-3-117、图1-3-118）

(2) 右勾踢

重心移至左腿并独立支撑，左腿膝微屈，左脚尖外撇；同时，上体微左转，右脚向右侧伸出再向内、向左后擦地勾踢，收腹合胯，挺膝勾脚，力达脚弓内侧。（图1-3-119、图1-3-120）

图1-3-117　　　　图1-3-118　　　　图1-3-119　　　　图1-3-120

【要点】支撑腿屈膝，脚尖尽量外撇；勾踢腿小腿向侧伸出后再向左（右勾踢）或向右（左勾踢）擦地勾踢，用力短促。

【易犯错误】支撑腿脚尖没有外撇，勾踢腿时小腿未能向侧伸摆，而导致勾踢时的落点和路线错误。

【纠正方法】请同伴配合当靶子，练习者注重支撑腿的脚尖外撇，微转体，重点注意勾踢腿的起止路线。

5. 摆腿

(1) 右摆腿

左脚尖内扣并独立支撑；同时，向右后转体180°，右腿随转体离地直腿向上、向外、向右呈扇形摆起，脚面绷平，力达脚掌，目视右脚。（图1-3-121~图1-3-123）

图1-3-121

图1-3-122

图1-3-123

(2) 左摆腿

从实战姿势开始，右脚向前上一步，脚尖内扣并独立支撑；同时，向左后转体180°。左腿随转体离地直腿向上、向外、向左后呈扇形摆起，脚面绷平，力达脚掌，目视左脚。（图1-3-124、图1-3-125）

图1-3-124

图1-3-125

【要点】扣脚、转头、以转体带动摆腿，动作连贯，展髋、伸膝、绷脚。

【易犯错误】摆腿时屈膝，不连贯，摆腿幅度小，支撑不稳。

【纠正方法】 加强下肢的柔韧性训练，在不断提高原地后摆腿的高度和质量后再练习转身及后摆腿。

6. 扫腿

(1) 扶地前扫腿

身体重心移至左腿，左腿屈膝全蹲，以左脚前掌为轴向左拧转，同时，身体向左后转180°，继而双手、左腿外侧、臀部依次着地，右腿随转体由后向前、向左直腿横扫半圈，力达脚背，目视右脚。（图1-3-126~图1-3-128）

图1-3-126　　　　　　图1-3-127　　　　　　图1-3-128

(2) 扶地后扫腿

重心前移至左腿，左腿屈膝全蹲，以左脚前掌为轴拧转，同时，身体向右后转180°，继而双手、左腿外侧、臀部依次着地，右腿随转体由后向右、向前直腿横扫半圈，力达脚跟，目视右脚。（图1-3-129~图1-3-131）

图1-3-129　　　　　　图1-3-130　　　　　　图1-3-131

【要点】以转头、转体带动扫腿，支撑脚先以脚掌为轴，逐渐过渡到以两手、腿部外侧、臀部依次着地转动，扫腿流畅、连贯。

【易犯错误】转体幅度不够，扫腿屈膝，转动不顺畅。

【纠正方法】扫腿时反复体会以转腰、转体带动扫腿，尽量加长扫腿的半径和提高初始速度。

7. 劈腿

(1) 左劈腿

重心移至右腿并独立支撑，身体微后仰，左腿以膝关节正面为力点，充分屈膝向上抬起并向上伸直后直腿下劈，脚面绷平，力达脚掌。（图1-3-132、图1-3-133）

图1-3-132　　　　　　　　图1-3-133

(2) 右劈腿

重心移至左腿并独立支撑，身体微后仰，右腿以膝关节正面为力点，充分屈膝向上抬起并向斜上伸直后直腿下劈，脚面绷平，力达脚掌。（图1-3-134、图1-3-135）

图1-3-134　　　　　　　　图1-3-135

【要点】腿先屈后伸直腿下劈，伸髋、收腹、绷脚。
【易犯错误】上体过分后仰，劈腿时屈膝。
【纠正方法】加强柔韧性练习，加强直摆性腿法训练。

七、基本摔法

1. 抱腿前顶摔

双方由实战姿势开始，我左右脚快速跟进，双腿屈膝俯身下潜并以左肩贴靠对方胯部，两手搂抱对方双小腿中下部位；同时，两手用力回拉，肩部用力向前顶靠，用上下之合力将对方摔到。（图1-3-136~图1-3-138）

图1-3-136

图1-3-137

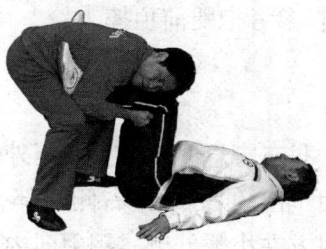

图1-3-138

【要点】进步下潜时双臂屈肘护头（避免对方起腿），双手尽量抱住对方双小腿下端，肩部紧贴对方胯部；肩部前顶与两手回拉形成合力，动作快速、连贯、完整。

【易犯错误】双手抱腿太高，肩部前顶与两手回拉没有形成合力。
【纠正方法】双人配合练习，专门体会肩顶与双手回拉完整用力的技巧。

2. 抱腿搂腿摔

双方从实战姿势开始，我左右脚快速跟进，双腿屈膝俯身下潜，头部贴靠对方左腰侧，双手分别搂抱对方两腿，身体微蹲，同时双手用力向上将对方抱起，在其一腿离地重心将要失衡时，迅速以左腿由外向里、向身后搂挂对方右小腿（支撑腿），并以肩部和头部用力向对方右后顶靠其躯干，将对方摔倒。（图1-3-139~图1-3-141）

图1-3-139　　　　　　　图1-3-140　　　　　　　图1-3-141

【要点】身体跟进要快，双手抱腿应尽量靠下，搂腿和顶靠用力要一致。

【易犯错误、纠正方法】参考抱腿前顶摔。

3. 压颈别腿摔

双方从实战姿势开始，我右脚急速向对方左腿外侧上步，左脚跟进，双腿屈膝俯身向其左侧下潜，左手向上伸至对方右侧颈部，用力向内、向右前下方切按；同时右手向前下伸至对方左小腿外侧，用力向内、向左前下方推按，以双手上下的合力将对方别倒。（图1-3-142~图1-3-144）

【要点】快速上步，重心前移，左右手一上一下的距离拉开（力臂越长越省力），两手上下用力一致。

【易犯错误】身体重心移动较慢，两手上下相距较近且用力不整。

【纠正方法】两人配合练习，①专门提高重心前移与上步速度；②改正双手触及的部位；③体会两手完整用力（上切下推）的技巧。

图 1-3-142　　　　　图 1-3-143　　　　　图 1-3-144

4. 挟颈过背摔

双方在近距离以拳法互攻时，我右脚快速向前进一小步，脚尖微内扣，左脚随即跟进；同时向左后转体 180°，并以臀部抵住对方的胯部，双腿屈膝；右臂向前穿绕至对方后颈并屈臂用力向内搂夹，左手夹抱对方右臂，同时两腿蹬伸向上拱背提臀向左转头转腰，将对方背起摔倒。（图 1-3-145~图 1-3-147）

图 1-3-145　　　　　　　　　图 1-3-146

图 1-3-147

【要点】上步、转体、屈膝、夹颈等环节要连贯、迅速；伸膝、提臀、拱背、转头、转腰等部位用力要完整划一。

【易犯错误】转体夹颈不到位，伸膝、提臀、转腰不完整。

【纠正方法】两人配合练习，①专门练习上步转体；②专门体会身体各部位的完整用力；③做完整练习，熟能生巧。

挟颈过背可以向左或右转体，也可根据对手的高矮，采用夹臂过背，抱腰过背等摔法。其技术要点基本相似，唯有搂挟的部位和转体方向不同。如果对方用拳法攻击时，即可转化为接招（拳）摔法。（图 1-3-148~图 1-3-151）

图 1-3-148

图 1-3-149

图 1-3-150

图 1-3-151

5. 抱腿前切摔

双方从实战姿势开始，当对方用右鞭腿攻击头部侧面时，我即刻用外抄抱接住其小腿，右脚即刻向前上一步，同时，以左臂向上掀托对方右腿，右手向前按切其右侧颈部，身体向前逼靠的三股合力将对方摔倒。（图 1-3-152、图 1-3-153）

图 1-3-152

图 1-3-153

【要点】上步与重心前移（推力）要连贯、迅速，左臂向上掀腿（掀力），右手向前下切颈（按力），身体向前逼靠三股劲力要相合，完整一致。

【易犯错误】上步不及时，三股劲用力不一致。

【纠正方法】两人配合练习，①专门练习接腿上步，重点体会接腿后上步与重心前移的衔接；②原地体会掀腿与前切用力的一致性；③待前两个环节较熟练后再做完整练习。

6. 抱腿勾踢摔

双方从实战姿势开始，当对方用左蹬腿或踹腿攻击我胸腹部时，我立即用里抄抱抱住其小腿；同时，身体微左转，左脚向前微进一小步；右手迅速向对方左大腿下方抄抱，两臂向上掀托其腿，同时用右脚勾踢对方的右脚（支撑腿）踝关节处，将其摔倒。（图 1-3-154~图 1-3-157）

图 1-3-154

图 1-3-155

图 1-3-156　　　　　　　　图 1-3-157

【要点】主动接腿并微向左转体，右手尽量向对方胭窝上端抄抱，最后形成双臂掀腿、身体前靠、右脚勾踢（掀、靠、勾）的合力，使摔法效果更好。

【易犯错误】①接腿后换抄抱腿，转身衔接不连贯；②掀、靠、勾三股劲用力不相合，甚至脱节。

【纠正方法】两人配合练习，①专门练习接腿及转身抄抱腿，重点体会动作的衔接技巧；②从抱腿开始，重点体会掀、靠、勾用力的完整配合；③完整体会动作，速度可由慢至快，逐渐加大难度直至实战。

7. 抱腿打腿摔

双方从实战姿势开始，当对方用左鞭腿攻击我胸以上部位时，我立即用里抄抱接住其小腿，身体微右转，左手迅速向对方左腿胭窝上端滑进，同时右脚经左腿后插一小步，左腿由右向左后拨撩对方右小腿（支撑腿），身体右转，两手向上提托对方左腿，将其摔倒。（图 1-3-158~图 1-3-161）

图 1-3-158　　　　　　　　图 1-3-159

图 1-3-160　　　　　　　　图 1-3-161

【要点】接腿、插步及转体要连贯快速,最后两臂上托、转体转头与打腿用劲要完整一致。

【易犯错误】①接腿、插步与转体脱节;②打腿太高,双臂没有向上提托甚至松脱对方的腿,用力不一致。

【纠正方法】两人配合练习,①专门练习接抱腿和插步转体,重点体会两个环节的衔接技巧;②从抱腿插步开始,重点体会抱腿提托、转体转头与打腿的合力;③完整体会动作,速度可由慢至快,逐渐加大难度直至实战。

8. 抱腿下压摔

双方从实战姿势开始,当对方用左鞭腿攻击我胸腹部时,我立即以里抄抱接住其小腿,身体右转,右脚后撤半步,同时左臂前伸并内旋,用上臂和胸部下压对方左大腿内侧;右手抓握其小腿下端并向上提掀,将其摔倒。(图1-3-162~图1-3-165)

图 1-3-162　　　　　　　　图 1-3-163

图 1-3-164　　　　　　　图 1-3-165

【要点】接腿与撤步要连贯；下压时左臂和胸部要贴靠对方大腿内侧；右手配合向上提掀其小腿；充分借助转体的惯性，三股劲（压、掀、转）用力一致。

【易犯错误】接腿与转体脱节；左臂下压、右手上掀与转体三股劲不一致。

【纠正方法】两人配合练习，①接腿撤步；②抱腿后转体下压；③完整体会接腿、转体、下压的连贯性和用劲技巧。

9. 抱腿上托摔

双方从实战姿势开始，当对方用踹腿攻击我胸以上部位时，我即用左臂屈肘横置于胸前抄抱其小腿；右臂屈肘挡于胸前并抓扣其脚；动作不停，身体重心急速前移，左（右）脚向前上步；同时用左手上托、右手前推的合力将对方推（掀）倒。（图 1-3-166~图 1-3-168）

图 1-3-166　　　　　　　图 1-3-167

图 1-3-168

【要点】左前臂横置于胸前，抄接对方的高位腿；右臂屈臂护于胸前，双手同时锁扣对方小腿；接腿后身体重心和两脚要持续快速向前移动，直至将对方推倒为止。

【易犯错误】两手位置错误，未能收到保护自己的效果；接腿后身体重心移动较慢或未能持续向前移动，导致摔法未能成功。

【纠正方法】采用分解练习法，①反复练习接抱对方直线高位进攻的腿法；②接抱腿后身体持续向前移动；③完整练习。

第二节　技法组合与运用

一、技法组合

技法组合，是指根据散打基本动作的攻防性质，结合步法和身法的移动等巧妙地组合在一起运用，以期达到主动抢攻或防守反击的击打效果。例如，一个右冲拳，在实战中如加上了一个"进步"冲拳，其表现的基本特征应属于主动抢攻技法。因为，假设双方在实战时都处在相互不能击中的无效距离状态，因一方突然通过进步而缩短了与对手的距离，使无效距离变为有效的击打距离，从而收到了右冲拳击中对方的效果；如若加上一个"拍压"防守后右冲拳，其表现的基本特征应是一组防守反击技法。因为，左手拍压是用以防守对方攻击我腹部的直线拳法或腿法，然后（或同时）以右冲拳反击对方的头部。

任何一个对抗性体育项目，其比赛的基本特征都是在进攻与防守这一矛盾体中进行的。竞技散打又是一个以身体各部位进行对抗的体育项目，其比赛的基本特征也是对抗的双方都在进行着"主动抢攻"与"防守反击"的对抗之中。如当对方主动抢攻时，我方就必定要进行防守反击（含以攻代防）；若我方发起主动抢攻时，对方也必须进行防守反击。

主动抢攻与防守反击，虽属战术范畴，但技术是战术的载体，无论是主动抢攻还是防守反击战术，最终都是通过技术的运用来实现的。把散打的基本动作按照主动抢攻与防守反击的用法巧妙地组合在一起，形成若干个技法组合，这必将为散打的技、战术训练提供了更加丰富的、有针对性的训练内容，技术必须结合战术练。避免技术训练与战术训练出现相互脱节的"两张皮"现象。

1. 主动抢攻技法组合

主动抢攻技法组合，是指在散打实战中，当双方运动员处在无效距离的对峙状态时，一方主动通过步法或身法的移动，并结合运用"踢、打、摔"的攻击动作，抢先进攻对方的技术组合。

组合主动抢攻技法的基本规律和原则是：①动作结构简单；②动作运行路线较短；③出击速度较快且隐蔽等。因此，结合步法的移动，一般有：进步、垫步、上步、闪步、纵步以及配合身体向左、右、前、后闪躲等；组合的第一招攻击动作一般有：左冲拳、右冲拳、左贯拳、左蹬腿、左鞭腿、左踹腿、右鞭腿等。攻击动作的连接可多可少，有拳、腿的单类组合；有拳和摔的混合类组合，有招法数量多少的组合等，变化无穷无尽。为了缩减篇幅，也为了突出抢攻的重点动作，本书只把抢攻动作的第一招进行介绍，至于更多的连接技法组合，练习者可以根据个人的特长和实战的需要进行选编和训练。

(1) 左冲拳抢攻

双方均为正架实战姿势（下同），快速进步以左冲拳抢攻对方的头、胸、腹部位。（图1-3-169~图1-3-172）

(2) 右冲拳抢攻

快速进步并以右冲拳抢攻对方的头、胸、腹部位。（图1-3-173~图1-3-176）

(3) 左贯拳抢攻

快速进步并以左掼拳抢攻对方头部、肋部的右侧部位。（图1-3-177~图1-3-179）

图 1-3-169

图 1-3-170

图 1-3-171

图 1-3-172

图 1-3-173

图 1-3-174

图 1-3-175

图 1-3-176

图 1-3-177

图 1-3-178

图 1-3-179

(4) 左蹬腿抢攻

快速垫步并以左蹬腿抢攻对方的头、胸、腹部位。（图 1-3-180~图 1-3-182）

图 1-3-180

图 1-3-181

图 1-3-182

(5) 左踹腿抢攻

快速垫步并以左踹腿抢攻对方的头、胸、腹部位。（图 1-3-183~图 1-3-185）

图 1-3-183

图 1-3-184

图 1-3-185

(6) 左鞭腿抢攻

快速垫步并以左鞭腿抢攻对方头部右侧、肋部,左腿内侧。(图 1-3-186~图 1-3-189)

图 1-3-186　　　　　　　图 1-3-187

图 1-3-188　　　　　　　图 1-3-189

(7) 右鞭腿抢攻

右鞭腿抢攻对方的后背、左腿外侧。（图1-3-190~图1-3-192）

图1-3-190

图1-3-191

图1-3-192

2. 防守反击技法组合

防守反击技法组合，是指在临场实战中，双方出现对峙时，因一方突然发起抢攻，而另一方通过身体或步法的移动或者运用肢体进行防守后（或同时）及时运用"踢、打、摔"的攻击动作进行反击对方的技术组合。

组合防守反击技法的基本原则和方法是：①首先要预测对方进攻的方法；②要预测对方攻击自己的身体部位；③要设计自己用什么方法防守效果最好；④预计对方在发起抢攻时容易忽略防守的身体部位；⑤设计在做出相应的防守后（或同时）用什么动作反击对方效果最佳；⑥依据攻击动作具有相生相克的原理

设计反击技法。

防守反击技法的组合数量可多可少，有拳、腿、摔分类组合；有混合技法的组合，有次数多少的组合等，变化不尽其数。本书只把用以首次反击的击打动作进行介绍。至于多次攻法的组合，练习者可以根据自己的优势和临场经验进行选编和训练。

练习者通过运用这些富有实战效果的典型技法组合，进行长期的、举一反三的艰苦训练，特别是通过双人配合的假实战训练，使练习者的技法运用达到高度的自动化程度，以致在实战中运用自如，得心应手。

(1) 左冲拳的防守反击

①双方均为正架实战姿势（下同）。当对方以左冲拳抢攻我头部时，我身体向对方的左侧腰部躲闪；同时，以左冲拳反击对方腹部或左侧腰部。（图1-3-193、图1-3-194）

图 1-3-193

图 1-3-194

②当对方以左冲拳抢攻我头部时，我上体微后仰，以左手向里拍挡来拳，以左蹬腿反击对方腹部。（图1-3-195）

③当对方以左冲拳抢攻我头部时，我上体微后仰，以左手向里拍挡来拳，并以左踹腿反击对方的肋部或腹部。（图1-3-196）

④当对方以左冲拳抢攻我头部时，我身体下蹲躲闪，并向前进步；以左手、右手分别抱住对方腰部、腿部，实施抱腰侧摔将对方摔倒。（图1-197、图1-3-198）

⑤当对方以左冲拳抢攻我头部时，我向右后转体；同时，左脚上半步、右脚插步；以左手、右手分别夹住对方的颈部、左臂，实施夹颈过背摔将对方摔倒。（图1-3-199）

图 1-3-195

图 1-3-196

图 1-3-197

图 1-3-198

图 1-3-199

(2) 右冲拳的防守反击

①当对方以右冲拳抢攻我头部时,我俯身向对方右侧躲闪,以右冲拳反击对方腹部。(图 1-3-200、图 1-3-201)

图 1-3-200

图 1-3-201

②当对方以右冲拳抢攻我头部时，我上体微后闪；以左手阻挡来拳，以左鞭腿反击对方的右侧肋部。（图 1-3-202、图 1-3-203）

图 1-3-202

图 1-3-203

③当对方以右冲拳抢攻我头部时，我以左臂格挡来拳；身体向左后转体180°；同时，右脚上步、左脚向右脚并拢；右手向对方右腋下穿出并夹抱其右臂、左手抓握对方右手腕部，实施夹臂过背摔将对方摔倒。（图 1-3-204、图1-3-205）

④当对方以右冲拳抢攻我头部时，我以左臂格挡来拳，身体迅速向左后转体180°；同时，右脚上步、左脚向右脚并拢，以右手搂抱对方腰部、左手抓握对方右手腕部，实施抱腰过背摔将对方摔倒。（图 1-3-206、图 1-3-207）

⑤当对方以右冲拳抢攻我头部时，我以左手阻挡来拳；以右冲拳反击对方头部。（图 1-3-208、图 1-3-209）

图 1-3-204

图 1-3-205

图 1-3-206

图 1-3-207

图 1-3-208

图 1-3-209

(3) 左掼拳的防守反击

①当对方以左掼拳抢攻我头部时，我以右臂格挡防守，以左冲拳反击对方头部、胸部。（图1-3-210~图1-3-212）

②当对方以左掼拳抢攻我头部时，我上体微后闪，以左手拍挡来拳，以右鞭腿反击对方左侧肋部。（图1-3-213）

图1-3-210

图1-3-211

图1-3-212

图1-3-213

③当对方以左掼拳抢攻我头部时，我以右臂格挡来拳；身体向右后转约180°；同时，左脚向前进半步、右脚向左脚并步；左手向对方左腋下穿出并夹抱其臂，实施夹臂过背摔将对方摔倒。（图1-3-214）

④当对方以左掼拳抢攻我头部时，我以右拳格挡，右脚向对方左腿后侧上步，同时右拳向对方胸前穿出，实施斜身靠摔将对方摔倒。（图1-3-215）

图 1-3-214

图 1-3-215

⑤当对方以进步左掼拳抢攻我头部时，我向下躲闪并向前进步，双腿屈膝下蹲，双手抱住对方腿部，实施抱腿前顶摔将对方摔倒。（图 1-3-216）

(4) 左蹬腿或踹腿的防守反击

①当对方以左蹬腿或踹腿抢攻我胸部时，我以左手向里、向下抄抱来腿，右臂屈肘于胸阻挡来腿；双手同时向上、向前托起，实施抱腿上托摔将对方摔倒。（图 1-3-217~图 1-3-219）

图 1-3-216

图 1-3-217

图 1-3-218

图 1-3-219

② 当对方以左蹬腿或踹腿抢攻我胸部时，我以左手向里、向下抄抱来腿；右臂先屈肘护于胸，后向对方左腿下方伸出并抄抱其腘窝处；我方身体重心前移，左脚进步，右脚上步勾踢对方右脚（支撑腿）踝关节处，实施抱腿勾踢摔将对方摔倒。（图 1-3-220、图 1-3-221）

图 1-3-220

图 1-3-221

③当对方以左蹬腿或踹腿抢攻我胸腹部时，我以左手向下、向外阻截来腿，以右鞭腿反击对方背部或左腿外侧。（图 1-3-222~图 1-3-224）

④当对方以左蹬腿或踹腿抢攻我胯部时，我以左手向下、向外阻截来腿，当对方左脚刚刚落地时，我以垫步左鞭腿反击对方左腿内侧。（图 1-3-225、图 1-3-226）

图 1-3-222

图 1-3-223

图 1-3-224

图 1-3-225

图 1-3-226

武术散打技术理论

⑤ 当对方以左蹬腿或踹腿抢攻我胯部时，我以左手向下、向外阻截来腿，当对方左脚刚刚落地时，我以右脚勾踢对方左脚踝关节处，将其勾倒。（图1-3-227、图 1-3-228）

图 1-3-227

图 1-3-228

(5) 左鞭腿的防守反击

①当对方以左鞭腿抢攻我肋部时，我左手向下、向里抄抱其来腿，右手屈臂护于胸并与左手相合；身体向右后转180°，右脚随身体转动并向后撤步，实施抱腿下压摔将对方摔倒。（图1-3-229~图1-3-231）

图 1-3-229

图 1-3-230

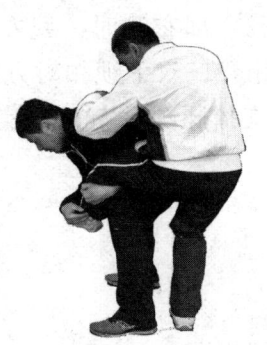

图 1-3-231

②当对方以左鞭腿抢攻我肋部时，我左手向下、向里抄抱其来腿，右手屈臂护于胸并与左手相合；左、右手抓握对方左腿踝部向下、向左、向上摇涮，实施抱腿摇涮摔将对方摔倒。（图 1-3-232~图 1-3-234）

图 1-3-232

图 1-3-233

图 1-3-234

③当对方以左鞭腿抢攻我头部右侧时，我左手向下、向里抄抱其来腿，右手屈臂护于头部并与左手相合；双手锁扣对方左腿并向上托起；同时，右脚跟步，左脚勾踢对方右脚支撑腿踝关节处，实施抱腿勾踢摔将对方摔倒。（图1-3-235、图1-3-236）

图1-3-235

图1-3-236

④当对方以左鞭腿抢攻我腹部时，我左手向下、向外阻截其来腿；以右鞭腿反击对方背部、或左腿外侧。（图1-237~图1-239）

图1-3-237

图1-3-238

图 1-3-239

(6) 右鞭腿的防守反击

①当对方以右鞭腿抢攻我左腿外侧时,我左手向下、向外阻截来腿;以右冲拳反击对方的胸部或腹部。(图 1-3-240~图 1-3-242)

图 1-3-240

图 1-3-241

图 1-3-242

②当对方以右鞭腿抢攻我腰部左侧时，我左手向外、向里抄抱其来腿并向上掀起；身体重心前移，左脚进步，右脚向前上步，右手伸至对方颈部，实施抱腿压颈摔将对方摔倒。（图1-3-243、图1-3-244）

图1-3-243

图1-3-244

③当对方以右鞭腿抢攻我头部左侧时，我左手向下、向外抄抱来腿并向上托起；我身体重心前移，左脚进步，右脚向前勾踢对方左脚（支撑腿）踝关节处，右手伸至对方颈部，实施抱腿压颈勾踢摔将对方摔倒。（图1-3-245、图1-3-246）

图1-3-245

图1-3-246

④当对方以右鞭腿抢攻我头部左侧时，我左手向下、向外抄抱来腿并向上托起；身体重心前移，右手先屈臂护于胸，后与左手相合向上、向前托起对方右腿，实施抱腿上托摔将对方摔倒。（图1-3-247、图1-3-248）

图 1-3-247

图 1-3-248

二、技法运用的自身优势与条件

技法运用，是指在动态的实战中，双方为争取最佳的击打效果而表现出运用攻防动作的能力。所谓动态，是指在实战对抗中因不同的对手和临场情况的变化，如对手的身体形态、身体素质、心智能力、技战术运用特点以及双方实战时相隔距离的变化等。在实战中，双方运动员都处在瞬息万变的动态之中，彼此间都十分警惕着对方的战术意图。有时为了抢占先机而采用主动进攻战术；有时因对方抢攻之后，自己能否及时地做出有效的防守反击。因此，运动员能否运用好主动抢攻和防守反击的技法，以至能否收到最佳的击打效果，除了必须熟练掌握散打基本动作规格与要点，使之在动作运用的技能上达到自动化程度外，还必须根据个人的优势能力和特点，以及在临场运用的特殊条件，巧妙地运用好主动抢攻或防守反击技法。

1. 运用主动抢攻技法的自身优势与特定条件

运用主动抢攻技法，其核心的特点就是一个"抢"字。如何使自己"抢"在对方的前面组织进攻，以致收到最佳的攻击效果。施技者必须具有以下突出的个人优势能力、特点与临场运用的最佳条件。

(1) 洞察敏锐

洞察敏锐，是指运动员在散打实战中要以最短的时间、最快的速度去观察和分析，并力求准确地掌握对方的战术方法、招法特长、用招规律等基本情况的能力。比如，对方的体力如何；是习惯于快打快攻，速战速决还是采用不急不躁、不紧不快的迂回战术；是善用腿法、拳法还是摔法；是善于防守反击还是主动抢攻；是善于真假招式混合运用还是直来直去；在用招前有什么征兆；有什么陋习和弱点等。对手的这些情况都是为己方制定战术的依据。"知己知彼，百战不殆"，只有把对方的特长与特短了解清楚之后，己方在实战时能够充分地发挥自己的特长。同时也使对方的长处不但得不到发挥，反而暴露了自己的短处。唯有如此，己方才能在实战中占据着"制人而不制于人"的主动性，才能为获得比赛的优胜创造条件。

(2) 决策果断

决策果断，是指运动员在散打实战中，对决定自己选用某种具体打法的果敢行为及能力。凡是决定运用主动抢攻技法的一方，首先需要决定使用什么招法、攻击对方哪个部位，必须要果断地作出决策。而这种决策，首先来源于施技者必须具有的一种自信和平静的心理状态。可以设想，一个"优柔寡断"的运动员，甚至是没有自信心的运动员，在赛场上是不可能有一个稳定的心态。而心理不稳定，势必会影响对临场状况的把控和决策的能力，甚至会贻误战机，造成决策的错误。因此，要求运动员在实施抢攻技法之前，首先要调整好心态，认真观察和分析对方的状况，然后再采取有针对性的技法抢攻。也只有这样才能使自己的决策更加灵敏和快速，技法的选用会更加果断，抢攻的效果也必然会更好。

在日常的训练中，为了培养运动员的"自信、果断"的心理品质，特别是对那些心理素质总是不够稳定、或因技术不过硬而导致自信心不足的选手，不能过早地进行较大强度的实战。在初始训练阶段，安排陪练的选手也不宜太优秀或强势，必要时还可以考虑安排一些竞技能力稍弱的队员进行配对。唯有如此，才能有利于培养这些选手的良好心理品质。

(3) 出招隐蔽

出招隐蔽，是指在散打比赛中，运动员所选用的攻击动作在出击前要有高度的隐蔽性。抢攻技法的运用，关键是"抢"字，因为只有抢在对方没有发现自己的攻击意图之前，才能给对方造成措手不及而出现防守失误。如何做到招法隐蔽，关键是减少甚至杜绝动作在出击前的"预兆"。如有的运动员在出招前有眨眼或皱眉的习惯；或出拳前习惯先后引；或出腿前身体习惯先后倒或重心先下沉；有的选手甚至在距离对方很远就发起攻击等。这些多余的动作预兆都会给对方提供了判断的迹象，以致造成抢攻技法落空，甚至还会给对方提供了"以攻代防"的反击机会。所以，避免或减少动作的预兆，是实现"招法隐蔽"的关键，也是实施"抢攻技法"的重要保证。

(4) 用招急速

用招急速,是指在散打比赛中,运动员抢占运用动作的先机与动作运行的速度。"急"是对选手抢占时机的要求,因为合适的抢攻时机稍纵即逝,绝对不能急慢。施技者必须做到准确地判断和及时地把控。"速"是指攻击动作运行的速度要求,只有以"迅雷不及掩耳之势"才能收到抢攻的最佳效果。凡是抢攻技法运用得成功,关键就是动作出击速度快。"快"能致使对方处于"防不胜防"的被动局面。

用招急速,也包括步法的移动速度,因为在发动抢攻之前,实战的双方是处在无效距离的对峙状态,只有通过快速的步法移动,才能抢占最合适的距离,才能为准确地击中目标提供最佳的前提条件。用招急速,是抢攻技法运用的核心要素,只有通过动作的快速运行,才能实现抢攻的最终目的——击中对方。总之,没有快速的步法移动,没有快速运行的攻击动作,就不可能获得抢攻的预期效果,也就等于失去了运用抢攻技法的可能性。

(5) 攻击力强

攻击力强,是指在散打比赛中,一方运动员使用攻击动作击中对方身体时所产生的击打力度。在散打比赛中,如果一方运动员的动作攻击力度强,首先就会收到因动作"击中"对方而产生得分效果;其次是有可能致使对方因被重击而受到裁判的"强制读秒"(规则规定:在散打比赛中,如果一方被强制读秒1次,另一方就得2分;一局被强制读秒2次,另一方就获得该局的胜方;一场被强制读秒3次,另一方就获得该场的胜方)。甚至由于重创对方而获得"优势胜利"。因此,当动作击中对方时,必须有强大的攻击力作用于对方的身体,才会使其突然觉得震动、惊动、摔倒,疼痛难忍,以致使对方在心理上产生"怕打"的恐惧感,甚至还会失去反击的勇气。有专家研究,一名曾经在2000年和2002年获得"散打王"的运动员,用后手拳击打沙包时测出的力量可达300多公斤;用后鞭腿击打沙包时测出的力量可达500多公斤。可以试想,如果用这样的攻击力击打在对方的身体上,何愁对方不惧怕呢?假如施技者运用的抢攻技法,缺乏攻击力的话,对方不但没有震惊或惧怕,反而越战越勇,还有可能采取强攻硬取的战术,直接向前逼近,或使用摔法反击;或借助动作的反作用力进行反击。这就必然会使主动进攻方出现被动的劣势局面。所以,抢攻者的攻击动作只要有强大的击打力度,对方才能产生"怕打"的心理障碍。施技者才能为获得比赛的成功提供基础保证。

(6) 连环技法

连环技法，是指在散打比赛中，运用抢攻技法的一方，在实施技法时必须有成功与失败、有抢先强攻与防守反击两种准备和应战措施。作为运用抢攻技法的一方，当然希望一招成功或连招获胜。但在双方势均力敌的散打对抗中，在运用抢攻技法时往往都是成功与失败兼而有之，特别面对的是善于防守反击的对手，成功率就会更低。因此，要求抢攻者必须充分做好用连环技法的思想准备。即一旦抢攻成功，对方可能还会暴露出"漏防"的身体部位，此时，抢攻者应该乘胜追击；如若抢攻落空甚至失败，对手必然会进行有效的反击。此时，抢攻者就必须快速退守，由主动抢攻转为防守反击。例如，红方使用左踹腿抢攻黑方胸部以上部位时（双方都为正架预备式），黑方可能会运用下潜抱腿摔的技法——以摔制腿；黑方或者向右侧闪进并以右鞭腿反击红方的左侧背部——闪中有进，以横破直。此时，红方抢攻失败后，必须根据攻防动作的相生相克原理进行"反反击"。到底是以摔制摔？还是以腿制腿？这些技法的运用，除了要预先设计好以外，关键还要有临场应急的能力，这种应急的能力，必须是在平时的日积月累的艰苦训练中得来的。实施连环技法时，还应根据对方做出防守后所出现的身体状态或暴露的击打部位再给予连招（组合）出击。在招法的攻击点上要善于变化，如高低结合、左右结合、横直结合等；或以"明修栈道，暗度陈仓"的真假战术，真中有假、假中有真迷惑对方，尽最大的可能分散对方的注意力，致使对方无所适从，防不胜防。

(7) 攻防相寓

攻防相寓，是指在散打实战中，运动员无论是运用主动抢攻还是防守反击技法，都要注意遵守"攻中寓防、防中寓攻"的搏击要点。因为在激烈的实战对抗中，双方的进攻与防守或反击，都是在瞬息变换之中，而且很多情况下有可能是在同一时间内存在着抢攻与防反的两种战术。如当你发起抢攻时，对手运用的战术是"以攻代防"或先发制人的"阻截法"，打人为前。有可能双方都是在同一时间击中对方。因此，要求施技者无论运用的是抢攻还是防守反击战术，首先在战术意识上都要有抢攻与防守反击两种战术准备。决不能出现：在抢攻时而忽略了防守；或在防守时而弱化了反击的意识。其次，在技术动作的外型结构上要保持做到"攻中寓防、防中寓攻"的状态，如"打上必须防下，击左必须护右"的技术规范。例如，当你用腿法或拳法攻击对方的头部时，而自己的下盘就容易暴露给对方，也就是自己的下盘部位最有可能被对方反击，因此，必须做好防下的准备；当你用左贯拳攻击对方的头部右侧时，而自己的右侧头部最容易失去防守而被对方攻击。因此，要求当用左手攻击对方的右侧头部时，右手必须屈肘护于自己的头部右侧；用腿法攻击对方腿部时，自己必须以双臂弯曲护于躯干。总之，运动员的动作外型结构是否做到"攻防相寓"的合理性，检验的标准就是基于从实战中总结的、带有规律性的实战经验。

2. 运用防守反击技法的自身优势与特定条件

防守反击技法，是相对于抢攻技法而言的，它是一种化被动为主动的打法。例如，当对方发起抢攻时，己方选用的防守反击技法必须要针对对方运用的抢攻方法和击打的部位，而应快速地采取有效的反击措施。贴切地说，是一种"受制于人"的打法。在散打比赛中运用的防守反击技法，有很多状况是无法预计或提前准备的，只能靠个人的临场反应能力来实现防守反击战术。因此，运用防守反击技法，施技者除了非常熟练地掌握各种技术和战术方法；在动作运用的技能上达到高度自动化程度外，还必须具有以下更加突出的个人优势能力、特点和临场运用的最佳条件。

(1) 反应敏捷

反应敏捷，是指在散打比赛中，因对方突然发起抢攻，而己方能及时地做出快速防守和反击的能力。散打实战的基本特征，一方运用主动抢攻技法，而另一方就必然进行防守反击，彼此相互交替，瞬时万变。主动抢攻技法是主动的，是预先计划好的"制人"战术；而防守反击技法是被动的，是因对方而发的"受制于人"的战术。当对方主动抢攻时，己方首先要对对方的攻击方法、攻击部位作出明确的判断后，立即采取相应的防守动作和有针对性的反击方法，做到既不被对方击中，又能取得反击的成功。实施防守反击技法，要求施技者必须具有①独特的反应能力；②掌握散打的技术、战术方法必须达到高度的自动化程度。

人的反应能力大体分为两种：一是第一反应；二是第二反应。人的第一反应能力强弱，与天资的程度有关；而第二反应必须是经过后天锻炼才能获得的。例如，运用防守反击技法，首先第一反应是发现对方抢攻，是简单反应；而至于要用什么方法防守，防守哪个部位，防守后用什么方法反击，反击对方哪里，这是要经过本人的视觉反应，迅速传到大脑，再指挥运动神经中枢，最后由人体的运动器官做出相应的防守反击动作。这是一个非常复杂的反应过程，也称之为第二反应。因此，作为一名优秀的散打运动员，特别是要成为一名善于运用防守反击技法的运动员，除了个人先天具有反应灵敏的资质外，更重要的是必须经过后天长期的、艰苦的训练，举一反三，日积月累，只有把散打的技术、战术方法掌握

得非常熟练，并且达到高度自动化的程度，才有可能在临场实战中，应变自如、得心应手。

总之，反应敏捷，是实施防守反击技法的重要条件和能力。因此，如果缺乏这种条件和能力，运用防守反击技法就是一句空话。

(2) 位移准确

位移准确，是指在散打实战中，运动员运用防守反击技法时，对步法移动和身体姿势改变的准确度。在实战中，当对方发起抢攻时，用于防守的方法，主要是靠身体姿势的改变和距离的调整来完成的（含接触性与非接触性防守），但完成的效果如何，关键是调整距离的准确性问题，因为防守只是第一步，而重要的是为了实现更加有利的反击作准备。所以，步法移动和身体姿势的改变必须准确无误，做到既有利于防守，又有利于反击技法的完成。例如，对方以直线蹬腿抢攻，己方只需要后退 10 厘米的距离就完全可以获得最佳的防守效果；如若后退超过了 10 厘米，甚至是更远的距离，这样虽然能够达到防守的目的，但却给己方的反击增加了距离移动的时间和难度，甚至还会由于距离的拉大而错失了反击的良机。

位移准确，更是一个方法熟练问题。例如运用接触性防守法，除了要求身体移动要准确外，还必须注意方法的正确性（参考防守动作要点），因为只有做到方法正确了，才能收到更好的防守效果。另外，还要巧妙地运用身体前后、左右不同方位的移动，为反击提供更加有利的条件。比如，对方是运用直线腿法抢攻，己方的身体最好向左或右侧边闪边进，这样就能为后面的反击提供方便。再比如，对方运用弧线型腿法抢攻，己方的身体最好是向前逼近对手，使其因缩短了距离而失去了有效的击打效果，同时也为己方运用拳法或摔法反击缩短了距离并赢得了时间，为反击的成功奠定了基础。

(3) 时机恰当

时机恰当，是指在散打实战中，运动员运用防守反击技法的适时要求。防守和反击的时机固然要恰当，既不能早也不能晚。否则，就会失去防守效果，甚至还会被对方将计就计。在比赛中，运用防守反击技法的最佳时机有两个：一是"先发先至"，"打人力前"，达到以攻代防的效果。即，在对方"欲动而未动"之际，迅速抢占先机而击打对方，达到"以攻代防"的目的；二是"后发后至"，"打人力后"。即，在对方发起攻击之后，因己方做出了相应有效的防守，使对方的进攻失败或落空；在对方还没有完全调整好身体重心或尚未站稳或尚未做好防守准备之时予以反击。以上这两个防守反击的时机是最恰当和适时的，击打的效果也是最佳的。施技者应该在日常的配合训练中不断反复地培养、强化把控这两个"时机"的能力，并在实战中逐步达到准确、熟练地运用，这对提高防守反击技法的动作质量会有"事半功倍"的效果。

(4) 用招巧妙

用招巧妙，是指在散打实战中，运动员选用防守反击技法的技巧性。用招巧妙，包括运用防守方法和反击方法，两者是相互依存、相互影响的连环动作。比如，对方运用左踹腿抢攻己方的腹部（双方都为正架姿势），己方用的是左手向下、向外截挡来腿，而此时己方的身体重心一般会偏于右腿；当对方左踹腿失败而尚未落地站稳之际，己方即刻用右鞭腿反击对方左腿外侧或背部，这是最有利于借助右腿向后蹬地的反作用力，以加大起腿的速度和力量；同时，也因为对方的左腿外侧和后背不容易防守，以致使己方的反击更容易成功。假如己方用的防守方法是左手向内挂挡，尽管防守的效果也不错，但对右腿的反击很不利；或者改用左腿反击的话，一则对方容易防守；二则己方左腿的攻击力度会大大地降低。

如何使防守反击动作运用得更加巧妙呢？武术搏击谚语中讲"四两拨千斤"，指的就是用较小的力战胜较大的力。其要点就是"借力打力、借势打势"。用招巧妙，除了体现用招上的合理性外，还要体现踢、打、摔技术的"相生相克"原理。如，"以摔克腿""以腿克打""以打克摔"等，这种连环套式的用招特点是带有一般规律性的，而且也有不少的成功经验。

第四章 实用散打基本动作与技法组合

实用散打是武术徒手格斗中的综合搏击术之一，内容包括踢法、打法、摔法、拿法、肘法、膝法等。搏击的形式有站立式、卧式；比赛的场地可以根据需要进行设计。在实战中可以根据不同的对手，不同目标和任务，选择相应的的徒手格斗技术。如参加综合搏击术比赛，站立姿势的搏击，主要是以踢、打、摔技法为主，而倒地后的搏击则以擒拿、手法、肘法为主。因此，实用散打的基本动作除了包括竞技散打的基本动作以外，还有抓握与解脱、抓握与擒拿、肘法、膝法、掌法以及这些技法的组合等。本书选择其中主要的、基本的内容作一介绍。

第一节 抓握与解脱动作及要点

抓握与解脱，是指被对方抓握之后，用最有效、最省力、最快速的方法达到解脱的目的。抓握的方法有：顺抓、逆抓、同侧手抓、异侧手抓、单手被双抓、双手被单抓等。

一、抓握

1. 顺抓

①顺抓：抓握对方时虎口朝向自己。
②同侧手顺抓：左手抓住对方的右手腕；或右手抓住对方的左手腕，虎口朝向自己，双方的手臂均在同一侧。
③异侧手顺抓：左手抓住对方的左手腕；或右手抓住对方的右手腕，虎口朝向自己，双方的手臂互相交叉。
④单顺抓对方双手：左手、右手分别抓住对方的右手腕、左手腕，且虎口朝

向自己。

⑤双手顺抓对方单手：双手抓住对方的单手腕，虎口朝向自己。

2. 逆抓

①逆抓：抓握对方时，虎口朝向对方。

②同侧手逆抓：左手抓住对方的右手腕；或右手抓住对方的左手腕，且虎口朝向对方，双方的手臂均在同一侧。

③异侧手逆抓：左手抓住对方的左手腕；或右手抓住对方的右手腕，且虎口朝向对方，双方的手臂互相交叉。

④单手逆抓对方双手：左手、右手分别抓住对方的右手腕、左手腕，且虎口朝向对方。

⑤双手逆抓对方单手：双手抓住对方的单手，且虎口朝向对方。

二、抓握与解脱

1. 同侧手腕被对方单手逆抓的解脱

当左手腕被对方（深色服装者）右手逆抓时，我左臂微外旋，左拳及腕部用力向自己腹前边撅边拉；同时，以左肘尖为力点，快速屈臂向对方上臂或胸前顶撞，直至解脱。（图1-4-1、图1-4-2）

【要点】以对方虎口为突破口和力点，左拳腕用力向自己腹前边撅边拉，并与肘尖向前顶撞对方，形成合力，快速解脱。

图 1-4-1

图 1-4-1 附图

图 1-4-2

图 1-4-2 附图

2. 同侧手腕被对方单手顺抓的解脱

当左手腕被对方右手顺抓时，我左臂外旋，手心朝上；左拳以对方虎口为力点下压；左肘向自己左后侧用力回撤，直至解脱左腕。（图 1-4-3、图 1-4-4）

图 1-4-3

图 1-4-3 附图

图 1-4-4

图 1-4-4 附图

【要点】以对方虎口为突破口和力点，左臂外旋，左拳用力下压；左肘快速后撤并与左拳形成合力，快速解脱。

3. 异侧手腕被对方单手逆抓的解脱

当左手腕被对方左手逆抓时，我左臂微外旋屈肘，以肘尖为力点快速向对方上臂顶撞；左拳腕用力向自己腹前回拉，直至解脱左腕。（图1-4-5、图1-4-6）

【要点】左拳腕回拉，左肘尖向对方体前顶撞，用力要快速一致。

图1-4-5

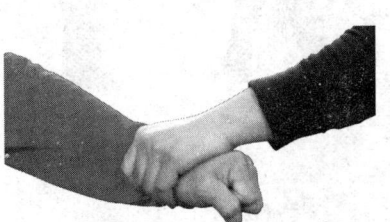

图1-4-5附图

图1-4-6

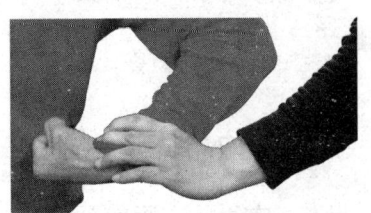

图1-4-6附图

4. 双手在腹前分别被对方单手顺抓的解脱

当左、右手腕在腹前分别被对方右手、左手顺抓时，我两臂外旋，两拳心朝上，以对方虎口为突破口和力点，两拳用力下压；同时，两臂屈肘分别向自己的左、右侧快速后甩，直至解脱双腕。（图1-4-7、图1-4-8）

【要点】两臂外旋，两拳下压，与两肘向后甩，用力要连贯、完整。

图 1-4-7

图 1-4-7 附图

图 1-4-8

图 1-4-8 附图

5. 己方双手分别被对方单手逆抓解脱

当左、右手腕在腹前分别被对方右手、左手逆抓时，我两臂外旋，两拳心朝上；两拳快速向自己两肩回拉；两臂屈肘，以肘尖为力点向对方腹前快速顶撞，直至解脱两腕。（图1-4-9、图1-4-10）

图 1-4-9

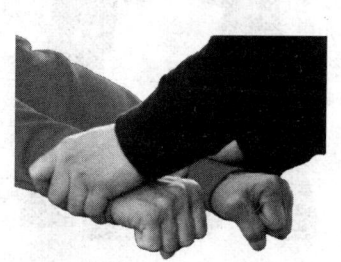

图 1-4-9 附图

图 1-4-10

图 1-4-10 附图

【要点】双臂外旋与两拳回拉要用力一致；解脱时，身体重心向前移动，两肘用力向对方胸部顶撞，助力解脱。

6. 双手在脸前分别被对方单手顺抓的解脱

当左手、右手在脸前分别被对方右手、左手顺抓时，我以对方的虎口为突破口和力点，两拳下压；两臂屈肘分别用力向自己左右身后猛甩，直至解脱两腕。（图 1-4-11、图 1-4-12）

【要点】两拳腕以对方虎口处为支点用力下压，并同时与两肘用力回撤形成合力，发力迅猛、干脆。

图 1-4-11

图 1-4-11 附图

图 1-4-12

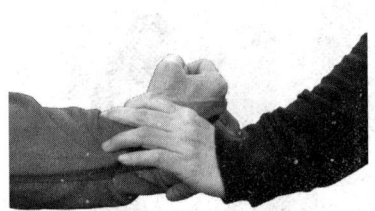

图 1-4-12 附图

7. 单手在胸前被对方双手顺抓的解脱

当左手腕在胸以上部位被对方双手顺抓时，我右手经下、经对方两臂中间上穿与左拳相握；两拳快速用力向自己腹下回拉，直至解脱左腕。（图 1-4-13～图 1-4-15）

图 1-4-13

图 1-4-13 附图

图 1-4-14　　　　　图 1-4-14 附图　　　　　图 1-4-15

【要点】右前臂微上提，与两拳、两肘同时向腹下回拉，形成合力，身体微向后撤并远离对方。

8. 单手在腹前被对方双手逆抓的解脱

当左手腕在腹前被对方双手逆抓时，我用右手抓握对方左手腕部，用力向上提拉；同时，左臂向对方腹部用力前伸，以挣脱对方左手；动作不停，左臂屈肘用力向对方右上臂顶撞；左拳用力向自己腹前撅拉，直至挣脱对方右手。（图1-4-16~图1-4-18）

图 1-4-16　　　　　　　　　图 1-4-16 附图

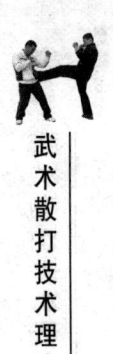

图 1-4-17

图 1-4-17 附图

图 1-4-18

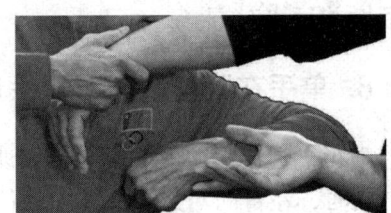

图 1-4-18 附图

【要点】右手向上提拉对方左腕，与左臂前伸而产生前后的挫力，挣脱对方左手；左臂屈肘快速向对方顶撞；右拳回拉，形成合力，直至挣脱对方右手；这种分解解脱法，动作要连贯，用力要干脆。

第二节 抓握与擒拿动作及要点

在搏击对抗中，双方都有可能被对方抓握，而且抓握的部位基本上是两手腕部、胸部、头部、肩部，或者从体前、身后突然袭击，以强行搂抱的方式进行。下面就以此为思路，设计部分基本的擒拿方法作一介绍，但不包括反擒拿的多层次连环技法。

一、同侧手腕被对方单手逆抓的擒拿

1. 撅拇指擒拿

双方均为正架实战姿势（下同）。当左手腕被对方右手逆抓而对方手心朝下时，我右臂内旋，虎口朝内，用拇指指腹扣压对方右手拇指指根处；同时，左手腕用力顶靠对方右拇指，以里外的合力，致使对方拇指指根处疼痛难忍而被擒。（图1-4-19、图1-4-20）

图1-4-19

图1-4-19附图

图1-4-20

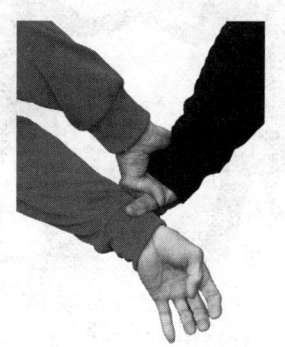

图1-4-20附图

【要点】左手腕由里向外顶靠对方右拇指的指根；右手拇指由外向里扣压对方右拇指指根，以左、右手产生的合力，撅拿对方的右拇指。

2. 外拧臂卷指擒拿

当左手腕被对方右手逆抓而对方手心朝上时，我右手手心朝上，由下抓扣对方右手背，并用食指、中指、无名指扣捏对方右手"鱼际穴"（拇指指根里侧）；同时，左臂内旋，左拳用力边拉边转，直至解脱左腕；动作不停，左手手心朝外，向左转拧对方右手五指；右手用力向左旋拧对方右臂及腕部，致使对方右臂外旋疼痛难忍而被擒。（图1-4-21、图1-4-22）

图 1-4-21

图 1-4-21 附图

图 1-4-22

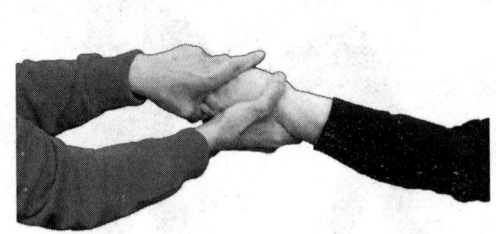

图 1-4-22 附图

【要点】挣脱左手时，右手四指扣捏对方右拇指；左拳腕用力回拉旋拧解脱，双手用力要一致；拧臂卷指时身体适当远离对方，避免对方屈臂转体而缓解疼痛。

3. 内拧臂折腕擒拿

当左手腕被对方右手逆抓，对方手心朝下时，我右手手心朝下、虎口朝内抓扣对方右手背，并用食指、中指、无名指扣捏对方小指侧，用拇指扣捏对方"合谷穴"；同时，左手腕用力向下回拉直至解脱。动作不停，双手抓握对方右手腕部并向右旋拧，继而向前、向下横撅对方右手腕部，使对方疼痛难忍而被擒。（图1-4-23~图1-4-26）

图1-4-23

图1-4-24

图1-4-25

图1-4-25附图

图1-4-26

【要点】解脱左手时，右手扣捏对方的虎口与左手腕旋拧解脱，用力要一致；折腕拧臂要向右、向下、向前边旋拧边推压，形成合力，致使对方右臂不能屈肘，疼痛难忍而被擒。

二、同侧手腕被对方单手顺抓的擒拿

当左手腕被对方右手顺抓，对方手心朝下时，我左臂微后引；右手内旋，虎口朝内扣抓对方右手背和腕部，用拇指扣压对方右拇指根部；己方动作不停，身体微右转；左臂屈肘向上、向内、向左下扣压对方右前臂及肘关节；右手横折对方右手腕，双手形成合力，致使对方疼痛而被擒。（图1-4-27~图1-4-29）

图 1-4-27

图 1-4-27 附图

图 1-4-28

图 1-4-28 附图

图 1-4-29　　　　　　　　　图 1-4-29 附图

【要点】拧臂、折腕时，身体先微左转再右转，左胸要贴紧对方右手腕部，致使对方手腕和前臂不能松脱而被擒。

三、异侧手腕被对方单手逆抓的擒拿

当左手腕被对方左手逆抓，对方手心朝下时，我用右手抓扣对方左手掌背，虎口朝内；动作不停，用左手四指（除拇指外）翘起刁拿并拧转对方左臂前端；用右手横向拨折对方左腕，双手形成合力，致使对方腕部疼痛而被擒。（图 1-4-30～图 1-4-32）

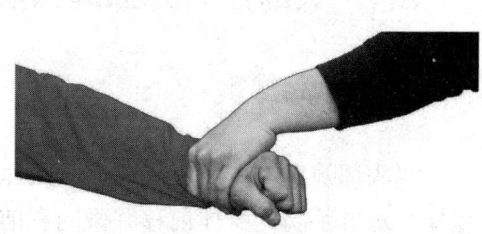

图 1-4-30　　　　　　　　　图 1-4-30 附图

图 1-4-31

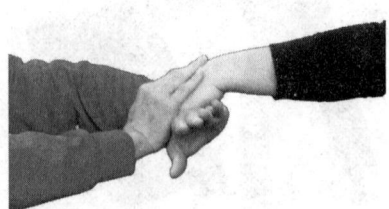

图 1-4-31 附图

图 1-4-32

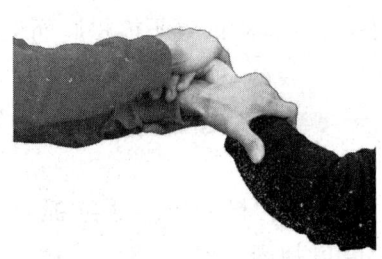

图 1-4-32 附图

【要点】左手四指刁拿对方左前臂应尽量靠近腕部，指尖用力扣捏对方桡骨并向下、向内旋拧；右手向里横折对方左手腕，双手形成合力；身体先微向左转再向右侧腹下转动，致使对方腕部疼痛加剧。

四、头部被对方抓握的擒拿

1. 横折腕擒拿

当头部被对方右手抓握时，我迅速用右手扣抓对方右手背，并用力向下、向里横折对方手腕；身体前移并微向右前方转动；同时，用左手扣掐对方右臂肘关节的"气海穴"，并用力向左后方回拉，以便形成头部向右前，与左手向左后的合力，致使对方右手腕横折疼痛而被擒。（图1-4-33、图1-4-34）

图 1-4-33

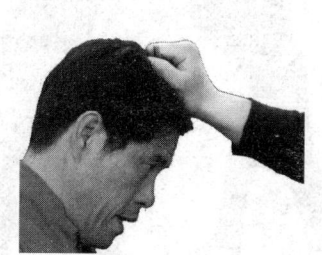

图 1-4-33 附图

图 1-4-34

图 1-4-34 附图

【要点】左手向左后回拉对方肘部、头部向右前方顶靠，右手向右横拨对方右手腕，以及身体配合向前移动等诸多方法，要形成合力。

2. 背掌撅指擒拿

当头部被对方右手抓握时，我用双手扣抓对方右手背及腕部，用力向下按压其腕关节；用双手拇指向前边推边撅对方指关节；动作不停，身体后退，双手继续按压对方右手腕，并向上翻转反撅其五指。致使对方无法反抗而被擒。（图1-4-35、图1-4-36）

【要点】力争在对方尚未抓紧头发之前就主动抓握其腕而予以解脱；背掌撅指时身体应向后移动，双手尽量向下、向自己的腹前用力，致使对方不能屈肘而加剧手腕和手指的疼痛。

图 1-4-35

图 1-4-35 附图

图 1-4-36

图 1-4-36 附图

3. 横折腕、旋臂擒拿

当头部被对方右手抓握时，我主动用双手左上右下相叠扣抓对方右手掌（对方若用左手抓握，则左手在下，右手在上）；右掌先向右、再向左下旋拧对方右前臂，并用四指（拇指除外）扣掐对方右前臂"桡骨侧"；左手向左横拨对方右手腕。双手形成合力，致使对方右前臂和腕部疼痛而被擒。（图1-4-37、图1-4-38）

【要点】右手四指扣捏对方桡骨应尽量靠近腕部，并向自己左侧下方旋拧；左手尽量向左横拨对方右手腕，双手上下旋拧要形成合力。

图 1-4-37　　　　　　　　　　图 1-4-37 附图

图 1-4-38　　　　　　　　　　图 1-4-38 附图

五、胸部被对方抓握的擒拿

1. 背掌撅指擒拿

当胸部被对方右手抓握时，我双手扣抓对方右手背，并紧贴胸部用力向下按压对方右腕；双手拇指用力向前推按对方指关节而解脱；动作不停，身体后撤，双手用力边按边拉对方右手腕（尽量使对方背指伸腕）并反撅其五指，致使对方因疼痛而失去反抗能力。（图 1-4-39~图 1-4-41）

【要点】尽量在对方尚未用力抓紧胸部时就即刻抓扣其手腕，然后身体边退边撅其手腕和手指，以避免对方屈肘而缓解疼痛。

图 1-4-39

图 1-4-40

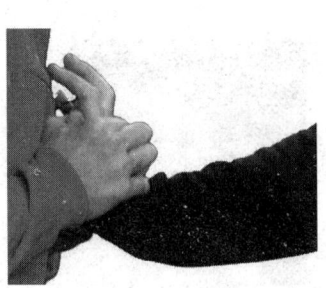

图 1-4-40 附图

图 1-4-41

2. 横撅腕拧臂擒拿

当胸部被对方右手抓握时，我主动用双手（右手在下，左手在上）叠抓对方右腕；右手先向右、再向左下方旋拧对方前臂下端，并用四指（拇指除外）扣掐对方右前臂桡骨侧；左手向左横拨对方右手腕部，左手与右手形成合力，致使对方疼痛而被擒。（图1-4-42~图1-4-44）

【要点】参考头部被对方抓握擒拿法。

图 1-4-42

图 1-4-43

图 1-4-43 附图

图 1-4-44

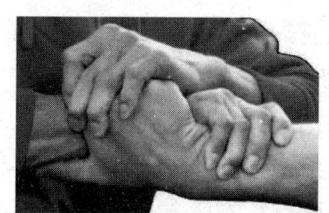

图 1-4-44 附图

3. 横折腕擒拿

当胸部被对方右手抓握时，我右手扣抓对方右手背（紧贴胸部），并用力向右横折其腕，身体微向右前方转动，以胸部向前顶住对方手腕；左手扣掐对方右臂肘关节的"气海穴"，并用力向左后回拉，双手形成合力，致使对方右手腕被横折而被擒。（图 1-4-45、图 1-4-46）

【要点】参考头部被对方抓握擒拿法。

图 1-4-45

图 1-4-46

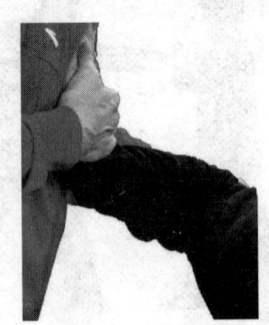

图 1-4-46 附图

六、肩部被对方同侧手抓握的擒拿

当左肩被对方右手抓握时，我用右手扣抓对方右手腕；左臂屈肘抬起，用前臂尺骨侧向右、向左下靠压对方右前臂；上体先微右转再向左后转；右手用力横折旋拧对方右手腕，致使对方右前臂及手腕剧痛而被擒。（图1-4-47～图1-4-49）

【要点】右手扣抓对方右手腕应紧贴自己胸前，致使对方不能松动手腕；左肘下压应借助腰的转动而加剧对方的疼痛。

图 1-4-47

图 1-4-48

图 1-4-49

七、肩部被对方异侧手抓握的擒拿

当左肩被对方左手抓握时，我用左手扣抓对方左手腕，并用力横撅其左腕；身体左转，右臂屈肘，用前臂尺骨侧向下、向左横压对方左肘和肩部，致使对方肩、肘、腕三个关节剧痛而被擒。（图1-4-50、图1-4-51）

图1-4-50

图1-4-51

图1-4-51附图

【要点】左手扣抓对方左腕时，要紧贴自己肩部和胸部，身体向左转并带动右臂横压对方肘关节，避免对方屈臂而缓解疼痛。

八、被对方抱腰的擒拿

1. 反臂撅腕擒拿

当被对方从身后抱腰，我双臂在外，对方左手在上时，我用左肘横击对方头部（转移对方注意力）；紧接用左手扣抓对方左手腕而解脱；然后向左后转体180°；同时，用双手旋拧对方左腕、左臂，并向下、向前推撅对方腕关节，致使对方左臂和腕部疼痛而被擒。（图1-4-52~图1-4-55）

图1-4-52

图1-4-53

图1-4-54

图1-4-55

【要点】用肘撞击对方头部后，即刻撅腕、旋臂、转身，动作连贯，反臂推撅对方腕部，要向前、向下方用力，避免对方屈肘而缓解疼痛。

2. 反臂撅腕扣肩擒拿

当被对方从身后抱腰，己方双臂在里，对方右手在上时，我用头向后猛击对方面部（转移其注意力）；身体迅速下蹲；同时，双肩上提，用左手抓扣对方右腕、右手托拿对方右肘；身体下蹲并向左后转体180°而解脱。右手用力扣撅对方右肘内侧；左手向上反臂撅拿对方右腕，双手一致用力，致使对方右臂及腕部疼痛而被擒。（图1-4-56~图1-4-59）

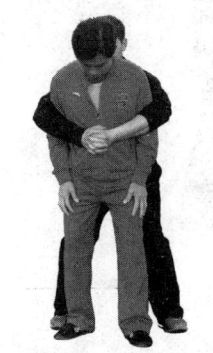

图1-4-56

图1-4-57

图1-4-58

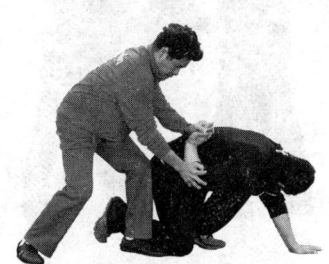

图1-4-59

【要点】身体下蹲、两肩上提、转身，动作要连贯、快速；掐肘、撅腕、拧臂要借助自己身体的重力，向对方背部推拿其臂。

九、与对方正面相遇的擒拿

当与对方迎面相遇时，我略微向对方右侧靠近，用右臂挑起对方右臂；用左手抓握对方右腕；动作不停，左脚向前上步，身体向右后转体180°，用左手撅拿对方右腕；用右臂上挑对方右臂后，经对方右腋下向上穿至右肩，用四指尖（除拇指）扣掐对方"肩井穴"，致使对方右臂及肩部疼痛而被擒。（图1-4-60~图1-4-62）

图1-4-60

图1-4-61

图1-4-62

【要点】右手向上挑起对方右臂、左手抓握对方手腕要同时完成；转身与扣肩、撅腕要连贯、快速，双手用力要一致，转身后要侧向对方并注意护裆。

十、从对方后面实施擒拿

当在对方后面相向行走时，我快步向对方左侧靠近，用右手手心朝前托起对方左前臂；用左手由上向下按抓对方左腕；动作不停，两手急速上下交换，用右手按抓对方左腕并向下用力折拉；用左手手心朝上，托起对方左肘，双手形成上拉下托的垂直力，致使对方左腕疼痛而被擒。（图1-4-63~图1-4-65）

图1-4-63

图1-4-64

图1-4-65

【要点】①左、右手交换要熟练、快速；②左手上托对方左肘，与右手向下撅拉对方左腕要垂直用力。

第三节　肘、膝基本动作及要点

一、基本肘法

1. 前顶肘

(1) 右前顶肘

双方均为正架实战姿势开始（下同）。右脚蹬地，右腿扣膝、合胯，身体微左转，右肘肘尖领先，由下向上、向前直线顶撞，力达肘尖正面。（图1-4-66、图1-4-67）

图 1-4-66　　　　　图 1-4-67　　　　　图 1-4-67 附图

(2) 左前顶肘

左脚拇指用力蹍地；身体微右转，左肘肘尖领先，由下向上、向前直线顶撞，力达肘尖正面。（图 1-4-68、图 1-4-68 附图）

图 1-4-68　　　　　　　　　图 1-4-68 附图

【要点】前顶肘为直接向前攻击方法，力要发于根。即，右顶肘通过右脚前掌蹬地；左顶肘通过左脚拇指侧用力蹍地，大腿内转、扣膝，力顺于腰，达于肘尖。

【易犯错误】没有掌握"力发于根"的用力顺序和技巧。即蹬地，或蹍地—扣膝—合跨—转腰的用力顺序，发力不顺达。

【纠正方法】初始阶段可以用较慢速度练习，或请同伴帮助拿靶，重点体会由下至上的发力要领。

2. 侧顶肘

(1) 右侧顶肘

右脚蹬地，右腿扣膝、合胯，身体微左转，右肘肘尖领先，由下向斜上，向左侧顶撞，力达肘尖内侧。（图 1-4-69、图 1-4-70）

图 1-4-69

图 1-4-70

图 1-4-70 附图

(2) 左侧顶肘

左脚掌用力蹬地，左腿扣膝、合胯，身体微右转，左肘肘尖领先，由下经斜上，向右侧顶撞，力达肘尖内侧。（图 1-4-71、图 1-4-71 附图）

图 1-4-71

图 1-4-71 附图

【要点】右（左）侧顶肘为向斜前上方攻击方法，肘尖应由右下（或左下）向左（或右）斜上方用力，右侧顶肘充分借助右脚蹬脚；左侧顶肘充分借助左脚趾用力蹬地，扣膝、合胯转腰，及异侧腰部肌肉的收缩力量，才能加大侧顶肘发力的深度和强度。

【易犯错误、纠正方法】参考前顶肘。

3. 后顶肘

(1) 右后顶肘

身体微右转，右肘肘尖领先，由下向后顶撞，力达肘尖正面。（图1-4-72、图1-4-73）

图1-4-72

图1-4-73

(2) 左后顶肘

身体微左转，左肘肘尖领先，由下向后顶撞，力达肘尖正面。（图1-4-74、图1-4-74附图）

图1-4-74

图1-4-74附图

【要点】后顶肘为直接向后攻击的方法，臂的运行路线极短，主要以同侧腰部肌肉收缩发力为主，力要发于内（内力），以气催力，用劲短促。

【易犯错误】两侧腰部的肌肉不协调，爆发式用力不明显。

【纠正方法】原地站立式体会左右转腰及力发于腰的技巧，不断增强腰部左右转动的协调性。

4. 担肘

(1) 右担肘

右脚蹬地，右腿扣膝、合胯，身体微向左侧转，右肘肘尖领先，由下向前、向上担挑，肘高于肩，力达肘尖上侧。（图1-4-75、图1-4-76）

图 1-4-75

图 1-4-76

图 1-4-76 附图

(2) 左担肘

左脚趾蹍地，左腿扣膝、合胯，身体微右侧转，左肘肘尖领先，由下向上担挑，肘高于肩，力达肘尖上侧。（图1-4-77、图1-4-78）

图 1-4-77

图 1-4-78

图 1-4-78 附图

【要点】左右担肘为直接向上攻击的方法，臂的运行路线较短，故发力时要充分借助异侧腰部的收缩和同侧腰部的充分拉长，才能加大发力的深度和强度。

【易犯错误、纠正方法】参考后顶肘。

5. 盘肘

(1) 右盘肘

右脚蹬地，右腿扣膝、合胯，身体微左转，右臂屈肘微向外、向左侧弧形盘绕侧击，力达肘尖。（图 1-4-79、图 1-4-80）

图 1-4-79

图 1-4-80

图 1-4-80 附图

(2) 左盘肘

左脚趾用力蹬地，扣膝合胯，身体微右转，左臂屈肘微向外、向右侧弧形盘绕侧击，力达肘尖。（图 1-4-81、图 1-4-81 附图）

图 1-4-81

图 1-4-81 附图

【要点】左右盘肘为左右横向攻击的方法，臂的运行路线较短，对腰部发力的技巧及协调性要求很高，力发于腰、送于肩、达于肘，用劲短脆。

【易犯错误、纠正方法】参考后顶肘。

二、基本膝法

1. 上顶膝

(1) 左上顶膝

右腿独立支撑，身体微右转，左腿屈膝直线向上顶撞，左侧腰部用力收缩，膝高于腰，力达膝尖。（图 1-4-82、图 1-4-83）

(2) 右上顶膝

左腿独立支撑，身体微左转，右腿屈膝直线向上顶撞，右侧腰部用力收缩，膝高于腰，力达膝尖。（图 1-4-84）

图 1-4-82

图 1-4-83

图 1-4-84

【要点】上顶膝为直接向上攻击的方法，主要以同侧腰、腹部肌肉收缩为主，发力时要立腰、提胯、收腹。

【易犯错误】身体后仰，腰腹肌用力不协调。

【纠正方法】手扶肋木，专门提高向上提膝的用力技巧，必要时可专门做腰腹肌的力量训练。

2. 前顶膝

(1) 左前顶膝

右腿独立支撑，左腿屈膝向上提起，膝略高于腰后，迅速挑腰、送胯，膝尖直接向前顶击，力达膝尖正面。（图1-4-85、图1-4-86）

(2) 右前顶膝

左腿独立支撑，右腿屈膝向上提起，膝略高于腰后，迅速挑腰、送胯，膝尖直接向前顶击，力达膝尖正面。（图1-4-87）

图1-4-85　　　　　　　　图1-4-86　　　　　　　　图1-4-87

【要点】前顶膝为先向上再向前攻击方法，主要依靠腰腹肌和背肌收缩发力为主，先屈膝上提后迅速挑腰、微送胯，用力短促、连贯。

【易犯错误】送胯挑腰与向前顶膝发力不连贯、不协调。

【纠正方法】手扶肋木或其他物体，专门体会提膝送胯、挑腰，顶膝发力的技巧。

3. 斜撞膝

(1) 左斜撞膝

右腿独立支撑，左腿屈膝向里、向右斜上方顶撞，立腰、提胯、收腹，膝高于腰，力达膝尖内侧。（图1-4-88、图1-4-89）

(2) 右斜撞膝

左腿独立支撑，右腿屈膝向里、向左斜上方顶撞，立腰、提胯、收腹，膝高于腰，力达膝尖内侧。（图1-4-90）

图 1-4-88　　　　　　图 1-4-89　　　　　　图 1-4-90

【要点】斜撞膝为向斜上方攻击方法，主要靠同侧腰腹部和股四头肌发力为主，膝由下向里、向斜上顶撞，立腰、收腹，发力短促，有爆发力。

【易犯错误】弯腰、松胯，腰腹肌与撞膝用力不一致。

【纠正方法】①按照要领专门提高独立支撑能力。②借助肋木或其他物体支撑，专门体会腰腹肌的发力技巧。

第四节　抓握与格斗技法组合及其运用

抓握与格斗技法组合，是指一方被另一方抓握之后，如何进行解脱，解脱后再运用"踢、打、摔、拿"等格斗动作组合制服或擒拿住另一方。技法运用，是指在运用这些格斗组合的过程中应该注意的要点。

一、右手腕被对方左手逆抓的反击

1. 技法组合之一

双方均为正架实战姿势（下同）。当右手腕被对方左手（同侧手）逆抓而对方手心朝下时，我即刻用左手抓握对方左手腕部，并用拇指扣掐对方合谷穴，其余四指扣抓对方小指侧；右臂外旋，右拳用力向外旋拧并解脱右手腕；动作不停，双手抓住对方左腕，用力向左旋拧，致使对方左臂内旋，并向下、向前推撅对方左手腕；左脚勾起，向斜上踢击对方胸部；左脚向对方身后落地，并迅速用左臂夹锁对方喉颈；用右手提抓对方左腕并紧贴其后背；同时，用左胯紧紧顶住对方后腰，最后把对方制服并擒拿。（图1-4-91~图1-4-94）

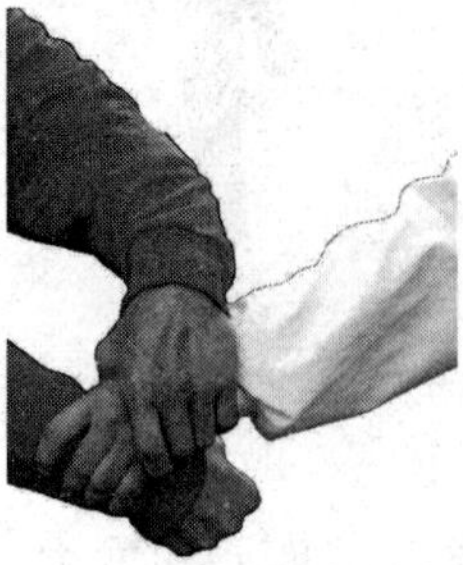

图1-4-91 　　　　　图1-4-92 　　　　　图1-4-92 附图

图1-4-93 　　　　　图1-4-93 附图 　　　　图1-4-94

【要点】解脱右腕时要注意左手扣掐对方手腕、与右拳腕向左旋拧，用力要一致；双手向左拧转，致使对方左臂极度内旋。两手用力向前、向下横折对方手腕，避免其屈肘反抗。踢腿后接锁颈要连贯、快速，以免在换手时对方得到解脱的机会。最后锁颈、撅腕、顶腰各个环节要做到极至，致使对方无法反抗而被擒。

2. 技法组合之二

当右手腕被对方左手（同侧手）逆抓而对方手心朝上时，我用左手抓扣对方左手背和手腕，用四指（除拇指外）扣掐对方拇指指腹"鱼际穴"；同时，右腕用力内旋并解脱；双手用力向右卷拧对方左掌、左臂；动作不停，身体重心移至右腿，以左腿勾脚向上踢击对方裆部；左脚向对方体前落地；同时，左臂屈肘由上向下砸击对方后背；右手向上提拉对方左手，致使对方无法反抗而被擒。（图1-4-95~图1-4-99）

图 1-4-95

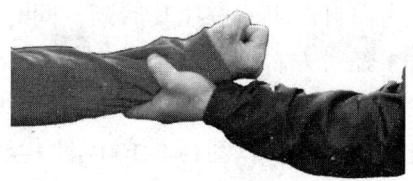

图 1-4-95 附图

图 1-4-96

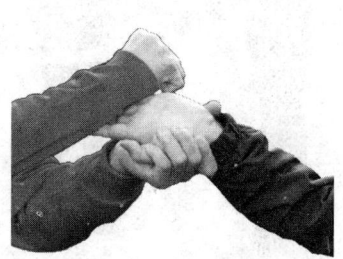

图 1-4-96 附图

图 1-4-97

图 1-4-98

图 1-4-99

【要点】解脱右腕后，双手一致用力向后拉、向右拧，致使对方左臂外旋至极，并尽量向外卷屈对方五指。左脚上踢对方裆部或腹部，此时双手仍然不能松脱对方左腕；砸肘时身体应侧向站立，以保护自己的裆部。

3. 技法组合之三

当右手腕被对方左手（同侧手）逆抓且手心朝下时，我进步用左肘斜击对方头部侧面；同时，右手腕用力解脱；动作不停，双手向上穿至对方颈后，并猛力向自己腹前按拉其后颈；同时，右腿屈膝向上撞击对方胸腹部；右脚落地，右手经对方右腋下向上穿至对方后颈，并用四指尖（除拇指外）扣掐对方"肩井穴"；左手抓握对方右腕，并用力向其后背反臂上推至极限，致使对方无法反抗而被制服。（图1-4-100~图1-4-104）

图 1-4-100

图 1-4-101

图 1-4-102

图 1-4-103

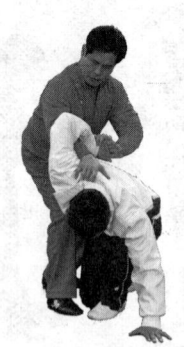

图 1-4-104

【要点】要在对方尚未抓紧右腕时，即刻进步左斜击肘，并与解脱右腕要同步。两手向腹前按拉对方后颈与右撞膝要形成合力。反臂扣肩（肩井穴）与左手推拿用劲要做到极限，致使对方疼痛并无法反抗。

二、左手腕被对方左手逆抓的反击

当左手腕被对方左手（异侧手）逆抓时，我用右手抓扣对方腕部、掌背，并向右横折其腕；左手立掌翘起，用四指（除拇指）刁扣对方左前臂桡骨侧，并使其向内旋拧；右脚快速垫步，左脚向里、向斜上侧踢对方腹部；左脚落地，右脚横踢对方左腿腘窝处；右脚落地并向左后转体约180°；同时，用右臂快速锁夹对方喉颈部；左手反别对方左臂。（图1-4-105~图1-4-109）

图 1-4-105

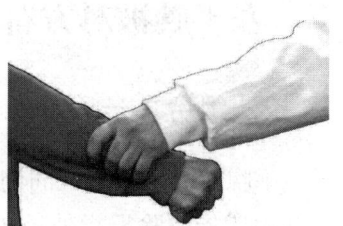

图 1-4-105 附图

图 1-4-106

图 1-4-107

图 1-4-108　　　　　　　　　　　图 1-4-109

【要点】擒扣对方左腕并同时旋拧其臂，右手横折其腕，两手同时用力，致使对方疼痛而身体向右侧倾斜。垫步左踢腿要急速连贯，落地后转换右踢腿时，要根据与对方的距离而灵活调整。转身夹颈锁喉要快速连贯；左手配合撅拿对方左腕不松懈，并用右胯骨顶住对方后腰，以防其转身。

三、左手腕被对方右手逆抓的反击

1. 技法组合之一

当左手腕被对方右手（同侧手）逆抓且对方手心朝上时，我用右手扣抓对方手背，并用四指（除拇指外）扣掐其拇指"鱼际穴"；同时，左腕用力内旋直至解脱；动作不停，左、右手同时用力，致使对方右臂向外旋转、五指卷屈至极而疼痛；继续用右腿向斜上踢击对方胸腹部；右脚落地，再用右肘向下砸击对方后背，致使对方因疼痛、受伤而被擒。（图 1-4-110~图 1-4-113）

 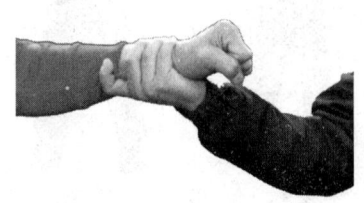

图 1-4-110　　　　　　　　　　　图 1-4-110 附图

图 1-4-111

图 1-4-111 附图

图 1-4-112

图 1-4-113

【要点】①抓腕解脱后双手用力向左卷拧其腕和臂，致使对方因疼痛而身体侧倾。②通过向对方踢腿和砸肘，致使对方无法忍受疼痛而被擒。

2. 技法组合之二

当左手腕被对方右手（同侧手）逆抓且手心朝下时，我迅速以右肘斜击对方面部，同时解脱左手；动作不停，双手伸至对方的颈后和背部，用力向下、向自己腹前按拉其后颈；同时，用右膝向上撞击对方胸腹；右脚落地；用右手经对方右臂内侧向上穿至其肩部，并用四指尖（除拇指）扣掐其"肩井穴"；同时，左手向上反臂横撅对方右腕。（图 1-4-114～图 1-4-117）

【要点】①要在对方尚未用力抓住手腕时，就立即主动斜击肘，以致造成对方措手不及。②向上撞膝与穿臂擒拿要做到"快、准、狠"，动作要连贯。

图 1-4-114

图 1-4-114 附图

图 1-4-115

图 1-4-116

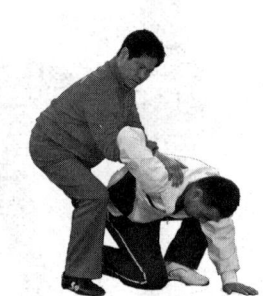

图 1-4-117

四、左手腕被对方右手顺抓的反击

当左手腕被对方右手（同侧手）顺抓时，我右手虎口朝内扣抓对方右手背，并用拇指指腹按压对方的右拇指根部，其余四指扣掐对方的小指侧并致使其右臂内旋；左臂屈肘抬起，前臂由左向右横压对方的右肘；身体微右转；用左腿横踢对方的右腿腘窝处（迫使对方降低重心甚至跪地）；左脚落地，身体右转；同时，左臂屈肘锁夹对方喉颈；右手反撅其右臂和腕，致使对方无法反抗而被擒。（图 1-4-118~图 1-4-122）

【要点】撅腕压肘要做到"快、准、狠"，致使对方腕部疼痛难忍。转身、锁喉、别臂几个环节衔接要熟练、准确、用劲要到位，最终身体要侧向对方，以保护自己裆部。

 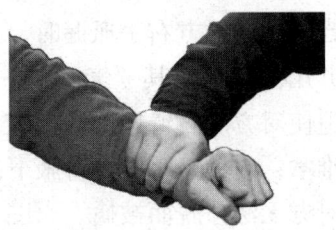

图 1-4-118　　　　　　　　　图 1-4-118 附图

图 1-4-119　　　　　　　　　图 1-4-119 附图

图 1-4-120　　　　图 1-4-121　　　　图 1-4-122

五、胸部被对方右手抓握的反击

当胸部被对方右手抓握时，我用右手扣抓对方右手腕部；左手扣掐对方肘关节，并用拇指掐按其"气海穴"；同时躯干微向右前方顶转，以右手撅腕、左手掐肘迫使对方的右臂屈肘并内旋；两手快速交换，左手下滑扣抓对方右腕并反臂向上推拿；右手经对方右臂腋下向上穿至对方右肩，并用四指扣掐其"肩井穴"，致使对方无法挣脱而被擒。（图1-4-123~图1-4-126）

图1-4-123

图1-4-124

图1-4-125

图1-4-126

【要点】①当对手抓握胸部较紧而无法解脱时，即刻用右手和左手分别扣抓对方的腕部和肘部，并以躯干为支点紧贴对方的右手心，并向右前方顶拧，迫使对手的右肘和腕部疼痛而屈臂内旋。②当对方屈臂时，左、右手即刻快速交换拿法位置，撅拿时用力要达极至，致使对方无法反抗。

六、头部被对方右手抓握的反击

1. 技法组合之一

当头部被对方的右手抓握时,我即刻用双手托拿对方手腕并予以解脱;双手继续向下、向后用力撅拉其右手腕和手指,致使对方被撅指、撅腕(伸腕);用右腿向前踢击对方腹部(或裆部),右脚落地,左腿抬起由左向右经对方右臂横跨至内侧;并用大腿根部骑压其肩、肘关节;同时,双手配合用力向上提拉对方右臂,致使对方右臂关节无法松动而被擒。(图1-4-127~图1-4-131)

图 1-4-127

图 1-4-128

图 1-4-129

图 1-4-129 附图

图 1-4-130

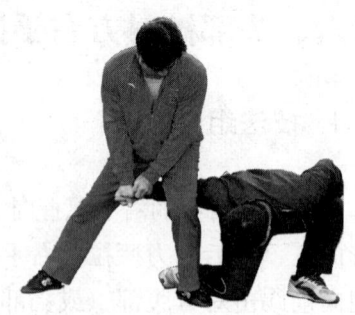

图 1-4-131

【要点】①主动撅拿对方右手腕,应趁其尚未抓牢之前完成解脱。②撅指、撅腕时身体应向后移动,避免对方屈肘而缓解疼痛。③踢右腿、跨左腿衔接要连贯;最后跨压对方右臂时,双手应同时向上提拉其手臂,致使对方无法反抗。

2. 技法组合之二

当头部被对方的右手抓握时,我双手主动快速抓拿对方手腕并予以解脱;双手继续向下、向腹前撅指、折腕(伸腕)。动作不停,右腿向上踢击对方裆部;右脚落地,左腿由上向下砸击对方后背,力达脚跟;同时,双手用力提拉其右臂,致使对方肩、肘、腕三个关节被擒拿。(图1-4-132~图1-4-136)

图 1-4-132

图 1-4-133

图 1-4-134

图 1-4-135

图 1-4-136

【要点】①解脱、撅腕、撅指要主动、快速，同时身体略向后闪。②右、左连环腿法要连贯，击打准确、用力干脆。③砸腿结束后左腿仍然要继续保持向下用力，并与两手向上提拉形成合力，以便更好地提高擒拿的效果。

七、腹部被对方右冲拳攻击的反击

当对方用右冲拳（或拿匕首）直线攻击胸腹部位时，我即刻身体右闪；同时，用左手向斜下、向左侧外截防守对方右拳，继而进步用右肘斜击对方头部侧面，两手伸向对方后颈，并用力向自己腹前按拉；同时，右腿屈膝向上、向里斜撞对方胸腹部，右手迅速向对方右臂内侧穿至肩部，并用四指扣掐对方"肩井穴"；同时，左手抓握对方右手腕，并向其后背推拿，致使对方反臂被擒。（图 1-4-137~图 1-4-141）

【要点】①外截防守对方右冲拳时，身体应微向右侧闪躲。②斜击肘、斜撞膝、别臂、转身、拿肩、撅腕等数个环节，衔接要连贯、顺畅、到位，用力短促。

图 1-4-137

图 1-4-138

图 1-4-139

图 1-4-140

图 1-4-141

八、头部侧面被对方用右掼拳攻击的反击

当头部侧面被对方用右掼拳攻击时，我迅速用左臂屈肘格挡，右手迅速向对方右肩伸至其颈后并抓按，右腿屈膝向对方胸腹部用力撞击；同时，右手用力向自己腹前按压对方后颈；左手仍搂夹对方右臂，右脚落地，双掌用力向对方后颈斜砍，致使对方倒地；动作不停，左腿快速跨过对方身体并坐其后背；用右手向上搬托对方下腭；左手按压对方后背上部，两手形成合力锁拿对方。（图 1-4-142~图 1-4-147）

【要点】①左手格挡、右手抓按对方后颈、膝撞对方胸腹三个技法环节衔接要紧凑连贯，力点准确。②双手下砍对方后颈要击点准确、用力干脆。③在对方倒地后应立即骑坐其后背；左、右手一下一上用力要相合，致使对方难以翻身解脱。

图 1-4-142

图 1-4-143

图 1-4-144

图 1-4-145

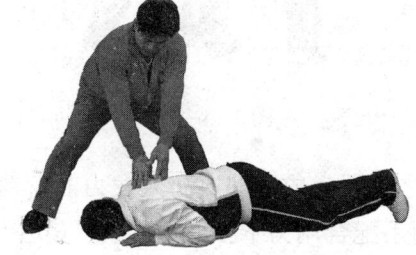

图 1-4-146

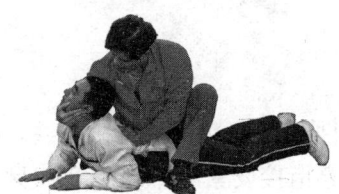

图 1-4-147

九、头部被对方用右劈拳攻击的反击

当头部被对方用右劈拳（或匕首）攻击时，我迅速进步用左臂屈肘向上横挡对方右前臂，右手向对方右肩上穿至前臂上端，双手向下拉挑（手拉臂挑）对方右臂；同时，身体右转，左膝向上、向里撞击对方后腰，然后左脚落地，身体右转；同时，左臂屈肘盘锁对方颈部；右手反别对方右臂。（图1-4-148~图1-4-151）

图 1-4-148

图 1-4-149

图 1-4-150

图 1-4-151

【要点】①左臂上架应主动抢在对方下劈之前就完成防守（防人发力前）；右臂上穿衔接要紧凑果断。②转身左撞膝时，两手配合用力下拉对方右臂。③左臂锁喉；右手要紧紧擒拿对方的右腕和臂（撅腕别臂），并用自己的胯骨顶靠对方后腰，以避免对方逃脱。

十、与对方迎面相遇实施的抓捕

当与对方迎面相遇时，我向对方右侧靠拢（不能暴露意图）；右手快速向对

方右臂内侧上挑并穿至其右肩上，并用四指扣掐对方"肩井穴"；同时，左手托拿对方右腕，垫步以左脚横击对方右腿腘窝处，左脚落地，右腿屈膝向上撞击对方胸腹，致使对方受重击而被擒。（图1-4-152~图1-4-155）

图 1-4-152

图 1-4-153

图 1-4-154

图 1-4-154 附图

图 1-4-155

【要点】①与对方迎面相遇进行擒拿，动作必须隐蔽、突然，幅度要小，没有预兆。②别臂扣肩（肩井穴）要准确，用力要有深度。③踢左腿、撞右膝动作要快速用力，致使对方疼痛难忍而被擒。

十一、从对方后面实施抓捕

当从对方后面实施抓捕时，我向前靠近对方右侧，用双掌横砍对方颈部两侧，导致对方昏厥；右脚快速上步并向左转身；右臂屈肘锁夹对方颈部，用右腿向后撩挑对方左腿而致其倒地；随之也倒在对方身上，并用右臂盘锁对方颈后；左臂横压对方咽喉；双臂上下用力，致使对方无法反抗而被擒。（图1-4-156~图1-4-160）

  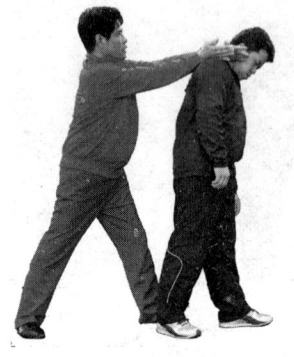 

图 1-4-156　　　　　图 1-4-157　　　　　图 1-4-158

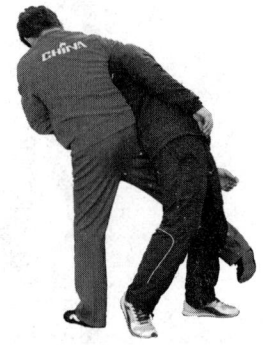 

图 1-4-159　　　　　图 1-4-159 附图

图 1-4-160　　　　　图 1-4-160 附图

【要点】①追赶对方时步法要轻灵、隐蔽。②双砍掌击打对方颈动脉要准确,用力有深度。③转身、锁颈、背胯摔等环节要连贯。④摔倒对方后自己也要随之倒地,不能松脱对方;锁喉时左手与右手要上下一致用力,致使对方难以反抗。

第五章 散打教学与训练

第一节 散打教学与训练的基本特点

一、以德为本，贯穿始终

武德是从事武术活动的人在社会活动中应具有的道德品质，也是对习武者自身行为规范的要求。武术谚语讲"未曾学艺先学礼，未曾习武先习德"，这就是对习武者的必然要求。散打教学的过程不仅是增进健康、培养一定格斗技能的过程，而且是陶冶情操、培养高尚道德品质的良好手段。作为教师首先要有高尚的武德和精湛的业务能力，在各方面都要严格要求自己。同时，在教学中要善于了解学生的心理活动，有针对性地进行武德教育，不断培养学生良好的道德品质。尤其是在当今改革开放和社会主义市场经济条件下，应当赋予武德教育以鲜明的时代特征，要紧密结合构建和谐社会，落实科学发展观，寓武德教育于社会规范之中，使学生更加明确学习的目的和意义，通过练武习德，进一步培养尊师重教、讲礼守信、助人为乐、见义勇为等良好的道德情操和坚定的意志品质；教育学生以弘扬中华民族传统美德和优秀的民族文化、继承发展民族传统体育项目为己任，为提高全民族的健康而努力学习。

二、动作规范，注重实用

散打技法丰富，在实战中更是变化多端。但无论多么复杂的动作，都是由最基本的动作组成的。因此，在学习散打技术时，要注重动作的规范要求。包括有动作的起止路线、发劲特点、着力部位、击打目标以及合理的攻防动作结构等。做到路线明、方法清、力点准、发劲顺，一丝不苟。对错误动作和方法一定要不厌其烦地进行纠正，尤其是对于初学者更要严格动作规范。否则，一旦形成了错误的动力定型，就难以纠正。

"对抗实战"是散打运动的本质特征。为此，教师在教学过程中必须从"对抗实战"的特点出发，不仅要注重动作外在表现的教学，而且必须要注重动作的实战运用，使学生明确在实战运用时每一个动作都是处于"动态变化"的，必须紧紧围绕实战中的变化规律和特点进行教学，避免动作练习与实战运用相脱节。散打实战中的"动态变化"，包括有：实战双方的距离变化、攻防转换的变化、击打时机的变化、攻击目标的变化、选用招法的变化、不同实战对象的变化等。练习者在训练时要反复体会和掌控这些动态变化的规律、要领和技巧。这样才能做到"技术结合战术练"，从而使动作的规范性与实用性达到高度的一致性。

三、循序渐进，区别对待

学习散打的任何一个技术动作，都是由初练到娴熟，由娴熟到巧练、再到运用自如的过程。"会、对、巧、妙、绝"这是学习散打技术的五个基本过程和规律。从会到对基本属于"动作学习"过程；当达到"巧、妙、绝"的层次时就属于实战中"运用技法"的过程了。因此，在学习阶段，要从最基本的拳法、腿法、摔法学起，从单个动作到组合动作，从简到繁，循序渐进，一步一个脚印，切不可操之过急。在教学中还要注意学生的个体差异性，因为不同的学生，其身体状况、接受能力、感悟程度以及生理和心理特征等都不尽相同。在散打教学中既要根据学生的平均水平制定相应的统一教学计划和目标，还必须考虑到个体的差异性，针对不同的对象采用相应的教学方法，以充分发挥学生的自身条件，形成自己独特的技术风格。另外，同一个学生在学习的不同阶段，也会有不同的变化，教师要根据教学对象的具体情况有区别地采用不同的教学方法和训练手段。

四、以点带面，触类旁通

"不怕千招会，最怕一招熟"，这是武术技击中的一句谚语。意思是：学习技术不要只求多，更要求精，要有自己的最熟练、最独特的"绝招"，在实战时才能给对手一种威胁，一种震撼。虽然散打的技术内容相当丰富，不同的技术方法在实战中有着不同的表现形式和功能。但是，在实战对抗中的竞技能力都是相通的、有共性的。如培养练习者在实战中的进攻、防守、防守反击的战术意识和应变能力；提高对时机、空间、距离，以及选择攻击方法、击打目标的把控能力，

培养克敌制胜的心智能力等，都可以通过采用较简单，且又是最重要的方法进行配对练习、条件实战、实战而获得。如在学习的初级阶段，可以选择或规定只能用左右冲拳、左右踹腿和部分的接招摔等方法进行条件实战；甚至还可以规定只能用"一拳一腿"进行条件实战；还可以规定双方按"主、被动分开"的形式条件实战，即双方处于对峙状态时规定某方主动抢攻，而另一方只能进行防守反击。通过各种形式的条件实战，不仅可以使练习者降低心理压力，能高度集中地注意使用和发挥重点技术，有利于对战术意识、竞技能力的培养和形成，能很好地减少甚至避免很多不应有的伤害事故的发生。随着教学进度的不断深入，学习者在实战中运用技、战术的能力不断提高以后，再逐渐丰富实战内容，提高实战难度，以期达到全面掌握"踢、打、摔"的技术。技术是战术的载体和基础，没有全面、丰富的技术方法作保证，战术就不可能做到灵活多变。战术不灵活，甚至是千篇一律，在实战中就很难把控主动权，甚至还很容易被对手抓住破绽，乘虚而入，最终导致比赛的失败。

"以点带面，触类旁通"的教学特点，其核心是在教学的初级阶段就做到：抓基本、抓重点、抓规律、抓共性，举一反三，一通百通。切勿一开始就面面俱到，贪多求快，没有核心，没有重点。

五、两人配对，贵在适度

散打是两人的对抗性项目，两人的配对练习是提高散打技、战术的有效途径，也是重要的练习形式之一。两人配对练习的形式和任务多样，有攻防技术练习、隔空练习、假设性练习、条件实战、实战等；双人打靶的方法有：抢攻靶、反击靶、耐力靶、速度靶、反应靶、动态靶（结合步法和反应的随机靶）、组合靶（规定的连招打靶）等。配对练习要注意根据课程的目的任务以及技、战术的具体要求有计划地安排。

尤其值得注意的是：散打竞赛是以"克敌制胜"为主要目标；进攻、防守与反击是散打比赛的主要矛盾转换。因此，对提高实战双方的技、战术运用能力、适应能力、反应能力、应变能力是配对练习的主要意图。在平时的练习中，一定要教育学生树立"互为对方服务"的良好品质，要从对方的实际水平出发，包括采用的速度、力度、动作变化的难易度等，都要以对方的最佳接受能力为度。如果一方给予的条件太难，容易导致另一方心理上的压力而慌乱，使动作变形，甚至会出现伤害；若一方给予的条件太容易或难度太低，又收不到最佳的训练效果。因此，配对练习，关键是要安排一个"相匹配"的对手。练习的双方都应该注重相互配合的"度"，不计较个人的得失甚至还要付出个人的"牺牲"，这样才能够收到最佳的训练效果。同时，教练员在训练课中必须根据教学训练的根本任务来安排配对。如为了一方更好地体会和巩固技术，安排对手的实力要相对弱一些，即"降难"训练法，以增强练习者的信心；如若为了提高一方技战术运用的难度或质量，安排对手的实力应适当强一些，即"加难"训练法；或者在赛前训练中，安排实战的对手其竞技能力和技术水平应具有势均力敌的实力，有相互制约的条件，才能提高训练或比赛的强度，才能收到较好的训练效果。另外，如果本队在同一级别难以找到相匹配的对手，还可以安排大一级别的对手，或者女子安排男子陪练；或者通过队与队之间的交流赛、友谊赛乃至更多地参加全国的各种高水平、高强度的散打赛事，对提高优秀运动员的竞技能力，是必不可少的。也唯有如此，才能够使优秀运动员在较长时间内一直保持着高超的竞技实力。

第二节　散打技术学习的阶段

一、初步建型阶段（泛化阶段）

这一阶段的主要任务是使学生对散打的基本动作有初步的了解，并通过掌握粗略的动作，而获得感性认识。凡是学习一个新的技术动作，都需要通过教师的示范、讲解等教学方法，使学生先形成一个粗略的概念，并在教师的指导下进行练习，初步形成动作的表象。

在此阶段，学生大脑皮质的联系，处于泛化阶段，学生尚未形成完整的动力定型。动作表现为紧张不协调，容易出现多余动作等。因此，教师在教学过程中不应过多地强调动作细节，应抓住学生在掌握动作中出现的主要问题进行讲解和纠正。讲解要简练，示范要正确，要从不同部位、不同方向，让学生看清动作的起止路线、动作力点、击打部位等，达到初步掌握动作的目的。

二、配合运用阶段（分化阶段）

这一阶段的教学，主要是使学生巩固正确的动作，提高动作的协调性和质量。在教师的指导下，需要通过两人在一定条件限制下进行配合练习；同时，还

要从实战出发，不断提高学生对技术动作的运用能力，包括对时机、距离、空间的判断能力、应变能力等；通过简单的攻防动作配合练习，逐步培养练习者对散打技术的进攻→防守→反击的实战意识和应用能力。

初学者在不断的练习过程中，对运动技能的内在规律有了初步了解，一些不协调和多余的动作也逐渐消除。此时大脑皮质的条件联系由泛化进入了分化阶段，大部分错误动作得到了纠正，能比较顺利、连贯地完成动作技术，初步建立了正确的动作定型。但定型尚不巩固，一旦遇到新异的刺激时，多余的动作或错误动作可能还会重新出现。因此，教师在教学中应抓住学生存在的主要问题，反复强调，反复练习。对错误动作的纠正，可采用对照和综合分析的方法，帮助学生体会动作细节，促进大脑对分化与抑制能力的进一步发展，使他们掌握的动作日趋准确，对技术动作有了更深层次的理性认识。

三、实战提高阶段（巩固和自动化阶段）

练习者通过进一步反复练习，已经建立的条件反射得到不断巩固，建立了良好的动力定型，大脑皮质的兴奋和抑制在时间和空间上更加集中和精确。此时，不仅动作完成得准确、熟练，有较好的协调性、连贯性，而且随着运动技能的巩固和发展，运动神经系统的联系达到了非常巩固的程度之后，动作完成的效果可达到自动化程度。这对于提高练习者的实战能力是非常重要的。因为在散打实战中，赛场的情况瞬息万变，提高实战者对动作掌握的自动化水平，可使大脑第二信号系统的活动更加灵活，更加专注于战略、战术的变化，从而能够及时地捕捉战机。

这一阶段的主要任务是：练习者通过各种条件实战和实战的训练，进一步提高掌握动作的稳定性和自动化程度，进一步提高动作运用的实效性，以培养在各种复杂条件下运用动作的应变能力。

第三节　散打技术的教学步骤

一、学会动作

学生首先在教师的指导下初步学会动作，对动作的运行路线、发力顺序、击打力点等有一个感性认识。学生这时的条件反射刚刚建立，尚不巩固，教师在教学中不要过多强调动作细节，要抓住技术的关键，多运用示范、讲解等方法，使学生初步体会并粗略掌握主要的技术动作。

二、强化体会

学生在初步掌握动作之后，教师要引导学生认真体会动作要领和用力技巧，消除多余动作，帮助学生不断改进动作细节，尽量避免产生动作预兆，把动作做得更加协调、完整和准确。学生尤其是通过各种形式的反复练习，不断强调攻防的转换意识；强调在动态变化的练习中保证动作质量。

三、配合运用

学生在初步建立正确的动力定型之后，为了达到进一步强化和巩固的目的，可有针对性地采用两人配合练习。配合练习，要根据不同的教学阶段和目的提出不同的条件限制，从单个技术到组合技术，从单一战术到复合战术的运用，包括用力的大小、速度的快慢等一定要适度，一定要符合双方的能力和水平，循序渐进。凡是采用过高或过低的条件限制都不会收到最佳的教学效果。

四、条件实战

学生在对动作有了一定理解和初步掌握之后，可在一定的条件限制下进行实战练习。条件实战，要根据学生的实际情况和练习的目的选择相应的实战内容。通过各种不同的条件实战，对培养练习者运用不同的技术和战术的能力；培养他们把控时机、调整距离、洞察目标、选用技法等的判断能力；培养他们在散打实战中应该具备的反应能力和应变能力，进而为过渡到完整的实战打下良好的基础。

五、实战训练

实战训练，是散打训练的核心形式；也是技术学习的最高阶段。学生也只有通过实战训练，才能真正检验掌握动作的质量和教学效果。在实战中，教师要引

导学生学会自我分析和总结的能力，找出自己的不足，不断提高自己的实战能力。散打的竞技能力是通过高水平的实战培养出来的，也只有高水平的实战，才能培养出具有超级竞技能力的优秀运动员。

第四节　散打的练习形式

一、集体练习

集体练习是在教师（或指定的学生）领做或口令指挥的提示下进行统一练习。领做也是示范的一种形式，领做人要注意示范面和示范位置的合理选择。口令指挥要短促、洪亮，节奏要处理得当，口令之间也可穿插简单扼要的讲解提示。对于错误动作要及时提醒和纠正。

集体练习的优点：①教师便于整体观察，全面了解，抓住重点，抓出规律；有利于学生形成正确的动力定型；②教师可根据不同的教学意图，确定重复练习的次数，掌控合理的运动量；③有利于培养学生的集体主义精神和整齐划一的队风、学风。

二、分组练习

分组练习，是根据实际情况将学生分成若干组进行练习。分组练习可以发挥学生骨干的作用，也可以通过组内的学生轮换指挥进行练习。分组练习时，应鼓励学生在组内相互进行研究分析，互教互学，各组间也可以互相交流。教师要注意统揽全局，抓住共性，分别辅导，检查、督促各组按质按量完成任务。

分组练习的优点：①充分发挥技术骨干当好"助理教师"的作用，对技术较差的学生进行具体的帮助和指导；②充分培养小组长（可轮流担任）的组织、指挥能力；③有利于培养团队精神和互帮互学的良好学风。

三、双人练习

双人练习是散打教学中最重要的练习形式之一，也是教学中经常采用的方法。采用双人练习要在老师的指导下，结合课的目的、任务有针对性地安排。双人练习，要求双方能够积极有效地配合，互相都为对方创造良好的练习条件，取长补短，互相帮助，不断提高技、战术水平。

双人练习的优点：①在形式上更加符合散打实战的特点，有利于提高练习者对时间、距离、空间等的判断和把控能力；②有利于练习者快速形成运动技能；③有利于相互监督、检查学习训练效果；④有利于互相帮助、互相学习；⑤有利于练习者形成各自的技、战术特点和风格。

四、单人练习

单人练习是由学生独立进行练习的方法。单人练习时学生可仔细体会技术动作的发力要领、动作路线等，并可根据自身的实际情况有目的地进行练习和改正技术。单人练习时，教师要注意整体观察，注重个别辅导。

单人练习的优点：①能积极培养和发挥个人的思维能力，充分调动个人的主观能动性；②个人能自主地调节运动节奏和负荷强度；③有利于个性化的发展；④有利于培养和形成个人的"绝招"特长。

第五节 散打技术的训练方法

一、空击训练

空击训练，是指练习者在没有对手的情况下，按照一定的节奏进行的徒手练习。它可有效地巩固技术动作的动力定型，提高动作质量和速度，强化运动神经系统的活动。它是熟练掌握技术动作的重要训练手段之一。空击的形式多种多样，可单人练、双人练，亦可多人或集体练习。

根据训练目的的不同，空击的方法应有所侧重。在进行基本技术练习时，应注意动作的规范性，仔细体会动作的发力技巧、起止路线、击打目标、击打力点等技术要领；在进行连击及战术训练时要强调用意识指导动作，即"假想敌"的训练法，反复强化攻防的目的性。空击要循序渐进，从单个技术动作的空击到组合技术的空击，从原地空击到结合步法的空击，进而进行随机性的、动态性的组合空击等。

在进行空击训练前，要注意充分做好热身，使各关节肌肉得到充分活动，以

避免损伤。同时，教师要在一旁认真观察，及时纠正学生练习中出现的错误。有条件的最好面对镜子练习（有人称之为影子练习法），以便自己经常检查动作的规范性。

二、点击训练

点击训练，是指练习者根据教师或助学者所给的信号，及时地做出相应攻防动作的一种训练方法。由于信号的突然性和不规律性，点击训练能可有效地提高练习者对时机、距离、时空的把控能力；提高大脑的反应速度、身体的移动速度、动作的运行速度等。速度是散打项目的灵魂，有人说，没有速度就等于没有散打，这不是无道理的。所以，提高练习者的神经反应速度、动作的运行速度，是散打训练中的核心任务，必须贯穿于整个散打训练的始终。

点击训练，一般来说以单击为主，可击中目标，也可保持一定距离。点击训练要求给信号者要根据练习者的实际能力而掌握信号变换的速度、频率以及击打距离、时空、节奏的变化。常用的信号有手势、口令、靶位移动等。信号要保证突然性和动态性，不要让习练者只是在固定的模式下，或者是在原地的状态下做动作。信号要清晰，靶位要准确，以免模糊不清而造成练习者的判断失误。给什么信号，做什么动作是事先规定好的，练习者要严格执行，要反应及时，启动快速，动作到位，决不能有丝毫的怠慢或贻误战机。因此，安排点击训练时，最好是在练习者体力较充沛、中枢神经系统的兴奋点较高的情况下进行，这样对提高练习者大脑的反应速度和动作的运行速度效果更好。

三、攻防训练

攻防训练，一般是指练习者按照两人一组，结合攻防动作的特点，有针对性地进行一攻一防的练习。开始阶段，练习者可规定只做单招或有规律地做攻防组合。这样的练习难度较低，有利于练习者在没有心理压力的情况下，能更专注于完成动作的质量。在中级以上的训练阶段，攻防训练应逐渐过渡到不规则的、随机的、单招或连招的攻防练习。最后达到灵活运用、随机应变的水平。

攻防练习可有效地提高练习者攻防技术动作的规范性，较快地建立正确的动作动力定型，培养攻防意识、战术意识。攻防练习，在教学的起步阶段采用较多，可以按照一攻一防有限制地进行，对消除和预防初学者的害怕心理有帮助，有利于建立正确的动力定型。但是，应该强调的是：尽管是攻防练习，也应该要求习练者在做出攻防动作以后必须强化反击意识。在训练的高级阶段，必须强调练习防守的一方，应该增加反击的招法。当然，方法可以由假变真；力量可以由轻至重，甚至接近条件实战，逐渐提高训练难度。这有利于培养练习者的"进攻、防守与反击"的战术意识和动作习惯。

四、递招训练

递招练习，是由教师或助学者以攻防动作为信号，要求练习者做出相应的防守与反击方法的一种训练形式。递招练习的最大特点是可使练习者在完全没有心理压力的情况下完成击打动作。因此，在教学的初级阶段或周期性的阶段训练时，用于提高练习者的反应速度、动作速度和熟练各种攻防方法时采用较多。

递招练习，可分为接触性和不接触性递招两种形式。接触性的递招练习，要求练习者在"还招"时可击中目标（即递招方的身体）。因此，有条件的话，递招方可穿戴些轻便的安全保护器具，练习者也应适当控制动作的击打力度，避免击伤递招方。不接触性的递招练习，双方相隔的距离也不应太远，条件允许的话，递招方可配合做些闪躲性的防守，使练习者既能充分发挥出动作的速度和力度，又不至于触及身体，以免被击中而受伤。

五、喂靶训练

"喂靶"，也称"给靶""打活动靶"，是通过教师或陪练者根据各种不同的战术意图和训练任务，借助手靶、脚靶等辅助器材，帮助练习者提高技战术质量的一种训练方法。喂靶训练是散打教学训练中常用的重要方法之一。练习的内容和形式灵活多变。如对于初学者，为了巩固其技术动作，尽快形成正确的条件反射，提高击打力度，可采用单一的喂靶形式，如喂拳靶、喂脚靶等；为了提高练习者由主动抢攻后转防守的能力，可采用突然加速递靶后再进行反击，练习者必须做出由进攻转防守；为了提高练习者由防守后转反击的能力，可采用先递招（抢攻方法）后再给靶，练习者必须快速做出防守后转打靶（反击）。无论采用何种喂靶的形式，"给靶人"都必须结合运用击打的距离、方位、节奏等条件的变化，递招喂靶要快速、逼真、及时，递招反击的方法要恰当、快速、准确，以致

能更好地提高练习者在动态中完成击打动作的质量和应变能力。

喂靶训练，要求练习者在突然的变化中完成进攻、防守及反击动作，对培养练习者在动态中运用技术的能力；发展战术意识；提高对时间、距离的把控能力；发展专业特有的素质等都是大有益处的。而且这一训练法，只要方法得当，对不同的训练周期和任务都能取得较好的训练效果。因此，喂靶训练法在各队的训练中已被普遍运用，真可谓是"常练懂其法，练后悟其妙"。

六、踢打沙包训练

踢打沙包，是利用沙包作为击打目标的一种练习方法。踢打沙包是散打教学训练中不可或缺的且经常采用的训练手段之一。它可以通过踢打沙包的手段，增强练习者的击打力度、连击能力、攻击频率、专项耐力，以及培养练习者顽强拼搏的意志品质等。

踢打沙包，要注意根据训练的目地任务，并结合实战需要进行安排。踢打的内容可分为专一性、限制性、综合性等多种形式，练习者除注意动作方法的准确性和合理的发力顺序外，还可以结合抢攻的战术意图调整好第一招出击的距离和节奏，把踢打沙包的固定形式尽量做到动态性的效果。特别是赛前训练，因为临近比赛的时间较短，为了减少或避免运动损伤，实战训练的形式不可能安排很多。但为了保证体能不下降而且还要提升，故采用踢打沙包的训练较多，如通过踢打沙包的时间、组数、间歇、密度以及心率的负荷与恢复等相关数字，来掌控运动的强度和训练量是非常有效果的。

踢打沙包和踢打活靶（喂靶），看起来都是借助实物作为击打"目标"，提高练习者技战术能力的训练方法。但是这两者之间是有截然不同的训练意图和效果的，"踢打沙包"的方法是在相对较"静态"的固定物体上踢打，没有反应时间、速度和距离的变化。故此，训练的主要任务是提高练习者的连续踢打的功力和体能；而"踢打活靶"的方法是在相对"动态"的活动靶上踢打，具有反应、时机、速度、距离、方位等多种因素的"变化"。故此，训练的主要任务是除了提高练习者的动作速度、力度以及体能外，更重要的是提高练习者把控时机、调节距离、洞察目标（方位）、击打部位的能力，提高人体的简单反应和复杂反应能力等。因此，在训练中这两种训练方法不仅不能相互取代，更不能把两种训练方法的技巧、要求、形式及训练任务相互混淆。否则，训练效果就会大打折扣。

七、隔空训练

隔空练习，是指两人在身体不接触的情况下，由主动方做出攻击动作后，被动方及时地做出与之相适应的防守反击动作的一种模拟练习方法，也称"隔空模拟实战"。此法能有效地提高练习者快速反应能力、应变能力和动作速度，提高"进攻、防守、反击"的对抗意识。同时，不仅可消除练习者因怕打而产生的畏惧心理，而且还能够增加练习兴趣，也可以作为大强度训练前的热身活动。

隔空练习，需要特别注意的是：双方都应以实战的精神状态（模拟实战）投入训练；双方的距离应以不能触及对方为准，相互关照，配合和谐，恰到好处。主动方的动作要逼真、规范，在处理方法使用、动作速度、节奏变化等技巧时，要以对方基本能够适应的难度为度；被动方要精力集中，反应积极，动作及时、迅速、规范。

八、加难训练

加难训练，是指练习者在原有水平的基础上，对动作完成的强度、密度，心理负荷等方面加大难度的一种训练方法。如为了提高动作质量，练习时可以增加一定的负重、缩短休息时间、增加完成次数等；为了提高摔法的成功率，可以安排一个体重较大的对手配合训练；为了提高攻防技术的成功率或锻炼心理品质，可以安排一个技术较好的对手，甚至安排比己方高一级别体重的对手配对练习或实战；为了提高实战耐力，培养顽强的意志品质，可以安排几个人轮流对抗一个人的"车轮战"；或者增加实战局数、延长实战时间等，均属于"加难训练"方法之列。

加难训练，可使练习者更加有效地提高技、战术水平，建立巩固的条件反射，强化对神经系统的刺激，培养良好的心理品质和顽强的训练作风。但需要注意的是：增加难度时必须根据学生的实际能力和水平，循序渐进地掌握好"适度"的问题，决不可盲目冒进。否则，效果会适得其反，甚至还会发生不该发生的教学事故或伤害。

九、降难训练

降难训练，正好与加难训练方法相反，是指练习者在原有正常水平的基础

上，对动作质量、练习密度、刺激强度、心理负荷等方面降低难度的一种训练方法。降难训练，在技术教学的初级阶段和运动技能初步建立时采用较多。有时对那些已经初步掌握了动作，但因自信心不强的学生采用降难练习法也很有必要。它不仅可以尽快地建立条件反射，巩固动力定型，而且可以增强练习者的兴趣和信心。如某运动员刚刚掌握了转身外摆腿的进攻方法，为了提高其实战的运用能力，在安排陪练时，可选择竞技能力稍差的对手，如对手步伐不太灵活、反应速度较慢等，做到有针对性地降低使用外摆腿的难度，以至提升动作使用的成功率，从而增加了练习者的信心和勇气。

十、假设性训练

假设性训练，即"假想敌"训练法，是指练习者在练习时，有意识地针对某一对手、某一招法、某一战术，通过大脑的意识引导动作表象而作用于实践练习的一种训练方法。"练时无敌似有敌"，练习者无论在空击、打靶、打沙包时都要积极地思维，假设对手就在面前，从信号指挥→方法运用→击打目标的整个过程都是在"假想敌"的状态下完成的。

假设性训练，练习者可以通过对完成动作的思维、想象和个人感受来作用于运动神经中枢，从而熟练地巩固了动作完成的过程，促使神经系统的复杂反应过程得到强化，逐步形成了快速、流畅的神经反应通道，以致逐步提高完成动作的自动化程度。另外，假设性训练很安全，既可消除学生练习的心理压力，又可减少运动损伤的发生。

假设性训练，要求练习者对技、战术的概念要清楚，意识要准确，动作要到位，对时机、距离和节奏的把控要符合实战特征。同时，要引导练习者在情绪稳定、思想集中的状态下进行练习，尽量排除环境干扰和意识干扰，以期收到最佳的训练效果。

十一、模拟训练

模拟训练，是指模仿实战或比赛中的某一技战术运用、某一运动员的技战术特点、某一赛场景况等进行针对性训练的一种方法。练习者通过这种训练法，在培养战术意识、提高心理承受能力，以及增强在实战比赛中的适应能力、应对策略等方面都有较好的训练效果。

模拟训练，关键在模拟，模拟要逼真、形象，动作要准确、到位。凡是一对一的接触性或非接触性的对抗项目，如乒乓球、羽毛球、拳击、跆拳道等大都需要陪练，练习者必须根据陪练者的特点和信息做出迅速、准确、及时的反应。在把控时机、调整距离、洞察目标、选用击法以及动作的速度、力度等方面都要从难、从严、从实战出发，确保训练质量的提升。

十二、假实战训练

假实战训练，是指对抗练习的双方，在动作的力度和速度上都有所控制的情况下进行近似于实战的一种练习方法。假实战训练比较接近于实战，它对培养练习者在实战中灵活运用技术、增强战术意识、掌控有效的击打距离、时机等方面都有一定的促进作用。特别是在实战比赛前作为热身练习的手段，能较快地提升练习者的兴奋性，全面调动身体的机能，以至于使运动员较快地进入竞技状态。

然而，假实战毕竟还是假的，特别是需要练习者控制动作的速度和力度，没有达到真正实战比赛的大强度训练。若长期进行假实战练习，可能还会对动作力度、速度以及对抗强度的提升产生不利影响，甚至还有可能形成"习惯性"抑制。因此，在训练的中、高级阶段，适度采用"假实战"作为热身或者赛前的适应性活动是有益的。但决不能以此而取代于真正的实战或比赛。

十三、摔"假人"训练

"摔假人"训练，实际就是"以假人替代真人"而做的摔法练习。练习者可以通过摔"假人"而毫无顾忌地体会、熟练摔法中的"转、靠、贴、背、摔等技术环节，甚至还可以通过"假人"而专门体会运用"砸、压、锁"等绝招奇技的练习。因此，摔假人的方法在摔跤项目运用较多。散打的技法中包括有摔法。因此，在散打的摔法训练中也常采用这种方法。因各运动队本身运动员有限，同一级别的人数就更少，况且各自都有不同的训练任务，很难找出专门陪练的人；其次是假人不会"受伤"，而且还有大小重量不同的等级，结合摔法专项素质训练的要求，练习者可以根据自己的条件和训练任务进行选用，如为了巩固摔法技术，可以选用重量较轻的假人；如果为了巩固、提升摔法技术运用的成功率，可以选用重量较大的假人进行训练。另外，采用"摔假人"的训练，除了提高练习者的摔法技术外，还能作为摔法的专项素质训练，效果也是非常显著的。

摔假人练习法毕竟是"假人"，是一种静态性的陪练"对象"，假人既不会"动"，也不会"抗"，更不会"变"。所以，摔假人与真人互摔，是决不能相互取代的。

十四、条件实战训练

条件实战，顾名思义，是在有一定条件限制下进行实战的一种训练方法。如：拳法实战、腿法实战、拳腿实战、腿摔实战、限制主、被动方的实战等。条件实战训练，是在赛前训练期、基本期常用的一种很有针对性的训练方法。

条件实战，可使练习者在心理压力较低的状态下进行实战，能集中注意力，提高某一技、战术的使用频率，加速形成、深刻强化特定的条件反射过程。条件实战，对实战的双方在运用技战术方面都有严格的规定，练习时务必都要严格遵守规定，以免造成伤害事故。如果万一有一方不是故意的违反了规定，对方应该给予理解。

十五、实战训练

实战训练，是指双方严格按照规则进行的对抗实战（或比赛），它是检验和提高散打技术、战术水平的重要途径和方法；也是总结、积累实战经验的有效措施；更是为参赛运动员，在赛前体验更高强度的刺激而进行的适应性训练。

实战训练，可参照当前通用的全国散打锦标赛的竞赛规则；也可根据具体情况附加一些条件，如安排裁判员执裁，组织观众营造比赛的氛围，以增加练习者的心理压力。因为实战练习是实实在在的比赛，既要要求练习者百倍地投入精力，从每一个动作的攻防、每一个战术的运用等都全力以赴，力争打好每一回合的比赛。但又要排除对胜负而斤斤计较的心态干扰，要敢于大胆地使用技术和战术，从成功与失败中不断总结经验。若对方实力较强，己方可有意地提高自己的长处，发展优势；若对方实力较弱，己方应侧重提高自己的薄弱环节，使自己的弱项得到改善或提高。总之，实战训练，是每一个优秀散打运动员成材的必要途径，必须计划好、安排好、利用好。但是，需要特别指出的是：实战训练，双方都需要身体的直接对抗，难免会发生击伤、撞伤、摔伤等伤害事故，需要每一个练习者都要有心理的承受能力，尤其是初级阶段的练习者，心理压力更大。因此，在散打训练中安排实战训练，要适时、适度，绝不能过早、过频。有条件的情况下，应佩戴一些必需的护具，以减少不必要的伤害事故。

第六章　散打技术的特点及训练

竞技散打的基本技术主要包括步法、拳法、腿法、摔法、跌法和相应的防守方法等。在上面的基本动作部分已讲述了动作规格与要点，而这里讲的是基本技术特点，两者之间到底有哪些区别呢？

散打的动作（或方法）和技术，是两个既不相同又密不可分的专项术语。动作，是指在人体各部位相互配合与作用下，身体发生相对位置的改变之后，所表现出各种不同的"静态性"形体结构。技术，是指使用者根据不同的攻防目的和要求以及针对击打目标的形态变化，巧妙地运用"踢、打、摔"等攻防技法，达到攻击对方、保护自己的"动态性"运动技能。散打的攻防动作是技术运用的载体，是技能的基础部分，技术必须通过动作表现出来，没有动作就等于没有技术。虽然动作和技术是两个不同的术语，但由于动作和技术是相互依存、相互影响的，所以两个术语既有区别又可能在特定的语言环境中混合使用。

第一节　散打步法技术的特点及训练

"打拳容易走步难"，这是武术练习的一句名言。散打步法的功用主要是配合踢、打、摔、格、挡、抱等攻防动作，为达到击中对方或保护自己的目的。因而，步法能否做到"及时、快速、准确"的移动是影响攻防效果至关重要的条件之一。换言之，如果没有及时、快速、准确的步法移动，就保证不了击打时应有的速度和准确性。正如武术谚语中讲："步慢则拳（腿、摔）慢"；拳慢就等于在散打的竞赛场上，失去了竞争能力。

一、步法技术的特点

1. 活

活，是指步法移动要灵活自如。灵活的步法必须做到虚中有实，实中有虚，虚虚实实，变幻莫测。同时，步法还必须配合攻防动作的运用而做到快速的转换。即进中有退、退中有进；进后快退、退后快进；向左突转右、向右突转左等方向相反变换的能力。如何保证散打步法的灵活性，首先要注意提高膝、踝关节的力量和柔韧性（弹性）外，还要处理好两脚的距离和膝关节合适的弯曲度。凡是步幅过大或膝关节太屈，身体重心过低，都会造成步法不能灵活移动。

2. 疾

疾，是指步法移动的速度。双方交手前都处在对持的状态之中，互相保持着一定的距离，即无效距离。如果任何一方发动抢攻，首先必须以快速的步法逼近对手，获得有效的击打距离后，才能实施踢打摔的技法，才能收到良好的攻击效果。同样，防守一方也必须具有快速而准确地后退或躲闪能力，以至为防守或防守反击创造有利的条件。

3. 稳

稳，是指步法移动的稳定性。在散打实战中，只有掌握了对方身体移动的规律，才能破坏其身体重心的稳定性，才能以巧取胜。例如，有的运动员踹腿时，为了追求起腿的高度而使身体过分后倾，以至造成支撑腿不稳。此时，假如被对方抱腿后稍微向上掀起就很容易被摔倒，这正是"起腿半边空"的道理；还有的运动员冲拳时，只注重冲拳的力度而使身体过分前倾，造成身体处于不稳定状态。此时，对方若顺势侧闪并用双手在肩部或头部向前一按，也会容易造成身体失去平衡而被摔倒；再如，一方运动员有意快速进身抱腿摔，但因步法移动较慢而造成身体过分前倾，导致身体重心失衡。此时，若被另一方在颈后部位稍微向前、向下一按，就很容易被摔倒。这些都是因步法稳定性不高而造成的后果。

4. 准

准，是指步法移动距离的准确性。因为准确地移动步法，就能为进攻、防守、防守反击赢得最佳时机。例如：进攻时的步法移动太小，很可能造成打不着对方；如若移动太多，也会因为双方的距离太近而影响了动作的发力；防守时的步法移动太小，很可能被对方击中；若移动太多，虽然能够躲开对方的进攻，但又会因延长了距离而错失了反击的最佳时机等等。总之，能否把控步法移动的准确性，除了步法本身移动的能力外，还取决于运动员对时空的感觉能力。而这种能力的获得，必须有赖于长期的、有目的的步法强化训练，才会达到精确到位、运用自如的程度。

二、步法训练的要点

散打步法的训练，是提高练习者在实战中的步法变化能力。因为在散打实战中，运动员双方都在瞬息万变中调整自己所处的位置和距离，不论是抢攻还是防守反击，步法的移动都要做到"活、疾、稳、准"。否则，就难于产生最佳的击打效果。能否做到活疾稳准的步法，其关键又取决于步法是否灵活。所以"活"字排在"四个字特点"之首，就是说明提高散打步法的灵活性，是步法训练的重中之重。

1. 提高关节的灵活性必须与发展力量相结合

提高步法的灵活性，首先要提高下肢关节，即髋关节、膝关节，特别是踝关节的柔韧性与灵活性，在提高柔韧性与灵活性的同时，还要发展这些关节的力量素质。因为力量是灵活的物质基础，没有力量的关节也不可能达到高度的灵活性，甚至还会造成关节的损伤。所以，提高关节的力量、柔韧和灵活性，是相互促进，彼此消长的综合性素质。

2. 步法要结合攻防动作进行"动态性"训练

步法训练，要结合踢、打、摔、格、挡、抱等攻防动作进行"动态性"的技巧训练。即，把某些攻防动作按照"抢攻"还是"防守反击"的不同战术意图，将相同功效的步法组合在一起进行有目的练习，包括各种手靶或脚靶训练，都要结合相应的步法移动，决不能站在原地练习攻防动作，以免在实战中总是处在"挨打"或"打不着人"的被动局面。

3. 步法训练必须结合"反应"能力训练

步法训练的方法主要有单人练习和双人练习。单人练习时，要注意运用"假

想敌"的训练法,把没有对手假设为有对手,凡是前进后退、左闪右躲时,都要有战术意图的假设性。必要时还需要把两个以上不同方向的步法移动组合在一起训练。即,向前进步突然变向后退步(由抢攻后转退步防守);向后退步突然变向前进步(由防守后转反击);或向左闪突然向右闪;向右闪突然向左闪等假设性练习。双人练习时,应尽可能地结合运用特定的信号进行步法"反应能力"的训练。如:采用按"主、被动"分开的形式,一方以主动的形式"领做";而另一方则以被动的形式"效仿"出相应的步法。彼此互相交换,从而不断练习步法的移动能力。

4. 步法练习要贯彻到整个训练中

步法练习要贯彻到整个训练中,不能只抓一时一事。即便是一堂身体素质训练课,也要安排做一些跑跳练习,包括各种形式的跳绳,纵跳、跨跳、闪跳、蛙跳、单足跳、双足跳、左右旋转跳等,这是在散打的步法训练中经常采用的辅助训练方法。

第二节 拳法、腿法技术的特点及训练

散打中的腿法和拳法,简称为踢打法。凡是踢打法在实战中的运用,基本上是实战的双方均处在无效距离(即谁也打不着谁)的对峙状态下,由一方突然运用踢打的方法组织抢攻,而另一方就必然做出相应的防守与反击。这种双方相互攻击的效果如何?其关键就取决于实战者能否掌握了踢打技术的以下特点。

一、拳法、腿法技术的特点

1. 速度快

兵书上说"兵贵神速",拳理上讲"拳似流星眼似电","腿来不易躲,因其疾;拳来不易防,因其快"。当前又有人研究:在散打的竞技制胜核心因素中,"快"是核心因素之首。攻击者如能把踢打动作做到"迅雷"般的速度,就必定会使对手处于"不及掩耳"的被动局面。而影响踢打动作速度的主要因素有:

其一,肌肉质量是基础。凡是踢打法的完成最终是靠肌肉收缩的力量做保证

的。没有力量作为物质保证,要做到快速进攻是不可能的,"巧妇难为无米之炊"。所以,在散打的素质训练中,发展肌肉的速度力量是至关重要的。即在保证速度的前提下发展力量,在提高相对力量的基础上发展绝对力量。同时,还必须注重大小肌肉群的全面发展。

其二,掌握用力技法,增强用力的协调性、柔韧性是关键。任何武术流派的用力技法都要求刚柔结合。刚柔是用力技法中相互依存、相互转换并相互影响的两个循环过程,即先柔后刚、刚后必柔、刚柔相济的周期性的运动过程。力起于根(脚)、顺于中(腰)、达于梢(手)的用力顺序就是武术中"用劲"的技巧所在。肌肉只有处在绝对放松的状态下,才能产生第二次最大的收缩力量;同时,"力起于根",就是充分利用双脚蹬地的作用力与反作用力原理;"顺于中、达于梢",就是充分发挥全身肌肉的协调性,"聚全身之力用一点",以加大用力的质量。学者吴云龙在他的博士论文中对曾经两届获得"散打王"的李杰在踢打沙包时进行过测试。一记后鞭腿最大力量可达五百多公斤,一记后手冲拳最大力量也达三百多公斤。这足以说明一位优秀的散打运动员在掌握用力的技巧上应有他的独到之处。有的年轻人看起来肌肉很发达,但在打拳踢腿时却动作僵硬、滞缓,没有"寸劲",究其原因就是没有掌握用力的技巧,身体各部位不协调的原故。不难想象,健美运动员的肌肉很发达,但做踢打动作时就不可能发挥出很快的速度。这是因为参与"做功"的主动肌、协同肌、对抗肌相互配合不协调,主动肌与协同肌该收缩时没有充分收缩,而对抗肌不仅没有做到完全放松,反而因肌肉的柔韧性差而增大了运动阻力。所以,在没有掌握踢打动作的用力技巧之前,或由于身体各部位的协调性、柔韧性不好,力量和速度是不完全成正比的。

2. 力点准

力点准确,是指施技者运用攻击动作时的着力点和攻击对方的身体部位必须准确无误。力点不准,除了容易造成施技者因动作错误而出现伤害事故外,还不能发挥动作的应有攻击效果。如左右鞭腿,技术要求绷脚面,着力点应在脚背或胫骨下端至踝关节的正面。如若把着力点落在了脚背的趾端或脚弓的内侧,不但极大地减少了动作的攻击力度,反而还会造成施技者脚趾关节或膝关节内侧韧带损伤,甚至造成趾关节或韧带断裂;再如,施技者运用鞭腿本应是攻击对方的肋部,如果误击中了对方的肘部,不但不能产生得分效果,反而撞伤了自己的脚背。再比如:施技者使用勾踢腿进攻时,技术要求着力点应在脚弓内侧,如果把着力点用在了脚趾内侧,势必会撞伤脚趾,更收不到勾倒对方的效果。

造成着力点或攻击目标不准确的原因很多：首先是，动作外型上的错误。如，踢鞭腿时没有做到转腰、合胯、扣膝、绷脚，误把脚弓内侧作为力点；勾踢腿时因没有勾脚，误把脚趾内侧作为力点。其二是，动作起止路线的错误。如，把鞭腿的运行路线做成由下向斜上撩踢，误把脚趾上端作为力点等。其三是，腕、踝等小关节部位在击中目标的瞬间肌肉没有紧张。其四是，对攻击的有效距离把控不准，运动员对时空判断有误差，或者是因为对手的姿势发生了动态变化等，上述产生错误的种种原因归纳起来实际就是两点：一是动作的规范性差，正确的动力定型尚未巩固；二是在实战的动态中运用击打动作的能力较弱。这正是说明了散打基本技术训练的重要性所在。

3. 功力大

"功力大"，是指施技者运用踢打动作攻击对方时，所产生的击打力度，以及本身所能承受的撞击力。散打实战的特点是，两名运动员之间利用肢体直接进行对抗，实战的双方都避免不了发生被"击打"或"撞击"的肉体接触。因此，比赛的"胜者"往往取决于"功力大"的一方，特别是主动抢攻者，如果具有强大的"功力"，才有获得比赛胜利的可能。

原因之一是：首先保证施技者本人不受伤。如 2009 年全国武术"功夫王"在黑龙江省哈尔滨市进行"海选"的一场比赛中，一方运动员使用鞭腿主动攻击另一方运动员的小腿，结果主动攻击一方因踝关节骨折而退出比赛场，而被攻击的一方成了比赛的胜方。这个典型的案例就足以说明：在散打比赛中，运动员击打动作的功力大，也是保证自己不受伤的重要条件。

原因之二是：施技者力争有"得分"效果。散打比赛（含锦标赛和商业赛）的竞赛规则和裁判法中规定：一方使用踢打动作"击中"对方时，必须产生"位移"或"听到击打声音"才能有"得分效果"。很显然，当踢打动作击中对方身体的某一部位时，必须有较大的攻击力才能发出响声或致使对方位移，才有"击中得分"的可能。所以，动作攻击力的大小是获胜的重要原因之一。

原因之三是：施技者争取获得"优势获胜"。散打比赛的竞赛规则和裁判法中规定：在比赛中，一方被重击达 10 秒仍不能继续比赛时；或者在一场比赛中，一方 3 次被强制读秒。这两种情况均可判对方获得"优势胜利"。因此，作为一名优秀的散打运动员，如果具有这种强大的"攻击力"。一则能给对方一种威胁和震撼，甚至产生心理压力；二则能获得"优势胜利"。

4. 预兆小

预兆，是指施技者在向对方发起攻击时，预先暴露了自己的进攻意图。施技者在攻击时，如果出现了预兆，不仅实现不了进攻的目的，反而会给对方创造了反击的机会，甚至自己还会弄巧成拙，反遭其害，结果导致比赛的失利。因此，尽量减少或避免攻击动作的预兆，这是优秀散打运动员应该具备的技术能力。

动作预兆，表现在多方面：如习惯性眨眼、皱眉或咧嘴；起腿前上体先动；出拳前先明显回拉；或先动步、动肩再起腿或用拳等。这些不好的习惯一旦形成或定型了，就会使参赛者造成不可估量的隐患。特别是在与势均力敌的对手进行高强度的比赛，往往只是差一点微弱的劣势而输掉了比赛，其中的原因就有可能是在某一次抢攻时，预先暴露了攻击意图而被对方先发制人。所以，在散打的技术训练中，努力克服或减少攻击动作的预兆，就成为运动员必须注意，并力求避免出现的错误。

5. 方法巧

拳谚说："顺其力而破之为巧，逆其力而破之为拙。"又说："四两拨千斤"，这些经典理论就是指用力之巧妙所在。散打比赛，以力量取胜固然重要，但以巧取胜则技高一筹。攻防方法如何运用得巧妙是有多种因素的。如准确地把控动作的击打时机；有效地调整击打的距离；精确地掌握对手的身体重心；有效地掌控动作用力的方向和作用点等，都是技法运用的巧妙之处。凡是借力打力（顺力）、借势打势（顺势）、打人力前、反击人力后；或者在对手进攻落空而尚未站稳之时予以反击等，都是体现在击打时机的巧妙。如果把握好了，必定会取得事半功倍的极佳效果。如2009年的中俄"功夫王"挑战赛，俄罗斯的运动员穆斯里莫，在与中方大级别运动员的比赛中，使用的接招摔，明显地表现了利用上述"击打时机"的奇妙之处，把比自己体重超过不少的对手摔得很干脆、很省力，其效果之妙，博得了现场观众的热烈掌声。

二、拳法、腿法训练的要点

散打的技术训练是一个由量变到质变的系统训练过程。即运动员经过了学习动作的初始阶段后，如何使这些攻防动作在实战中取得最佳效果，这就是动作质量的提高问题。当然，在学习的过程中，如果对动作的起止路线、击打力点以及

手脚在攻防兼顾的配合等方面，规格掌握不正确，甚至是错误的动作，这必定会影响动作质量的提高，到头来还得从基本功、基本技术抓起。

1. 提高踢打动作的"速度"

散打技术的首要特点是"速度快"。有人说："速度是散打对抗中的灵魂，如果没有速度就等于没有散打"，这样的说法也不为过。那么，如何提高踢打动作的速度呢？这是每一位教练员和运动员必须要解决的问题。前面讲过，提高用力技巧；增强身体各部位用力的协调性、柔韧性；发展肌肉力量是提高动作速度的重要途径。而提高用力技巧和身体的协调性往往是靠个人的反复实践，不断强化体会才能获得的。至于提高肌肉力量问题，应以速度力量为主，应在逐步提高绝对力量的基础上，可重点发展拳腿的相对力量。训练方法，可采用一些负重轻、多次数、多组数、快速度、反复刺激的训练方法，常抓不懈。同时还要根据动力学特征而采用相应的训练手段，如冲拳或蹬、踹腿的用力特点是：臂或腿是由屈至伸，由近及远的发力过程。选用的负重训练方法，如俯卧撑、握推、手握哑铃快速冲拳、绑沙袋或橡皮踢腿等方法，都是结合以"离心发力"为特点的负重训练，效果很好。同时，上面谈到采用"踢打沙包"和"喂靶"的训练，重点是提高"静态"和"动态"两种不同的发力技巧，必须相互结合，交替采用，从而更好地获得"素质结合技术练"的最佳效果。

2. 抓好动作击打力点的准确性

要做到"力点准确"，首先，要保证动作的规范化训练。其中包括动作的起止路线、外型结构等基本技术。其二，要经常采用踢打手靶、脚靶（移动靶）和踢打沙包（固定靶）的训练，它是提高动作击打准确性的重要手段。特别是移动靶，要求喂（给）靶人要有意识地运用不同的距离、方位、角度、节奏的变化，以提高练习者在"动态变化"中把握击打力点的能力。技术结合战术练，这是我们训练中的一个重要体会。其三，要多采用条件实战训练的形式，专门规定运用某一个或几个动作进行实战，以便更加集中精力、更加安全地提高使用某些动作的能力，尤其是提高击打的准确性和实效性。因此，如何安排对手陪练，要讲究科学。在训练的初级阶段，由于练习者的能力不高，安排的陪练应该是"低陪"，使练习者降低练习难度，增强自信心理；待练习者的水平提高以后，为了巩固或强化技能，提升成功率。安排的陪练应该是"高陪"。总之，安排陪练，要做到有针对性地逐渐提高练习者的训练难度。这样，才能更加有效地提高动作击打的准确性和运用技术的能力。

3. 抓好力量素质训练

提高击打动作的力量是技术训练中的重要任务之一。要加大动作的攻击力度，除了运动员必须具备良好的力量素质外，还要提高全身发力的协调性。行家们说："腿腰臂发力要聚，出手不凡力自整"，"力由腰发多根基，贯入两肋四肢躯，发到手足成一点，丹田叫力山也移。"这充分说明任何一个动作的发力，首先要通过腰的作用点而贯至四梢（两手和两脚），注重"根节起、顺于中、达于梢"；注重刚柔结合、松紧结合、以气催力。如果没有高度的协调性，是很难做到完整发力的。

力量训练的方法很多，例如：负重训练法，经常采用有俯卧撑、卧推杠铃或哑铃、收腹举腿、仰卧起坐、腰腹背侧屈、负重下蹲、或蛙跳，踢打沙包或手靶、脚靶等。不同的训练方法，不同的强度和密度，不同的重量和练习的次数、组数，所达到的训练效果是截然不同的。因此，力量训练必须根据项目特点、个人的力量状况，以及不同的训练任务做到有针对性的安排，做到突出重点，全面发展。散打的力量训练，必须结合散打中踢打动作（摔法除外）的用力特点，突出由内向外的爆发力和寸劲；突出发展用力的速度和深度。

4. 克服动作"预兆"

克服动作预兆的训练应在教师或同伴的指导与监督下，进行有针对性的练习，也可面对镜子反复琢磨，反复检查，通过视觉做到自我监督和纠正动作，使正确动作尽快地巩固定型。改正一个错误动作，往往要比学习一个新的动作难得多，凡是错误的动作，重复的次数越多也就越难改正。作为教师或教练，对有"动作预兆"较严重者，在训练或实战中要不厌其烦地、反复地给予提示，使练习者不断地得到强化改错的意识，"改错训练"是一个极其艰苦的训练过程，必须反复抓，抓反复，常抓不懈。

5. 提高运用动作的"技巧"

如何提高练习者运用动作的技巧性，实际就是一个培养掌握动作击打的"最佳时机"问题。在训练中，必须不断地提高练习者的两种主要能力。一是，提高"视动"反应能力，做到反应敏捷，决策果断，这是掌握最佳击打时机的前提条件。二是，反复培养强化练习者对击打的"最佳时机"，即"打人力前"或"打

人力后"的把控能力训练。如何提高把控最佳时机的能力问题，建议在训练中经常采用模拟训练法，即通过陪练者模拟各种打法，使练习者反复强化击打的时机，以便形成牢固的条件反射，并在实战中不断升华，从而逐步达到炉火纯青、应变自如的水平。

第三节 摔法技术的特点及训练

散打中的摔法分贴身楼抱摔和接招摔两种。但具体的方法很多，不同的方法有不同的技术要点，在上面第三章的基本摔法中已经作了介绍。但由于受散打竞赛规则和护具的限制，散打中的摔法应该朝着"快、巧"的方向发展。如何使散打中的摔法，完成得更加省力和巧妙，在训练和实战运用中应该紧紧抓住其共性特点，反复体会、反复强化，做到熟能生巧，巧而生绝。

一、摔法技术的共性特点

1. 借势

借势，是指练习者在运用各种摔法时，要借助对方的身体重心不稳或将要失去平衡的状态，顺其倾斜或用力的方向再稍加外力将对方摔倒。如对方以右鞭腿攻击，只需用一手抄抱其一腿之后，趁其身体后倒的刹那间，快速上步用另一手切压对方的颈部或头部，双手配合用力一手掀腿，一手压颈，就比较容易摔倒对方。再如，对方连续使用拳法追击，我方在向后退守时，突然身体下蹲，使用"后倒蹬肢"（俗称兔子蹬鹰）的方法将对方蹬下擂台。诸如此类方法，就是借助了对方突然击空或重心前倾的失衡状态，用"掀腿前切"或"后倒蹬肢"等摔法，必定会取得既省力效果又好的摔法。借势，关键是要看对方的身体重心是否处于失衡状态（有利时机）。一般来说，在动作发力的瞬间，一旦击空，身体就必然会失去平衡；或者，起腿时，本人身体一般会后倾、侧倾。此时，如果顺其失衡的方向稍加外力，摔法便会收到事半功倍的效果。

2. 掀底

掀底，是指施技者使用摔法（尤其是接腿摔法）时，以"掀、拉、摇、托"

等方法，破坏（或击打）对方支撑身体重心的脚踝部，将对方摔倒。例如，当抱住对方的左腿后，尽量向上或向左右掀托对方左腿，对方必然会因左腿被掀，造成右腿失去支撑能力而被摔倒。值得注意的是，如对方下肢柔韧性差，采用掀底的效果较好；若对方的下肢柔韧性好，采用掀底（上托）时，必须配合身体向前快速移动，以推、托的合力将对方掀倒，不能中途断劲或半途而废（除裁判喊停外），俗称"不见兔子不撒鹰"。

3. 别根

"别根"，是指通过己方身体的某一部位，用"别、绊、勾、挂"等方法破坏对方支撑腿的重心，达到摔倒对方的目的。如抱腿别腿、抱腿勾踢、抱腿挂腿等摔法。正是运用了"别根"的技术要点，使摔法运用得更加省力和巧妙。

4. 靠身

靠身，是指通过己方的身体向对方挤靠的办法将其摔倒。如抱腿勾踢摔时，除了向上掀腿和勾踢支撑腿的技法外，还必须配合身体向前挤靠对方，做到掀、别（勾）、靠一气哈成地完整用力，效果才会更好。

散打中的摔法，除了少数是在接抱腿后远离对方而使用拉、摇（如抱腿摇涮）等方法外，大部分的摔法都要在接招（拳或腿）后，以身体靠近对方才实施摔法。虽然每一种的摔法都有其核心技术，如抱腿勾踢则侧重于"勾踢"；抱腿下压侧重于"下压"等。但如果把"借势、掀底、别根、靠身"等多种用力技法协调完整地运用于一身，其摔法的特点就更加突出体现了"快"和"整"的用力技巧。

二、摔法训练的要点

摔法的训练与拳、腿的训练有所不同，练习者从学会动作、熟练技法、对抗应用、实战提高、巩固强化五个阶段都离不开陪练者的配合。当然作为摔法的辅助训练，也可以用"假人"进行摔法练习，但毕竟"假人"是一种在静态条件下练习的，决不可能收到摔"活人"（对手）的动态效果。因此，摔法训练，概括起来，大致可分为以下三种不同的训练过程。

1. 喂摔训练

"喂摔"训练阶段，是指学习者刚刚学习某一个摔法后，通过对方的"喂

摔"，反复地体会整个摔法过程的技术环节和要点，是一个由不会到会的学习过程。因此，对方的"配合"是关键，对方"喂摔"时不能进行对抗。这才有利于学习者尽快地建立、形成正确的动作概念和表象，避免出现错误动作。

2. 用摔训练

"用摔"训练阶段，是指学习者经过第一阶段学会动作后，可以通过对方给予相应的"动态性"靶子，即由对方发起攻击开始（喂招），学习者反复地体会从"接招→用摔"的整个技术过程，是一个从学会动作到运用动作的量变到质变的过程。要求喂摔者可根据学习者掌握的情况而逐渐增加"喂招"的难度，如有速度、力量、距离、节奏等时空的变化，但不得抗摔。总之，在"用摔"的训练阶段，所采用的练习方法要突出"实用性""针对性"，从而逐步提高训练效果。

3. 抗摔训练

抗摔训练，顾名思义，即在对抗中训练摔法。学习者经过"用摔"的训练之后，基本掌握了一些摔法的技术细节和运用技巧，但距离在实战中应用或者说达到自动化程度还有较大的差距。因为在实战时，双方都在高度对抗中用摔和变摔，如果自己的摔法不熟练、不精确，都有可能招致失败。所以，抗摔包括了两种能力：一是，在对方的对抗下（对手抗摔）如何用好摔法；二是，当对方使用摔法进攻时，己方如何抵抗摔法，尽量延长相互抗衡和变摔的时间，最终避免被对方摔倒而失利。

4. 反摔训练

反摔训练，是指学习者在摔法训练中，以摔制摔，争取反败为胜的技术变化阶段。以摔制摔的技术，在摔跤项目的训练和实战运用中较普遍。而在竞技散打比赛中，因为规则有限制"2秒"快摔的规定，因此，在运用以摔制摔的技术时，应突出一个"快"字，做到准确地把控反摔的时机。

总之，提高摔法中的抗摔或反摔的能力，是由多种因素决定的，但抓好用摔的时机和技巧是摔法技术的关键，而掌握这种关键性技术，必须通过长期的、反复的实践和比赛才能得到锤炼和强化，才能不断地提高运用摔法的技能，从而达到灵活自如的程度。

第四节 跌法技术的特点及训练

跌法，是指运动员双方在相互使用摔法的过程中，为了达到保护自己而采用的各种倒地方法。跌法和摔法相互依存，有摔法就必然会出现被摔倒的现象，因此，摔中有跌、跌中有摔。但从其技术功能而言，摔法是为了进攻，跌法是为了保护自己。从其技术特点而言，也是完全不同的两种类型。散打中的跌法较多，但按跌倒的不同方位划分，有向前或向后直接倒地或滚翻的；有向左右侧倒或斜前、斜后扑倒的；也有腾空和不腾空的跌法等。不同的跌法都有其核心技术特征，如前后滚翻的核心技术是"团身"；后倒的核心技术是"勾头"（低头）；侧倒的核心技术是"屈臂内旋"等。但所有跌法都具有其共性特点：

一、跌法技术的特点

1. 缓冲

任何一种跌法，首要的技术都是在躯干接触地面之前，一般以双手或双脚先着地，再通过各关节缓解对地面的冲撞力，以减轻地面给人体的反作用力，从而达到保护自己的目的。如前倒时，两手或两前臂必须先着地；后倒时，两前臂必须向后主动拍地；左右侧倒时，同侧的前臂必须先触及地面等，以便起到了缓冲的效果。

2. 勾头

颈椎和后脑是支配人体一切活动的中枢神经系统，也是人体的"司令部"。当身体突然倒地而发生震动时，如果颈椎和腰椎肌肉力量薄弱，极易受伤。当身体后倒时，也会因为后脑先着地而出现脑震荡。跌法中的勾头（低头），一方面会反射性地引起头部和躯干紧张，以保护颈椎和腰椎；另一方面，可以避免后倒时小脑先着地的危险。因此，后倒跌法中的勾头是避免受伤的关键性技术。而其他的跌法，如果注意了勾头的技术要领，也会条件反射性地引起全身各部位保持紧张而预防受伤。

3. 团身

在倒地的瞬间，尤其是向前、向后滚翻倒地的瞬间，通过团身（结合闭气），一则能缓解对内脏器官的震动，避免受伤；二则能迅速地逃离对方，以达到保护自己的目的。

4. 闭气

在倒地的瞬间，通过突然闭气，能够条件反射性地引起胸、腹各部的肌肉及内脏器官收缩，从而增大胸腔、腹腔内的压力，增强躯体接触地面的弹性，犹如一个打足了气的皮球，摔在地上会反弹起来一样，极大地缓解了地面给人体内脏的震动作用。

5. 屈臂内旋

屈臂内旋，即人的身体在倒地（尤其是向身体侧位倒地）的瞬间，通过同侧手臂弯曲并内旋，虎口朝内，由腕、肘、肩各关节依次滚动着地，达到自我保护的目的。通过现场观察和统计，在散打比赛中，由于倒地方法不当，如直臂或指尖朝外，导致肘关节不能弯曲而脱臼，甚至韧带断裂的现象不少，必须引起运动员和教练员的足够重视。

6. 身体接触地面要大

当人体在倒地的瞬间，如接触地面的表面积越大，给地面的撞击力（压强）就越小；反之则越大。因此，身体在向侧面倒地的一瞬间，要求双手或同侧手同时配合拍地，使身体的侧面尽量平倒于地面，以增大身体接触地面的面积，缓解地面对躯体的震动。如在实践中，有的运动员在做侧倒时，有的先以手腕撑地；有的先以肘部着地；有的先以同侧胯骨触地等，这都是容易发生伤害事故的错误动作，在跌法训练中应该引起高度的重视。

二、跌法训练的要点

"摔跤摔跤，先练被摔"，"散打散打，先练挨打"这是在摔跤和散打专项教学课上，老师经常要给学生说的一句话，这并不是无道理的。凡是一堂摔法练习课，一般要安排跌法作为专项准备活动的一部分，一是使身体的内脏器官和各关节达到充分活动的目的；二是熟练提高跌法技术，熟能生巧。所以，在安排跌法练习时，不要认为已经掌握了技术而忽略了"循序渐进"的训练原则。在做完整的跌法前，对颈部、脊柱、肩、肘、胯各关节等重要部位和神经中枢系统必须充分活动，之后再做一些团身、闭气、左右前后翻滚的辅助练习。对有能力和条件较好的练习者可逐渐增加动作难度，如从不腾空到腾空的跌法练习，从个人主动跌倒，过度到结合信号反应而做被动跌法的强化训练，以求在高度对抗的实战中，在没有思想准备或来不及准备的情况下，能够轻松自如地保护自己（高度自动化程度），以减少甚至可以避免没必要的伤害事故。

第五节　防守技术的要点及训练

防守技术大体分为两类：一类是接触性防守，即通过防守者肢体的拦截达到防守的目的。另一类是非接触性防守（或称闪躲性防守），即通过防守者身体姿势的改变或位置的移动达到防守的目的。防守者能够做到准确、巧妙地防守，一则能够保护自己；二则能够为更好的反击创造条件。防守是积极的、主动的。

两类防守技术都有各自不同的优点：接触性防守有较大的保险性，也比较容易掌握；非接触性防守能充分发挥四肢的攻击作用，但对距离和空间的判断要更加精确，难度也较大。不同的防守类型，对关键性的技术要求是有区别的。

一、接触性防守技术的要点

1. 防守面要大

防守面要大，是指在实战中，运用接触性防守时，应尽可能地扩大对身体的保护面。在散打实战中，要做到及时而准确地判断对方使用的攻击方法和击打的部位是有难度的。因此，在防守时应立足于防一片，不要防一点，应尽量提高防守的成功率。例如，以左手拍挡对方的冲拳时，上臂和前臂的夹角要小，肘尖朝下，前臂近似垂直，必要时还可以伸开五指防守，使头部和同侧肋部都能处在被保护范围。再如，以右臂挂挡防守对方的左掼拳时，上臂和前臂的夹角要小，肘尖朝下，前臂近似垂直，五指微伸。这样，右侧头部和腰部均在防护范围，起到了严密防守的效果。

2. 动作幅度小

动作幅度小，是指在实战中，运用接触性防守时，手或腿的摆动范围要小。在散打比赛中，由于双方的实战距离较近，相互变换攻防动作的速度很快，当运用肢体防守时，手脚摆动的幅度应以是否有利于攻防转换为标准。凡是动作幅度过大，甚至在遇到对方进攻时，只想用手臂去迎挡对方的攻击，而出现摆动幅度过大，结果影响了防守的准确性；甚至还会因对方突然转移攻击部位，而失去防守效果。

3. 还原转换快

还原转换快，是指实战者在完成上一个接触性防守动作后，转换下一个攻防动作（或进攻或防守）的速度要快。攻防转换的快慢与防守动作摆动的幅度大小有关；与攻防动作的形体结构（攻防兼备）是否合理有关；与战术意图的运用有关。凡是动作幅度小、攻防结构合理、战术意图强烈，攻防动作转换就快，所需时间就短。反之，实战者若攻防动作转换速度较慢，必定会影响连招出击的战术运用和攻防效果，甚至导致比赛的失利。

二、非接触性防守技术的要点

1. 时机恰当

时机恰当，是指实战者在运用非接触性防守时，身体闪躲的时间要与对方的攻击时间恰到好处。如果闪躲的时间早了，对方就会转移进攻或变换招法；如果闪躲晚了就有被击中的危险。因此，准确地判断对方使用的攻击方法、击打的时机和部位是做好防守的前提条件，而这种条件的获取主要是来源于自身的反应能力和实践经验。

2. 位移准确

位移准确，是指实战者在躲闪对方的进攻时，身体姿势的改变或距离的移动要有高度的准确性。如移动距离少了，往往被击中；移动距离长了或幅度过大了，势必又会给自己的反击增加难度，甚至会贻误战机。而这种距离的移动或闪躲能力，必须靠日积月累的长期训练和比赛，不断地摸索和总结经验才能获得。

3. 整体协调

整体协调，是指实战者在运用闪躲防守时，对身体协调能力的要求。太极拳的练功法则中要求"一动无有不动，一静无有不静"。而散打的闪躲防守也应该强调身体的整体性移动。如向下躲闪对方的冲拳或掼拳时，身体应从踝关节开始，到膝、胯、腰、颈等关节都要协调配合，以最快的速度完成躲闪。

三、提高防守能力训练的要点

散打防守（包括接触性和非接触性防守）能力的好坏，与实战者是否具有强烈的攻防意识、大脑的反应能力、掌握动作的熟练程度、动作攻防的形体结构（攻防兼顾）是否合理、时空与距离的感觉能力、本人的技战术水平和实战经验等诸多因素有关。而这些因素中除了第一反应能力受遗传基因影响外，其他绝大部分因素是靠后天的艰苦训练和比赛获得的。因此，在长期的训练中，必须重点培养练习者的战术转换意识，在技术训练时必须强化攻中有防、防中有攻的攻防兼顾原理，如"打上必须防下"，"打左必须护右"等。尽快建立正确的动力定型，以至达到高度的自动化程度。

提高防守能力，必须强调"防后必反（击）"的主动性战术意识，决不能形成"只防不反（击）"或只是被动逃脱的消极防守。因此，在学习防守动作的初级阶段，为了建立和巩固正确的防守技术，可采取双人配合，专门进行一攻一防的练习。反复强化防守意识，促进建立正确的动力定型。然而，这种练习方法，虽然有利于专门提高各自的进攻与防守的能力。但是，为了避免练习者形成"只防不反"的习惯，在采用一攻一防练习时，必须强调练习者在完成防守后的"反击"意识。在练习者初步掌握了防守动作之后，应尽快地过度到"防反结合"的完整技战术训练，不能过多地、较长时间地采用"防反分离"的练习方法。

为了培养练习者，主动的防守反击意识和能力，在训练的初级阶段，安排实战练习要慎重，不能操之过急，更不能拔苗助长，过早地安排高强度的实战训练，难免会给初练者过早地增加心理压力，甚至会形成害怕实战，害怕被重击的心理障碍。这对培养练习者主动性的战术意识是非常不利的。因此，即便安排实战练习，也必须考虑将水平相匹配的对手进行配对，以免增加弱者的心理负担。总之，初级训练阶段要以巩固技术，培养自信的心理品质为主，少安排高强度的实战对抗。

纵上所述，虽然把散打按照不同的技术内容，分别阐述了各自的训练要点。但是，作为一项以人的身体作为对抗的搏击项目，其攻防动作运用的能力训练，或称技能训练，万法不离其中，其核心的训练任务主要有以下两个方面：

1. 强化攻防动作的规范性训练

强化攻防动作的规范性训练，是解决在散打实战中，如何把攻防动作运用得更加有效的基础问题。如动作运行的起止路线、击打力点、击打部位等。同时，按照攻防兼备的要求，在完成一个攻击动作时，对身体各部位的结构如何做得更合理、更具有实战意义。例如，用左冲拳攻击对方的腹部时，头部是最容易被反击的部位，因此，右手必须护着头部；再如，以右掼拳反击对方的左侧头部时，自己左侧就容易被对方作为首选的反击目标，因此，左手就应该放在保护自己的左侧位置。简而言之，动作的攻防结构应该做到："攻上必须防下，击左必须护右，用腿需要防摔，用摔需要防拳"等。这就是根据动作相生相克和攻防兼备的原理总结出来的经验，具有一般性和常态性规律。散打运动的竞技特征之一就是：运动员在比赛中，每完成一次进攻、防守、反击的过程，绝大多数都是靠应急反应而完成的。这种应急反应，如果没有正确的动作规范，没有高度的自动化程度，是不可能在激烈的实战中，高质量地完成。所以，抓好踢打摔的进攻、防守、反击动作的规范性和强化训练，是必不可少的，特别是在训练的初级阶段更是至关重要的任务。

2. 提高运用攻防动作的能力训练

在散打的实战或比赛中，运动员运用攻防动作的能力，虽然与诸多因素有关，如身体形态、素质、战术运用能力、心理和智力水平等。而且这些因素还会在不同的训练周期中相互转化。但是，运动员对把握攻防动作的运用技巧是散打训练中的重中之重，尤其是竞技能力由低级向中级发展的训练阶段，更是如此。

散打攻防动作运用的能力训练，要比动作的规范性训练难度大得多。因为技法运用，是在双方运动员激烈的竞争中体现的，包括有：对攻防时机的判断与决策；有效距离的把握与调整；最佳攻防动作的选择与运用；攻击部位的确定与变化；主动抢攻与防守反击的转换；攻防节奏的调控等。这些能力的体现和运用效果，都是在瞬息万变、稍纵即逝的状态下完成的。因此，运动员必须经过日复一日、年复一年的艰苦训练，不断地变化训练条件，经常地调换不同的对手，不断地增加实战对抗的难度和强度。唯有如此，练习者才能不断地提高、强化上述的诸多综合能力，使之达到在实战中能因人而异、应用自如、熟能生巧的高级竞技水平。

攻防技法运用的能力训练，即技能训练，必须从实战出发，提高动作运用的实效性。因此，在训练中必须贯彻以下核心要点：

(1) 在"动态性"的条件下进行攻防技法训练

运动员经过了初级阶段的训练，基本掌握了攻防动作的规范性，并且形成了初步的理论认识和动力定型。在较高级的训练中，必定会采用个人徒手练习、双人配合练习、打靶或喂靶练习、打沙包、条件实战和实战等训练方法。但无论采用哪种训练方法，都应贯彻一个训练原则，即"动态性"的训练法。武术谚语讲："拳到步到，方之为妙。"在散打实战中，运动员双方都在动态中运用攻防招法，特别是双方都在无效距离的对峙状态下，无论选用抢攻还是防守反击战术，都必须首先以步法抢占有效的击打距离后，才能实施"远踢、近打、贴身摔"的技法。绝对不能把对方作为"不会动的沙包"，只是在原地练习。即便是踢打沙包训练，除了有特殊的训练任务外，也应尽可能地结合步法的移动变化进行技法训练。否则，就会在实战中，出现"退不及""追不上""打不着"的被动局面。即在防守时，由于退步太慢而没有达到防守的目的；主动进攻时，因步法没有跟上而失去了抢攻的机会；双方互击时，由于距离调整不好，而没有产生"得分"效果。最终也就不可能获得比赛的胜利。

(2) 技术要结合战术练

技术是战术的载体，战术运用的好坏，最终是通过技术的攻防效果体现的。因此，在技术训练中，特别是两人配合的打靶练习或条件实战时，练习者必须明确，每完成一个攻防动作的形式，都要结合战术应用的特点进行练习。如：垫步踹腿，是抢攻的技法，应突出要求在快速垫步的同时，完成踹腿；再比如：退步冲拳，是防守反击的技法，应突出要求退步后转换冲拳的时机。总之，结合步法练习攻防技法，必须有明显的战术意图。练习者只有明确了攻防技法的战术意图之后，才能够在技术训练中做到心中有数，也只有经过这样长期的针对性训练，才能够提高攻防技法运用的质量和效果。

(3) 科学地安排陪练（实战）对象

散打技战术训练的方法，绝大多数的练习形式都是双人配对进行。因此，安排的陪练对象或是实战的对手，是提高技能训练至关重要的环节。如陪练对象的竞技水平较高，训练难度就大，对抗强度也大；如陪练对象的竞技水平较低，训练效果就不理想；如陪练对象的竞技水平与练习者相匹配，训练效果就比较突

出。当然，有时为了提高练习者的薄弱环节或技术，选择的陪练对象可以"低陪"；有时为了巩固练习者的某一技术或提升应用的质量，选择的陪练对象应该是"高陪"。但就一般规律而言，安排的陪练对象应该是相互匹配的，双方的竞技能力应相对一致，而且也不能较长时间地固定配对。否则，一旦相互适应之后，对提高训练效果就会产生"瓶颈"的负面效应。对于竞技水平较高的运动员，为了更加有效地提高竞技能力，可以采取加难训练法。如安排陪练对象的竞技能力较强；或体重级别较大；或以男性陪女性练等，使相对较弱的一方提升了技术运用的难度和训练强度。总之，为更好地有利于提高动作的运用质量，安排陪练对象的目的性和针对性要强，要因任务而异，因人而异。同时，还要有不同档次的人员调换。即，安排陪练的对象适当要多一些、广泛些，以便更有效地提高练习者广泛的适应能力和应变能力。2013年国家体育总局武术运动管理中心散打竞赛训练部，想方设法增设赛制，如全国散打"百强赛"，目的是为优秀运动员能有更多的比赛机会。特别是对一些"高、精、尖"的老运动员，主张"以赛代训"的发展之路，应该说值得研究、总结和推广。

第七章 竞技散打战术的特点及训练

竞技散打的战术,是指在实战时,双方根据彼此间的身体形态、体能状况、技战术水平、心智能力等条件,为战胜对方而制定合理的、有效的计策与方法。

第一节 竞技散打战术的特点

一、主动性

主动性,是指在散打比赛中,一方运动员为了战胜对方而在技术、战术运用方面,发挥了积极、主动的作用,并在赛场上表现出具有把控局势的优势和能力。我国古代著名军事理论家孙武,在他的《孙子兵法》中提出了"致人而不致于人"的军事思想。"致人"就是支配、调动、制约对手,包括使其废,致其乱,使其虚,致其害,使其误,致其无备等。还包括了主动攻击对方之虚,攻击对方之要害,攻击对方之不备等。在散打比赛场上,实战者凡是能掌握了"致人"的主动权,就控制了场上的局势,就具有了决定自身行动,左右全局或某些局部的自由权。与其相反,"受致于人"则是这种行动自由的丧失,表现为行动受人制约、受人摆布、攻不得出、防不得回的被动挨打局面。

在散打比赛中,争取主动性的原则和目的是:"扬己方所长","攻对方所短"。使己方的特长能够得到充分的发挥;相反,使对方的长处却受到了抑制,而把短处暴露了出来。从而收到了,"以己方之长,攻对方之短"的效果。

散打实战的主动性,主要体现在以下几个方面:

1. 运用战术的主动性

散打比赛的战术,总体上可分为主动抢攻和防守反击两大类。但具体的战术方法,包括有重创战术、迂回战术、台边战术、体力战术、强攻战术、真假战术等。如何针对对方的弱点和不足,充分地发挥己方的优势,合理而有针对性地选

择各种战术，需要实战者在赛前做好充分的调查研究，在全面了解了对方的情况之后才能做到：知己知彼，有的放矢；知己知彼，百战不殆。

2. 使用招法的主动性

散打比赛中的攻击招法，包括有"踢、打、摔"三大类，而且除了禁击部位外，从头至脚都可击打。由于每个人所掌握的攻击招法，特别是个人的特长或是绝招，都是有个体差异的。对每个人而言，既有其所长，也必有其所短。况且每种招法还具有相生相克的基本特征。因此，实战者对招法使用的选择、出击的先后、把握的时机以及因使用招法后身体变化的状态等，都应在使用招法前进行综合考虑，这样才能收到预期的效果。

3. 控制比赛节奏的主动性

散打比赛的节奏处理和把控，除了对运动员的体能消耗至关重要外，还会对运动员的个人习惯，以及使用的技战术产生重要的影响。有的运动员体能较差，如果打满三局或更多，可能会因体力消耗过大而失去最后的拼抢能力，其结果必定会与获胜无缘。因此，这样的运动员如果面对体能好的对手，就必须主动创造速战速决的快节奏打法，尽量争取在前两局就结束比赛。相反，如果面对的是善于打防守反击，且体能又好的运动员，必须追求较慢节奏的稳扎稳打，步步为营的战术，企图以此来消耗对方的体力。所以，把控比赛节奏的主动性，一定要因人而异，一定要通过不同的战术和打法来调控比赛的节奏，力争把比赛的节奏通过战术和招法的运用来控制好。如打快节奏的选手必须以强攻或抢攻战术为主，以连招出击为主，让对手总是处在"防不胜防"的被动状态之中，力争在前两局获胜而结束比赛。反之，如打慢节奏的选手，必须以重拳重腿出击，以单击为主，以防守反击为主，以"打人力前"的阻击战术为主。简而言之，施技者必须通过有效的技法，甚至还要通过重拳、重腿、重摔的打法，迫使对手无法发挥个人特长，以及在心理上有所震撼，甚至胆怯。这样才能把控好自己所希望的比赛节奏。

二、欺骗性

欺骗性，是指在散打比赛中，有目的地使用"真中有假、以假乱真"的欺骗手段，使对方产生误判从而为自己真实的进攻创造条件的计策和方法。随着散打竞技水平的普遍提高，特别是当对手反应快、防范能力强时，直接进攻容易被防守、截击或反击。运动员常常采用真假虚实互相搭配的方法，佯攻诱打，或者可以有意露出破绽，给对方造成假象，待对方出现误判时再进攻或反击。这样"瞒天过海"地变换招数，目的在于转移、分散对方的注意力，以迷惑对方，待对方对虚假动作产生反应后，再加以利用，为己方的进攻创造机会，提高攻击效果。

三、应急性

应急性，是指在散打比赛中，运动员面对赛场上出现的各种状况，而采取的应变措施和反应能力。"应急性"，包含有大脑反应的速度、决策的速度、位移的速度、使用招法的速度等。"反应灵活，应变快速"是散打"应急性"战术特征的灵魂。

孙子曰："兵之情主速，乘人之不及，由不虞之道，攻其所不戒也。"拳谚也讲："快打慢""拳如流星，眼似电""发腿如射箭""迅雷不及掩耳"。在散打比赛中，运动员只有具备了"反应快速、决策快速、移动快速、用招快速"的能力，才能收到"先发制人"、"后发先中"和"致人而不致于人"的战术效果。凡是应急能力强的运动员，其表现的突出特点是：战术变化、节奏变化快速敏捷、动作有效性高。当其强攻时，能寻找战机，制造战机，充分利用战机，善于抓住对方"欲动而未动"之机，实施"先下手为强"的战术。当其防守反击时，能准确地察觉对方欲动的先兆，从而实施"以攻代防"的打法；或者善于抓住对方的"旧力已过而新力未发"之机，实施"打人力后"的防守反击。总之，运动员只有具备了这种"快速应急"的能力，才能在竞技场上拥有"争金夺银"的实力。

散打运动员的应急能力，是由多方面因素决定的。从训练学的理论分析，竞技能力包括有身体形态、身体素质、机能状况、技战术水平、心理品质和智力七大因素。其中运动员的身体形态、心智能力，甚至也包括一般的心理素质，其重要因子受遗传因素的影响很大。而身体素质、机能状况、技战术运用能力等，都是靠后天的艰苦训练获得的。素质和机能是提高运动员应急能力的物质基础；技战术水平的高低更是影响运动员应急能力的关键因素。"巧妇难为无米之炊"，因此，要求运动员必须在具备良好的身体素质、非常娴熟和自动化程度较高的技战术运用能力的基础上，才能更加有效地发展、提高个人的"应急"能力。

四、多变性

多变性，是指在散打比赛中，运动员对技战术的运用具有复杂、多变的特征。其复杂与多变的特征主要表现在：战术思维、战术形式、体能发挥、招法运用、攻击部位以及真假技战术的变化等多方面。

孙子云："战势不过奇正，奇正之变，不可胜数。"又说："善变者，无穷于天地，不竭于江河。"散打界的同行们常用"八米小擂台，谋深广似海"来形容散打搏击中有变幻莫测的谋略与技巧。可以说，散打在那"技"与"力"的角逐中自始至终贯彻着"智慧"与"谋略"的争斗，没有计谋运用的散打招法，就如同没有灵魂思想的僵壳。一个习武者，掌握了全部的实战技法，练就了一身功力，还必须拥有运用智慧、计谋的能力。武技的运用如同一支军队，遭遇了不同的对手，就要善于调遣、运用这支"军队"。运用得法，则可以少胜多、以弱胜强；如果总是机械地重复、硬拼蛮干，武技应用的效果则大打折扣，甚至是劳而无用，白费功夫。

变化，即是通过运动员对技术和战术运用的方法，表现出真假、快慢、轻重、上下、左右、前后；忽而用拳、时而用腿或摔；时而抢攻、时而防守反击等不同方式的变化，迷惑对手，使其分不清虚实。运动员在击打的部位上表现为立体交叉型，向对方全方位地进攻。时而打头、时而打腿、时而击腰、时而击腹，使攻击点不断变化，以最大限度地分散对手的防守注意力，使其防不胜防。只有这样，才能牢牢地掌握竞技场上的主动权，以便有效地控制对手。

五、层次性

层次性，是指在散打比赛中，实战的双方在战术运用方面，所表现出不同的深度及其复杂性。散打的技战术运用，可以从不同的视角分为进攻、防守、反击、反反击、甚至更多的层次。散打比赛正是因为有多层次的技战术特征，所以，赛事才精彩、激烈、扣人心弦，才会引起武术的同行和爱好者们的广泛兴趣和普遍关注。

进攻与防守属于散打战术层次中的基本层次。散打初学者在实战中，往往进攻的比例很大，防守很少，而成功的防守更少，所以初学者容易出现相互对碰、对撞而受伤的现象。防守之所以比进攻少，是因为只有在知晓了对方的进攻意图

后，才有可能做出相应的防守，若连对方的拳腿是如何发出来的都不知晓，那又怎么能知道如何去防守呢？从某种角度分析，进攻是有计划的，有准备的，主动的；而防守或反击是应急的、无准备的、被动的。

"反击"，在散打战术层次中属于中等层次，成功的防守是为了更好地反击，一味地防守而不进行有效的反击，最终还是要陷入被动局面，甚至与获胜无缘。所以武术的技击家在强调"主动抢攻，先发制人"的同时，也强调"以静制动，后发制人"，"能攻善守手不丢"的理论与实战经验。攻与防是任何技击或对抗项目中最本质的一对矛盾，无论是以攻见长的少林拳派，还是以守见长的武当拳派，都是围绕着这对攻防矛盾而创建自己的拳理，只是各有偏重而已。少林拳是以攻为主，攻中寓防，突出先发制人；武当拳是以防为主，防中寓攻，强调后发制人。武当拳正是因为注重了比攻更高一层的防守反击，所以武术家黄百家曾这样评价武当拳："得其一二者，已足以胜少林。"我国武林人士历来都是力主反击的、自卫防护的，不恃强凌弱，不主动进攻（非竞技比赛）。这也许是出于遵循"武德"之规范吧！

"反反击"，是散打战术层次中最高的层次，高水平运动员的反反击能力都非常突出。散打技术中的拳、腿、摔有相生相克的原理，要求运动员在每发出一招之前必须想到后一招，甚至后几招的用法，"彼静我乱，彼乱我静；静中用乱，乱中用静"，"虚则实之，实则虚之"，"以短逼长，以闪为进"。面对各国散打运动员的竞技水平日益提高的今天，高水平运动员必须全面精通"踢打摔"的各种技法，在广博的基础上形成自己的特色，有自己的"杀手锏"或绝招，这样才能应付各类不同的对手而立于不败之地。

六、针对性

针对性，是指在散打比赛中，运动员运用的一切技战术，都必须针对自身的和对方的特点而运用。在高水平的竞技散打比赛中，运动员虽然在技战术的运用上反映了"多变"的特点。但多变，不能为了变而变。在赛场上，不同的对手都有各自不同的特点，实战的双方都在思考和运用适合于自身特点的技战术方案。其最终的目的是：己方运用的技战术，除了能够充分发挥自己的长处和优势外；还能抑制对方的长处而得不到发挥。己方运用这种"以己之长、克彼之短"的战术，就是散打战术运用的针对性所在，更是一名优秀散打运动员必须具备的"智力"。

第二节　散打战术训练的要点

一、"自信"与"胆量",是培养运动员运用主动性战术的关键

拳谚讲:"一胆、二力、三功夫","两强相遇勇者胜",这些都充分地说明了"胆量"与"自信"的心理状态,是散打运动员运用主动性战术的发动机、助燃器。不难理解,若是一名容易怯场,而且又没有自信的运动员,是不可能在赛场上表现出散打应该具有的"项目精神"。所以培养运动员的自信与勇气,是强化和运用主动性战术的第一要务。

1. 培养练习者自信与胆量的途径

在散打比赛中,参战者往往出现胆怯或对比赛失去信心,原因很复杂。如:因受过重击而胆怯了;或因对方过于强大,自己认为水平不如人;或是怕输了而丢面子;还是因为缺乏实战经验等。如果产生不自信而胆怯的原因找到了,必须在培养的途径和方法上要对症下药。如果属于自认为"艺不如人"而缺乏自信的话,在平时的训练中,要注意减轻练习者的心理压力。俗话说"艺高人胆大",换言之,艺不高胆就不大。因此,在散打的教学训练中,不能拔苗助长或急功近利,以至过早地安排实战训练,更不能把不相匹配的对手安排实战,以避免弱方运动员再次受到重创而使心理产生障碍,甚至失去了比赛的信心。要注重多采用"循序渐进"的教学方法,对那些由于自身的条件不如对方而产生"惧怕"心理的运动员,应该多采取一些"降低难度"的训练方法,如安排配对练习时,可采取"低陪"的方式,或给对方限制一定的条件等。以提高练习者运用技战术的成功率,以培养他们的"成就感"和自信心为主。待练习者逐步减少或消除胆怯的心理之后,再增加训练的难度和强度。

2. 提高练习者把握局势与战机的应变能力

在训练和比赛中,练习者要针对实战对象的条件,制定出有针对性的技战术方案,进行反复地实践和强化。或者由教练员制定出各种技战术方案,安排陪练对象,进行模拟练习。比如,设计对方善用右鞭腿反击,而且速度较快;已方如

果只是用常规的拳法或腿法抢攻，就有可能陷于被动。因而采用了直线高位踹腿的技法，主动抢攻对方的头部；或者以假招"引蛇出洞"，再用抱腿下压摔的技法实施反反击，如此经过反复的变化，反复的运用。总之，"多实战、多比赛"，是提高练习者技战术运用与应变能力的必经之路。

3. 提高练习者的体能和动作的攻击力度

提高练习者的体能和动作的攻击力度，是培养主动性战术的物质保证。运用主动性战术的实质，是抢占实战中的"控制权"问题，谁能控制谁，谁就有了获胜的保证。无论是主动抢攻还是防守反击，体能是物质保证；强大的动作攻击力，不仅能给对方造成难于忍受的"皮肉之苦"，还会给对方增加心理压力。对方一旦有了心理压力，就会失去战场上的主动权。练习者就有了获胜的机会和可能，从而体会到了比赛成功的"喜悦"，也增加了参加实战对抗的自信和勇气。

二、提高"真假"战术运用的能力

欺骗性战术训练，本质就是提高实战者对"真假"战术运用的能力。在训练中要以熟练掌握技术方法为主，因为技术是战术的载体，是物质保证，没有技术的运用，战术就是一句空话。所以，要紧紧抓住练习者"踢、打、摔"组合技术的训练，包括抢攻与防守反击的各种不同招法组合。"技术要结合战术练"，这样的技术才能有实效性。散打的技法很丰富，除了真的，还有假的，"真中有假、假中有真"。因此，在训练中不仅要培养练习者熟练掌握重要的技术组合，还要结合一些"假动作"的变化进行假设性练习，如"指上打下""晃左击右""虚拳用腿"等方法。

需要特别强调的是：练习真假的技术组合，必须结合"意识"的诱导，使真假技法组合练习，是主动的、有意识的，是结合实际状况而有目的地选用。切莫把真假的技术组合练习，形成了习惯性动作，以致在实战运用中，盲目运用，弄巧成拙，反遭其害。

三、提高应急能力的训练

提高应急能力的训练，主要任务是提高练习者的复杂反应能力和运用技、战术的熟练程度。反应能力，特别是复杂反应能力，从视觉发现目标→大脑的综合

判断→经神经系统的分化处理→再由运动器官指挥,直到运用技法击中目标的大循环系统。练习者不经过反复刺激、反复强化的训练和实战过程,是不可能达到高水平的自动化程度。没有快速的反应和熟练运用动作的能力,就等于没有高水平的散打比赛。因此,作为以身体对抗为特征的竞技散打,必须把提高练习者的反应能力和动作的运行速度,贯彻训练的始末,经过日复一日、年复一年的长期艰苦训练才能获得效果。提高运用技法的熟练程度和自动化水平,更是成为散打比赛优胜者的必备条件。因为动作的自动化水平是提高应急能力的基础,基础不牢则水平不高。所以,在高水平的运动训练中,对技、战术运用能力的训练,应是技术训练的主体,必须经过强化训练→实战应用→再强化训练→再实战应用,周而复始的、长期艰苦的训练,才能达到较高的竞技水平。

四、提高战术多变性能力的训练

提高战术多变性能力的训练,其实质是在"变"字上下工夫。《孙子兵法》中说:"凡战者,以正合,以奇胜。故善出奇者,无穷如天地,不竭如江河。……战势不过奇正,奇正之变,不可胜穷也。奇正相生,如循环之无端,熟能穷之?"(《势篇》)"变"是战术运用的表现形式,而如何变又是战术运用成功的保证。因此,提高散打战术"多变"运用能力的训练,必须要熟练地掌握"踢打摔"等各种技法。技术是战术的载体,技术越全面,战术方法的变化越丰富,如果没有过硬的击打技法,就不可能有行之有效的战术方法。竞技散打是拳脚并用、踢打摔结合、从头至脚(除禁击部位)都允许攻击的肢体对抗项目。因此,无论在变的形式、内容、方法等方面都比其他世界搏击项目复杂。在训练中,必须针对不同的对手和案例,研究各种技战术的运用特点和要求,有目的地安排一些相匹配的对手进行模仿实战或实战,举一反三地进行强化训练,并通过各种不同性质的比赛实践,不断积累经验,巩固和提高战术的应用效果,练习者要在不同的比赛情境中,能够"适人、适时"地运用各种有针对性的战术,达到"敌不变我变,敌亦变我万变"的境地。

五、培养多层次战术运用的能力

培养"多层次"战术运用的能力,是高水平运动训练的重要任务。多层次的战术运用,是一个由少至多,由简单到复杂的递进训练过程。在训练中,要特别注重运用"区别对待"和"循序渐进"的训练原则。对竞技能力较强的练习者,可强调打"反反击"战术,即运用第一招抢攻时可作为"引蛇出动"的虚招,力度不要用得"太满",要绝对把控好自己的身体重心,以便能够快速回防,待对方正准备反击或将要反击时,己方再予以"实招"进行反反击,力争"打人力前"。对部分竞技能力稍差的练习者,不能要求太高,战术运用的难度不要太大。一般应侧重于抢攻→防守→反击三个层次的能力培养。在初级训练阶段,有必要专门培养练习者对"抢攻与防守"两个层次的能力,但不能过多地做单一性的被动防守练习,避免重复练习的时间太长。否则,一旦养成了习惯,必定会对培养反击能力形成障碍。安排配对时,为了提高双方各自的能力,双方的竞技水平应该相匹配,这样才有利于提高动作的成功率,更好地培养练习者的自信心和成就感。

再者,培养练习者运用"层次性"的战术能力,要进行针对性的强化训练。即,教练员可以根据实战经验,根据不同的实战对象,创编出若干组典型的战术范例,提供给练习者进行反复的强化训练。这样,对提高练习者运用较深层次的战术意识和能力,必定会有"事半功倍"的训练效果。

六、提高运用各种有针对性战术的能力

提高运用各种有针对性战术的能力,其实质就是培养练习者应对各种不同对手的实战能力。培养练习者在各种比赛中,具有应对不同对手的能力,关键要注重运用两个训练方法:一是注重运用"模拟"训练法。即通过陪练者模拟各种不同的技战术特点,进行有针对的陪练,练习者通过反复的强化,不断地熟识运用某种战术和打法,以至达到自动化程度。二是有针对性地安排与练习者竞技能力相匹配的而且又有各自不同技战术特点的对手进行实战或比赛,以不断巩固、提高练习者在高强度的竞技对抗中能够应变自如地运用各种技战术的能力。

简而言之,培养、提高运动员在各种比赛中的应对能力,只有通过参加各种大强度的训练和比赛,反复地总结成功与失败的各种经验。"实践出真知",唯有如此,才能培养练习者的参赛经验,提高练习者应对各种竞争对手的能力。

第八章　散打竞技制胜的核心因素

散打竞技制胜的核心因素，是指在散打比赛中，运动员根据彼此间的相关条件，为战胜对手而在体能、技能、智能、心能和战术运用等多方面表现出具有独特的竞技能力。在体育竞赛中，因项目的特点不同，客观条件不同，而获得比赛胜利的因素就不同。如赵洪明在《对竞技体操制胜规律的再认识》一文中认为竞技体操的制胜因素有"力、难、新、美、稳、智"六个方面。孙麒麟在《乒乓球运动竞技制胜因素研究》一文中谈道：任何一种技术打法，只要他在比赛中将"快、转、狠、准、变"这五大制胜因素发挥到最佳程度，就可能取得优异成绩。赵道卿在《现代排球比赛制胜因素探析》一文中得出："全面、高度、快速多变、不断创新"是排球运动比赛的主要制胜因素。齐广中在《散打制胜的十大因素》一文中提出散打制胜的十大因素为："实力、教练、战术、投入、经验、斗志、运气、场地、裁判、武迷。"学者申彦昌在他的硕士论文《武术散打竞技制胜规律研究》中认为散打竞技的制胜因素是"快、活、稳、准、全、狠、巧、绝、隐"。那么，到底散打的竞技制胜因素是什么呢？本人认为竞技散打是用踢打摔综合技术进行肢体对抗的项目，实战的双方不但要在稍纵即逝的攻防转换中把控战机、调整距离、洞察目标、巧用击法。而且还要承受最大程度的打与被打、撞击与被撞击的"皮肉之苦"，以致给参赛者增加了各种心理压力。所以，散打比赛竞技制胜的核心因素至少应有以下八个方面。

一、快

"快"，是指运动员在比赛中，为进行有效的击打，而表现在对时机的判断、距离的调整、技法的运用等方面的速度。包括判断反应快、把握战机快、身体移动快、（进攻与防守反击）动作出击快等。任何一个格斗项目如拳击、跆拳道、摔跤、击剑、武术短兵、武术散打等项目的比赛，必须突出一个"快"字。"以快制慢、以快取胜"，这是一个行内人士或专家无可争议的经验体会。因为，快

可以使对手乱了比赛的章法；快可以使对手出现"防不知其所防、攻不知其所攻"的被动局面；快可以转败为胜。所以，在散打竞赛的诸多制胜因素中，"快"是一个最核心的重要因素。

二、准

"准"，是指运动员在比赛中，对把控时机、调整距离、击打目标的准确度。包括判断时机、抢占距离、选用方法、击打力点、攻击目标等方面的准确性。散打比赛，运动员双方绝大部分都是在应急状态下，使用各种攻防方法的。特别是对击打的时机、距离、部位等方面都是处在稍纵即逝的变化之中，运动员必须具有极强的敏锐性和判断反应能力，准确地掌控上述诸多方面的搏击要素，才能保证动作的成功率和击打质量，才能较好地节省体能，以致避免体力过分消耗。否则，很难提高击打动作的有效性（得分效果），甚至会错失良机，造成不应该发生的伤害事故。

三、狠

"狠"，是指运动员在比赛中表现出一种精神饱满、自信顽强、敢于拼搏的"项目精神"和心理素质。传统武术的技击谚语中讲："一打胆、二打眼、三打步法、四打闪"；又讲"一胆、二力、三功夫"。"胆"的意思是指胆量与斗志，是心智能力的重要因素之一，我们的前人都把它排在了诸多搏击要素之首，就足以说明运动员在散打比赛中，特别是在高层次的竞技散打比赛中，心理素质至关重要。因为散打非同其他个人表演类项目，是直接以身体进行互相击打的对抗，是相互争夺主动权而控制对方的搏击，比赛中不仅要求运动员要自信沉着，不仅要做到会打、更重要的是要敢打和狠打。同时，还要随时准备并调整好，有可能被对手重击而产生的疼痛，甚至是伤害的巨大压力。有人还说，上场比赛的散打运动员，必须要具备一种"野性"品格。这种"野性"当然不是粗野、野蛮之意，更不是低智商的"鲁莽之夫"，而是那种敢打敢拼、永不言败、永不服输、胜不骄、败不馁的"项目精神"。运动员有了这种精神和品格，在对抗中就不会出现"前怕狼后怕虎"、优柔寡断的现象；也不会因为在暂时失利时就锐气大减，萎靡不振；或因略有优势时就肆无忌惮，盲目乐观而丧失了防备意识的不良心态。

四、稳

"稳",是指运动员在比赛中的心理稳定性,使用攻防招法时控制身体重心的稳定性。作为一名成熟而优秀的运动员,在各种比赛中,特别是一些有重要影响的关键性比赛中,如何能够保持稳定的心理状态,这是获胜的根本保证。因为运动员只有在保持稳定的心理状态下,才能够思路敏捷和具有较高的心智能力,才能够准确地把控战机;运用技战术才有章法和针对性。

控制身体重心的稳定,是运动员在散打比赛中,成功运用技战术的前提条件和基本保证。因为运动员除了通过灵活的步法移动外,更重要的是在运用"踢打摔"的攻防招法时,有很多情况都是处于单腿支撑而失衡状态下完成的。"起腿半边空"就是描述了这个时段,是身体重心处在不稳定状态。如果运动员没有很强的稳定身体重心的自控能力,就会导致攻防招法运用的失败。如起腿时身体过分向后倾斜、出拳时身体过分前倾,使重心偏离支撑腿、或者快速进身抱摔对方时,因重心移动而使身体过分前倾。诸如这些失衡状态都是造成"自行滑倒",或稍受外力就可能被击倒的原因。散打竞赛规则规定:一方倒地,站立者得2分。所以,运动员控制重心的能力强,稳定性就好,就能为技战术运用提供了前提条件。

简而言之,我们不难想象,一名运动员在散打比赛中,如果心理稳定性好,而且控制自身重心的能力又强,就会为获得比赛胜利打下基础。反之,就有可能招致失败。

五、硬

"硬",是指运动员在比赛中,身体各部位能够抵抗来自对方撞击的能力,以及在攻击对方时,动作所表现出的击打力度。在散打比赛中,实战的双方都是处在攻防瞬时转换的动态中,没有只攻不守或只守不攻的选手,更没有永不被挨打的"常胜高手"。所以专业谚语讲"散打散打先练挨打、摔跤摔跤先练挨摔"。作为一名散打运动员,如果身体没有抗打挨摔的能力,一旦与对手比赛时,就"犹如鸡蛋与石头相碰",又怎么能够有战斗力呢?又怎么能够不被对手打伤或摔伤而败下阵来呢?假如实战的对手是一名抵抗踢打摔能力较差的选手,当其受到强有力的攻击时,其心理防线(怕被击伤)必然会被冲垮，一旦心理因素被冲垮，其技战术的运用就会乱了章法，其比赛结果就必输无疑。

此外，竞技散打比赛在正常情况下，主要有六种获胜的可能：一是以踢打摔的有效得分，多者取胜；二是以技术强者为优势胜方；三是因对方受到重击，出现"KO"后而取胜；四是因对方受"强制读秒"（犯规受罚除外）达3次而取胜；五是因对方"每局下台达2次"而取胜；六是因对方受伤，失去比赛能力而取胜。这些判定获胜的标准，前提条件无一不是靠踢打摔动作的攻击力度和效果才获得的。所以，作为一名优秀的散打运动员，若能够站在领奖台上领奖，首先就要有抗打挨摔的"硬度"，只有自己不受伤，才能既保护自己又能有效地打击对手。保护自己，是为了更好地调动机体的能力；充分地发挥踢、打、摔攻击动作的最大功力，以致使对方感到"震撼"而产生惧怕的心理状态，从而降低或丧失了攻防能力，己方才有可能在比赛中获胜。

六、绝

"绝"，是指运动员在比赛中，使用最多、最熟练、成功率最高并形成了个人独特的攻击招法。有人称此为"绝招""绝技""绝活"，也就是常说的"杀手锏"。所谓"绝"，就是别人很难做得到的甚至是没有的。武术业内人士常说"不怕千招会，最怕一招熟（绝）"。在高层次的散打比赛中，运动员势均力敌，如果只是使用常规性的攻防方法，往往收效甚微，很难获得比赛的胜利；但如果某方运动员有了自己的绝招，用以多得分，或者用以重创对方，致使对方产生一种担心甚至是恐惧的心态，从而为自己的获胜奠定基础，这就是"绝"的威力。当然，需要强调的是，"绝"只能是相对的。因为，旧时人与人之间的相互格斗，谁也不知道谁的底细，甚至是从未见过面的对手。所以"一招绝"就"打遍天下"。这是因为在对手毫不知晓，毫无防范准备的情况下，以"打人人不知"的快速出击，收到了奇特的效果。如今的散打比赛，不仅每年举办的各种赛事很多，运动员频繁地交手比赛，彼此之间都非常熟识对方的打法和特点。因此，"一招绝"只有在对方没有足够的思想准备，或者处于不适应的状态下突然使用，加上巧妙地运用了"奇正转换、真假结合"的战术，才能收到较好的效果。否则，对方就会提前做好充分的战术准备。另外，现代的信息和摄像技术非常发达，各运动队经常都运用技术录像进行战术学习。因此，各参赛选手做到"知己知彼，百战不殆"，"以其人之道还治其人之身"的战术，这并不是难事。所以，

形成个人"一招绝"的打法,也是不容易的,练习者必须付出比常人要多得多的艰苦和努力,才能保持个人的绝招和特长。

七、全

"全",是指运动员在比赛中,无论使用的战术还是击打的招法都要求全面掌握。当今的散打竞技水平提高迅速,运动员的竞技能力旗鼓相当,比赛的胜负相差无几。国内散打竞赛规则还规定,运动员的得分相同时,判主动进攻技术强者为胜方。因此,运动员在赛场上只靠单一性的技战术是很难占有优势的。在"踢打摔"的技术体系中,除了个人要有特长或绝招外,还必须做到技术全面、战术多样。技术是战术的载体,是战术运用的"物质"系统,技术越全面,战术越多样。有了多样化的技战术,就有可能造成对方无可适从,难于判断真假。换句话说,己方就有了控制赛场主动权的资本,一旦把控了赛场的主动,就会大大地提升获胜的机会。

八、变

"变",是指比赛中,运动员为了战胜对手而表现在,体能、技术、战术运用的变化。运动员在散打竞赛场上,实际就是为争夺"致人而不致于人"的主动权问题。己方只要控制了赛场上的主动权,就可以实施"以己之长,克彼之短"的战术,即己方以最大的优势和长处,击打对方的短处,使对方的长处得不到发挥,从而取得最佳的击打效果。所以,竞技赛场上的技战术变化是主动的,是有目的的。"人变我变,人不变我亦变",只有在不断的变化之中,才会使对方处于"被牵着鼻子走"的不适应状态。

纵上所述,散打的竞技制胜核心因素包括了八个方面,运动员如果在实战中能够恰如其分地加以综合运用,发挥至最佳程度,就必定会取得优异成绩。然而,在这里需要特别强调的有三点:一是,要充分理解何谓制胜的"核心"因素,"核心"就是制胜因素中的内核部分,即不能排除制胜因素中的其他非核心因素。正如本节开头,介绍了其他学者所研究的成果。二是,这些因素之间除了相互作用和影响之外,是否能发挥到最佳程度,还必须建立在该运动员所具有的身体形态、素质、机能、智能等其他条件之上。如其他条件不好甚至很差,这些制胜因素就等于纸上谈兵,没有实际意义。三是,要从训练学的"木桶原理"理

解各制胜因素之间的关系。一个由若干块木板组合而成的木桶，其容积的大小，不取决于最长的那块木板，而取决于最短的那块木板。所以，在八大核心因素中，如其中某一因素较差，或者很差，就势必会影响到其他因素的发挥，甚至是导致比赛失败的致命原因。

竞技散打裁判知识

第一章　竞技散打竞赛的组织（机构）与职责

凡是全国性的竞技散打锦标赛，包括团体赛和冠军赛，不论参赛队伍和人员的多少、竞技水平的高低、比赛时间的长短，其组织工作都是一个较复杂的系统工程。因此，为完成好一个赛事，首先要成立一个强有力的领导班子和健全的组织机构。明确各部门之间的职责与分工，是搞好竞赛工作的前提条件和根本保证。

第一节　组织委员会

组织委员会一般简称组委会，是散打竞赛期间各个工作部门的最高领导机构，一般在举办赛事前成立。通常，组委会的前身是竞赛筹备领导小组，如国家体育总局武术运动管理中心常设的项目管理部门。如竞训一部（套路部）；竞训二部（散打部）；竞训三部（泰拳部）等。作为全国性的武术散打锦标赛，在还没有成立赛事组委会之前，竞训二部就承担着散打竞赛筹备领导小组的工作。

赛事组委会由主任、副主任和若干委员组成。主任通常由主办竞赛单位的主要领导或负责体育工作的领导担任。如每年举办的全国武术散打锦标赛，组委会主任，一般由主办单位，即国家体育总局武术运动管理中心主任或副主任担任；组委会的副主任，一般由承办单位的体育部门负责人或上级单位委派的代表担任；委员由与竞赛工作有关单位负责人、总裁判长、仲裁委员会主任及各参赛队的领队担任。

由于散打竞赛工作涉及人、才、物，以及交通、安保、信息等方方面面的事情，组委会的主要职能是，对散打竞赛工作进行决策、控制、组织和管理，充分调动各组织机构及人员的积极性。因此，组委会要善于把握和控制竞赛工作的复杂性和可变性，要有工作预案，要善于在动态中做好组织与管理工作。

一、成立秘书处（组）或办公室

为了使各项工作能协调和有序地进行，在组委会的领导下，设秘书处或办公室，属实际办事机构，主要负责竞赛有关具体工作。如活动安排、经费预算、生活管理、宣传教育、组织观众、安全保卫，以及开幕式和闭幕式等工作。秘书处下设总务组、接待组、宣传组、医务组、保卫组等工作组或工作室，各负其责，为大会服务。大体任务如下：

（一）制定工作计划，绘制工作流程图并检查执行情况。

（二）制定开幕式与闭幕式组织方案和具体的实施细则。

（三）负责宣传教育工作，包括赛事宣传、安全教育以及对住地、场馆及相关环境的布置等。

（四）负责筹备会议并准备相关文件，起草并落实各种通知。

（五）制定赛会期间各项活动日程。

（六）制作奖品并参与组织发奖仪式。

（七）印制请柬和安排票务工作。

（八）设计并印制秩序册和制作有关人员证件。

（九）组织游览、参观、文艺等活动。

（十）负责相关人员的接送工作。

（十一）组织新闻报道和编写简报。

二、成立竞赛处

竞赛处负责人一般由竞赛的主办或承办单位分管竞赛工作的领导担任，会同总裁判长、裁判长具体负责大会的竞赛工作。大体任务如下：

（一）制定竞赛计划：计划，是任何工作的前期预案，有了一个周密的行动计划，就会为取得成功的行动打下基础。相反，没有计划的工作是混乱无序的、甚至是盲目的。这里讲的竞赛计划，是针对要举行的竞赛进行设计和规划，是竞赛前需要预先拟定的具体工作方案和行动步骤。竞赛计划一般由主办单位的项目主管部门制定，如现今的全国男女散打锦标赛、冠军赛、青少年锦标赛等一切被列入全国竞赛计划的比赛均由国家体育总局武术运动管理中心散打竞赛训练二部（简称散打竞训部）或青少年部或社会部等相关部门制定竞赛计划，经中心领导

研究确定，报国家体育总局竞技体育司批准后执行。

各地如果需要在全国性正式比赛计划之外，举办全国性或国际性散打比赛，必须提前将完整的竞赛计划和方案，呈报上一级体育行政主管部门审批或备案后，再上报至国家体育总局武术运动管理中心批准。竞赛计划一般应包括以下内容：

1. 竞赛名称；竞赛时间和地点；竞赛的目的和要求。

2. 组织机构设置方案（机构设立、人员配置、工作的启动时间和大体工作流程）。

3. 参赛单位（包括各队领队、教练、运动员、裁判员、工作人员，以及其他相关人员的总人数）。

4. 录取名次和奖励办法，包括奖品的设计与制作等。

5. 开幕式、闭幕式方案。

6. 裁判工作，包括所需正式裁判人员和辅助裁判员的数量、等级、使用及选调办法等。

7. 场地、器材、护具的准备。

8. 后勤保障工作计划。

9. 安全保卫工作方案。

10. 经费来源与预算方案等。

（二）制定竞赛规程：竞赛规程是散打竞赛工作的重要文件之一，它规定着每个运动员参加比赛的基本条件和资格，规定着采用的竞赛规则与办法，是组织参加比赛的各运动队和裁判人员进行工作的重要依据。

在通常情况下，竞赛规程由主办竞赛的单位制定，如果属于跨地区性的邀请赛，也可委托承办单位制定。因为竞赛规程是竞赛的法规，编写时内容要周全，用语要准确，文字要简练，便于理解和执行。

竞赛规程必须尽早地制定，并及时发送至各参赛单位（一般在赛前3~4个月），以使他们能够尽早地做好准备并投入训练。

竞赛规程，一般应包括以下内容：

1. 竞赛名称；竞赛时间和地点；竞赛项目。

2. 参赛单位。

3. 运动员的参赛资格。

4. 竞赛办法。

5. 竞赛规则。
6. 录取名次。
7. 奖励办法。
8. 报名和报到时间。
9. 裁判人员的组成及选调办法。
10. 竞赛监督委员会、仲裁委员会的有关规定。

（三）办理运动员报名和资格审查。

（四）组织竞赛的编排和抽签。

（五）组织运动员称量体重。

（六）选调裁判员和组织裁判员学习。主要裁判员一般由主办单位确定和选调，不足部分或辅助裁判员可由承办单位选调配齐。

（七）印制各种竞赛表格和有关竞赛文件。

（八）按规程和规则要求，检查、落实比赛护具、场地、器材、检录用具等。

（九）安排各运动队报名后的赛前训练。

（十）记录和公布比赛成绩，向各运动队发送比赛秩序表。

（十一）协同有关部门及人员，组织对运动员使用违禁药物的检查。

（十二）监督比赛进行和处理竞赛中出现的赛风、赛纪等问题。

（十三）发布有关竞赛新闻、消息，编印成绩册。

（十四）组织各种奖项的评选活动，如精神文明运动队、裁判员、运动员技术风格奖、顽强拼博奖等。

三、成立后勤处

后勤处负责人由承办竞赛单位，分管后勤工作的领导担任，配备若干名熟识后勤工作的人员。大体任务如下：

（一）负责赛事的经费预算和决算。

（二）安排参赛有关人员的住宿、伙食、交通、医疗、洗澡及通讯等工作。

（三）负责维修场地、设备，购置器材、护具及检录所需物品等。

（四）负责赛场和住地的安全、卫生等工作。

（五）负责有关人员的接送。

（六）负责赛会的票务事宜。

第二节 竞赛监督委员会

一、竞赛监督委员会的组成

在举办国家计划内的散打正式比赛，或国家举办的综合运动会的散打比赛，一般应成立竞赛监督委员会。在世界武术（含套路和散打）锦标赛、洲际武术锦标赛，或国际性的综合运动会，均不设置竞赛监督委员会。《国际武术散手（散打）竞赛规则》也没有竞赛监督委员会这一章。竞赛监督委员会的组成，一般设主任一人，通常由主办或承办竞赛单位的主要领导或负责体育工作的领导担任。如每年举办的全国散打锦标赛的竞赛监督委员会，主任均由主办单位——国家体育总局武术运动管理中心主任或副主任担任；副主任一人，通常由上级主办或承办竞赛的部门领导，或派遣的代表担任；委员3~5人，通常由主办或承办单位的有关领导，以及本专业的专家担任。

二、竞赛监督委员会的主要职责

（一）监督仲裁委员会的工作

对于不能正确履行仲裁委员会职责，裁决运动队的申述不公，有违反《仲裁委员会条例》的人员，视情节轻重，给予批评、教育、撤换直至停止工作的处分。

（二）监督裁判人员的工作

对于不能正确履行自己的职责，不能严肃、认真、公正、准确地进行裁判，有明显违反规程、规则的行为者；有明显错判、漏判、反判的行为者；接受运动队的贿赂，以不正确的手段偏袒运动员者。视情节轻重，给予批评、教育、撤换、停止工作，直至建议对其实施降级或撤消其裁判等级的处分。

（三）监督各参赛单位的领队、教练、运动员的行为

对于不遵守《赛区工作条例》《运动员守则》，不遵守竞赛规程、规则及赛

场纪律，对裁判人员行贿，运动员之间搞交易、打假赛等有关违纪人员，视情节轻重，给予批评、教育、通报、取消比赛成绩，取消比赛资格等处分。

（一）听取与会人员的意见

听取领队、教练、运动员、仲裁人员、裁判人员对竞赛过程中的各种反映及意见，保证竞赛公正、圆满、顺利地进行。

（二）竞赛监督委员会不直接参与，不干涉仲裁委员会、裁判人员的工作

竞赛监督委员会不直接参与仲裁委员会、裁判人员职责范围内的工作，不干涉仲裁委员会、裁判人员正确履行自己的职责，不介入判决结果的纠纷，不改变裁判人员、仲裁委员会的判决结果。

第三节　仲裁委员会

一、仲裁委员会的组成

在举办国家计划内的散打正式比赛；或国家举办的综合运动会的散打比赛；或国家承办的世界锦标赛；或洲际锦标赛，均应成立仲裁委员会。仲裁委员会的组成，一般设主任1人，通常由主办（或承办）单位主抓竞赛的领导担任；如每年举办的全国散打锦标赛的仲裁委员会主任，通常由主办单位——国家体育总局武术运动管理中心竞训二部主任，或副主任担任。或由本专业的专家担任；委员3~5人，通常由主办或承办单位的有关技术代表，或本专业的专家担任。世界武术锦标赛的仲裁委员会委员通常由国际武术联合会技术委员会成员担任。

二、仲裁委员会的主要职责

（一）仲裁委员会在大会组委会的领导下进行工作

仲裁委员会在大会组委会的领导下进行工作。主要受理参赛队对裁判执行竞赛规程、规则的判决结果有异议的申诉，但只限对本队裁决的申诉。

（二）仲裁委员会的工作不得影响正常比赛及发奖

接到申诉后，应根据申述材料提出的问题，召开仲裁委员会会议进行讨论、研究并处理，不得耽误其他场次的比赛、名次的评定及发奖。

（三）根据申诉材料提出的问题，必要时可以复审录像，进行调查。开会时可以吸收有关人员列席参加，但无表决权。仲裁委员会出席人数必须超过半数以上做出的决定方为有效。表决结果相等时，仲裁委员会主任有终裁权。

（四）仲裁委员会成员不参加与本人所在单位有牵连问题的讨论

（五）对申诉材料提出的问题，要经过严格认真的复审

对申诉材料提出的问题，经过严格认真的复审，确认原判无误，则维持原判；如确认原判有明显错误，仲裁委员会提请中国武术协会或国际武术联合会技术委员会对错判的裁判员按有关规定进行处理，但不得改变裁判组的判决结果。仲裁委员会的裁决为最终裁决。

第四节　裁判队伍的职责与工作任务

一、裁判队伍（委员会）的主要职责

（一）负责裁判人员的思想教育、工作和生活中的管理，根据需要安排或调整裁判人员的工作。

（二）组织裁判员的学习，包括政治思想方面和规程、规则及裁判方法等内容的学习。

（三）赛前检查、落实场地、器材、用具等一切与竞赛有关的事情。

（四）赛前召开裁判员与教练员的联席会议，讲解竞赛中的竞赛规程、竞赛规则、裁判方法等有关的主要事项。

（五）负责整个赛会期间的裁判工作，包括编排记录、检录、临场执行裁判、医务监督与安全保护、宣传广播等。

（六）负责赛会的裁判工作总结、裁判人员鉴定以及有关物品的交接工作。

二、散打竞赛前的准备工作

（一）组织编排工作

编排工作是竞赛活动开始的前期工作，竞赛程序编排得是否合理，直接影响着比赛的顺利与否。编排的方法是否科学，直接体现了散打竞赛的公平性。因此，编排记录组的工作要提前做，其中最主要的工作有以下几点：

1. 审查、核实各运动队的报名情况和运动员的参赛资格。
2. 统计各级别参赛人数，计算所需竞赛的总时间与大会安排时间，如出现不符时，要及时向有关上级领导（机构）汇报。
3. 安排大会日程，并编印大会"秩序册"。
4. 准备好编排工作所需物品、表格，尤其是对阵表、裁判员各种用表等。

（二）组织运动员第一次称量体重

组织运动员赛前的第一次称量体重，为抽签工作做准备的主要目的有四个：

1. 按《散打竞赛规则与裁判法》的规定：抽签前全体参赛运动员必须进行第一次体重称量。
2. 通过各队的报名表，审查各队每名运动员的参赛资格。如合格者，应落实统计到各级别参赛运动员名单中，以免出现疏漏。
3. 通过第一次称量体重，检查核实各队运动员的体重是否符合报名时的级别。如出现不符合者，应免去其参赛资格，并及时向编排记录组通告情况，以便对原级别参赛人数进行调整，避免某一级别临时出现轮空人数较多而使抽签工作出现忙乱和差错。
4. 提前检查各运动队的报到情况，有利于赛前各项工作的安排。

称量体重工作由检录组负责，编排记录员配合，仲裁委员会指派仲裁委员参加，履行其监督、检查职责。为保证第一次称量体重工作顺利进行，竞赛处应首先在秩序册中注明"大会日程安排"，使各队在报到时准时拿到"大会秩序册"。另外，竞赛处最好提前把第一次称量体重的"通知"，贴在住地的显眼处或就餐大厅出入处，确保参赛运动队和运动员能及时看到。

(三) 参加第一次组织委员会会议

在散打竞赛开始前,即各参赛运动队报到之后,召开第一次组织委员会(简称组委会)全体会议,要求全体委员都参加。会议通常由组委会副主任(承办单位负责体育的主要领导)主持。会议的主要内容有:

1. 由承办单位主要负责赛事工作的领导,汇报赛事的准备情况,包括竞赛的准备、场地、器材、护具、后勤、接待、住房、伙食、治安、竞赛等要求及注意事项。

2. 研究决定与赛事有关的较重大问题。

3. 组委会主任讲话,包括对赛事承办单位准备工作的意见,讲述赛事的目标、任务及注意事项,对参加赛事的所有人员提出要求等。

4. 征求各位委员,特别是各队领队的意见。

组委会会议,是竞赛工作最具权威性的会议。有些问题需要提请组委会研究决定,有些问题需要大会讨论修改。但是,一经组委会决定并通过的事情,在整个赛会期间,所有部门和人员都必须遵照执行。

(四) 召开教练员、裁判员联席会

召开教练员、裁判员联席会议,通常由赛会的竞赛部门领导主持。参加人员有主抓竞赛工作的有关领导及人员、仲裁委员会主任、总裁判长,各参赛队的教练或领队等。会议的主要内容有:

1. 由主要负责竞赛工作的领导通报、传达经组委会研究决定的有关竞赛方面的问题和相关文件。

2. 由仲裁委员会主任通报有关申述的内容、程序、裁决结果处理及要求等。

3. 由总裁判长讲解竞赛规程和规则中的重点内容或主要条款;讲解重点裁判方法;讲解各队需要注意和配合的相关事宜。

4. 与会者对有关问题提出异议,并请相关人员解答。

(五) 组织赛前的抽签工作

教练员、裁判员联席会议结束后,通常紧接着组织赛事的抽签工作。抽签工作一般由编排记录长主持,有仲裁主任、总裁判长、各队的教练员或领队参加(具体抽签办法在后面介绍)。

（六）参加开幕式

开幕式，是散打竞赛最早开始的一项大型活动（特殊情况需要，有的也会把开幕式放在白天第一场比赛之后的晚上进行），有领导和贵宾出席，也有新闻单位和记者参加，有时电视台还进行直播开幕式。因此，开幕式举行得成功与否，精彩不精彩，直接关系到本次赛事的宣传和影响。为保证开幕式取得理想的效果，必须对开幕式的方案精心设计，对开幕式安排的表演内容必须细心策划、反复排练，严格把关和审查。为保证万无一失，通常要进行开幕式预演。

开幕式的规模大小和内容的安排，均由赛事的性质、规模以及承办单位的意图和能力来决定的。开幕式一般包括以下内容和程序：

1. 主持人宣布开幕式开始。
2. 介绍领导和来宾。
3. 裁判员、运动员入场（各运动队的顺序可以按秩序册的先后；如举办国际性的比赛，通常按英文字母排列顺序；承办单位（东道主）的队伍一般安排在最后入场。
4. 承办单位的领导致开幕词。
5. 组委会主任讲话。
6. 贵宾致贺词。
7. 裁判员代表宣誓。
8. 运动员代表宣誓。
9. 裁判员、运动员退场。
10. 主持人宣布开幕式结束，表演开始（如没有表演，则宣布比赛开始）。

三、散打竞赛期间和后期主要工作

（一）执行裁判组的工作

根据比赛的现场执裁情况，做到每单元赛前有准备会，拟定工作方案、措施和人员安排（如是全国锦标赛担任现场执裁人员一般需要抽签决定），提出注意问题和要求。赛后有小结，总结经验，改正不足。尤其当比赛进入争夺名次和决赛之前，运动员拼搏十分激烈，裁判员又是处于较疲劳状态，此时最容易产生放

松情绪。因此，必要时对裁判员可安排一些调节和鼓劲的活动，要求做到善始善终、圆满地完成执裁任务。

（二）编排记录组的工作

及时准确地登记、公布每单元比赛成绩；编制下一单元比赛秩序表，并及时下发至各运动队和裁判组、检录组、仲裁委员会、竞赛监督委员会等部门。

（三）检录组的工作

经常清点比赛护具及所需用品，及时解决出现的问题。

（四）场地器材组的工作

随时注意场地、灯光、音响、器材的保养与维修，如出现问题必须及时解决。

（五）后勤组的工作

注意随时征求有关人员及运动队的意见，不断提高和改善伙食及服务态度，高质量地做好后勤保障工作，做好有关人员的迎来送往工作。

（六）参加第二次组织委员会会议

当比赛日程将要接近尾声时，通常需要召开第二次组委会会议。研究的内容一般包括：

1. 由组委会主要领导小结前段赛事的基本情况，发扬优点，改进不足，为保证赛会后期活动顺利进行提出相关要求。
2. 研究批准受奖人员名单及奖品。
3. 研究落实闭幕式及发奖方案和程序。
4. 布置赛会的总结事宜。

（七）组织闭幕式

闭幕式和开幕式一样重要。因为在进行闭幕式前，通常安排所有级别的冠、亚军决赛，赛事很精彩，赛场观众爆满，又有领导和来宾参加，电视台有可能直播或转播，对外的影响和宣传极为重要。所以，闭幕式必须细心策划、程序严谨、配合默契。

闭幕式一般有三部分内容：

1. 决赛。凡是散打大赛，在最后的一场比赛时，基本上是安排各级别的决赛。

2. 发奖。散打竞赛的发奖形式，要根据竞赛的性质决定。如团体赛是计算各队所有获奖运动员的总分。所以，发奖只能安排在所有级别比赛结束之后进行。至于个人赛，为考虑观众观看比赛和闭幕式的效果，通常先进行前几个级别的决赛后，开始发前几个级别的奖项，后面每比完几个级别后再发几个级别的奖项，待比赛全部结束后再发剩余级别的奖项。期间，由总裁判长穿插宣布每个级别的比赛成绩。主持人宣布发奖的领导。

除了颁发比赛成绩的奖项外，一般赛事还要颁发体育道德风尚奖、裁判员、运动员技术风格奖、顽强拼搏奖和有关单位及人员的贡献奖等。因此，必须要求组织工作严谨、人员相互配合协调、时间衔接紧凑，不忙不乱，不松懈，做到井井有条。

3. 闭幕式。由主持人宣布闭幕式开始。由组委会主任致闭幕词。

（八）编印成绩册

成绩册一般包括体育道德风尚奖名单、优秀裁判员、运动员名单、技术风格奖名单、顽强拼搏奖名单、团体成绩（团体赛）表，每个级别的前六名运动员名单，每个单元比赛的成绩登记表等。编排记录组及时将成绩册发给各运动队及相关人员。

（九）各部门做好赛事工作总结

但凡一个较大型的散打赛事结束，各部门必须认真负责地做好本次竞赛的工作总结。总结不是流于形式，必须总结出本次竞赛的特点、经验、教训、建议等。总结能够为以后的竞赛工作提供有益的参考资料。

第二章 编排与抽签的原则、程序和方法

第一节 编排的准备工作

一、学习竞赛规程，掌握重点内容

（一）竞赛性质、竞赛办法

了解竞赛的性质是团体赛还是个人赛，竞赛办法是采用循环赛还是淘汰赛，因为不同的竞赛性质和办法，采用的编排方法是不同的。

（二）大会的期限

通过了解大会的期限后，必须计算出能够用于纯比赛的时间，这是编排工作的主要依据。

（三）体重分级

散打比赛的体重分级，通常是按照规则执行。但有些赛事根据需要也可在规程中规定，如第十届、十一届全国运动会的男子和女子设置的级别与规则完全不同。参赛级别的多少，是计算比赛总场（对）数的依据。

（四）参赛办法及人数
（五）录取名次及奖励办法

二、审核报名表，绘制统计表

审核报名表，统计汇编参赛队伍名单、各级别运动员名单，绘制所有参赛人员统计表。

三、制定竞赛日程安排表

四、制定大会日程安排表

五、准备竞赛所需的表格

准备竞赛所需的各种表格,包括各单元比赛出场顺序表、记分表、记录表等。

六、制作轮次表

制作男、女运动员各级别轮次表。

七、编制秩序册

编制大会比赛秩序册。

八、准备抽签用具

第二节 编排的原则与程序

一、编排的原则

(一)实际竞赛所需的时间要与大会安排的时间相一致

在计算实际竞赛的时间一般会出现三种情况:第一种是实际需要的竞赛时间与大会安排的时间一致,这是最好的结果;第二种是实际需要的竞赛时间比大会安排的时间长,也就是说大会安排的时间不够用;第三种是实际需要的竞赛时间比大会安排的时间短,即大会安排的时间有富裕。如出现了后两种情况时,应该向总裁判长或承办赛事的领导汇报,可采用延长或缩短大会期限,增加或减少比赛的单元进行调整。

（二）相同级别比赛的条件要均等

1. 同一级别、同一轮次的比赛，或同一级别、同一区域的比赛，应相对集中安排，条件要均等。
2. 一名运动员一天最多安排两场比赛，而且不能在同一单元进行。
3. 同一单元的比赛一般应从体重轻的级别开始，女子比赛列前。

二、编排工作的基本程序

散打竞赛，目前通常有二种竞赛办法，即淘汰赛和循环赛。循环赛包括单循环赛和双循环赛；淘汰赛包括单败淘汰赛和双败淘汰赛两种，这两种竞赛办法各有利弊，需要的竞赛时间和计算竞赛的总场次也完全不同。究竟采用哪种竞赛办法，必需根据人数的多少、比赛期限的长短、赛事的主要目标和任务等因素来决定。近几年的国际、国内散打竞赛，一般采用单败淘汰赛（特殊情况也会采用双败淘汰赛）、单循环赛（4人以下）两种。

（一）根据竞赛办法，计算各级别轮次和场数

1. 单败淘汰赛，是指参加同一级别比赛的运动员经过一次失败后，即被淘汰（不包括附加赛），获胜的运动员继续比赛，直至到最后的胜利。这种竞赛办法，最终可决出冠、亚军，但不能决出其他名次，如果需要分别决出前八名或前六名，则应在进入前八名的负者中进行附加赛，即胜者与胜者比；负者与负者比。

（1）单败淘汰赛号码位置数的选择：根据参加同一级别比赛的运动员人数，选择最接近的较大的2的乘方数，即2自乘若干次的积数（如4、8、16、32、64……）作为号码位置数。常用的号码位置数有：$2^3 = 8$ $2^4 = 16$ $2^5 = 32$。

（2）轮数的计算：单败淘汰赛所选用的号码位置数（2的乘方的积），其指数（自乘的次数）即为轮数，2的n次方就是n轮。

例如：8个号码位置数为2^3即3轮。若8名运动员参加比赛，8个号码位置 = 2^3，比赛轮次为3轮。

（3）场（对）数的计算：在单败淘汰赛中，每进行一场比赛就淘汰一名运动员。如果运动员全被淘汰，那么比赛的场数就等于运动员的人数，但是冠军

不可能被淘汰，所以实际比赛的场数，应为参加比赛的人数减去冠军未被淘汰的一场。

计算的公式为：场数 = 人数 – 1

例如：8 名运动员参加比赛，最后剩一名冠军，比赛的场数为 8 – 1 = 7 场。

（4）附加赛：附加赛方法是每一轮的胜者与胜者，负者与负者之间进行比赛，直到排出所有的名次。运动员进行附加赛的比赛如图 2-1-1 所示。

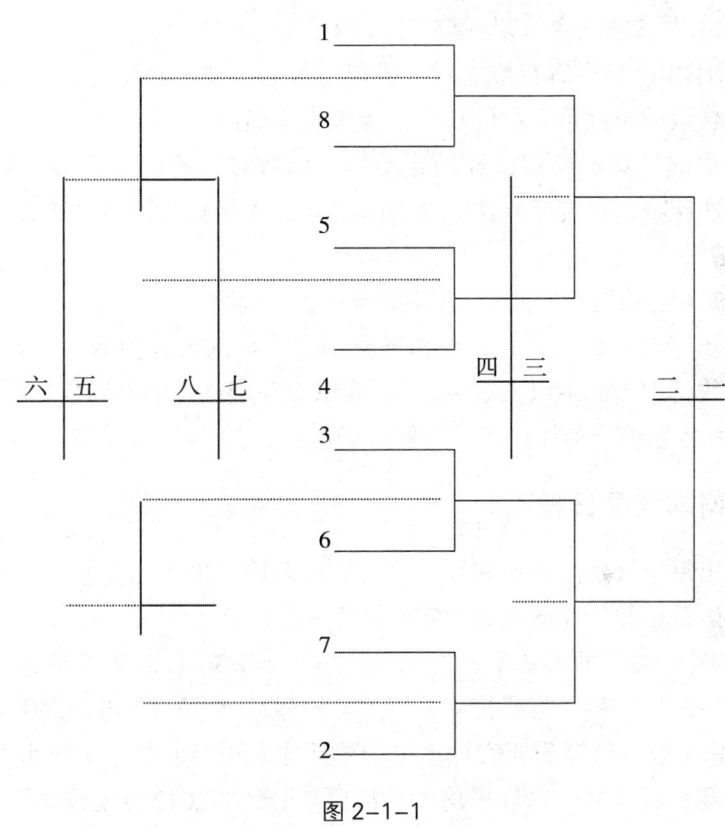

图 2-1-1

2. 双败淘汰赛，是指运动员按照编排的比赛秩序进行比赛，凡第一轮获胜者向右侧为正轮，负者向左侧为负轮，如失败两次（不包括附加赛）就被淘汰。而负轮最后一名未被淘汰的运动员和正轮未输过的运动员之间必须进行一场冠亚军决赛。这种竞赛办法，能给运动员增加了竞争的机会，从而减少了比赛胜负的偶然性。

(1) 号码位置数的选择：与单败淘汰赛相同，必须符合 2 的乘方数，即 2 的 n 次方原则。若参加该级别人数不满 2 的 n 次方时，可以采取增设轮空号码数，予以补足成为 2 的 n 次方数；或者采用抢号办法予以解决；使之从第二轮起便符合了 2 的 n 次方数。

(2) 轮数的计算公式为：轮数 = 2 × n，n 为号码位置数 2 的乘方数。

例如：30 人参加比赛，n = 4，轮数 2 × 4 = 8 轮（即正轮 4 + 负轮 4）。

(3) 场数的计算公式为：场数 = 2 × 人数 − 3 + 决赛 = 2 × 人数 − 2。

例如：14 人参加比赛，则场数 = 2 × 14 − 2 = 26 场。

3. 单循环赛，是指所有参加同一级别比赛的运动员之间均要轮流相遇一次，最后根据每名运动员胜负场次的积分多少来决定名次。

(1) 轮次的计算：参加比赛的运动员为偶数时，轮次 = 人数 − 1，例如：8 名运动员参加比赛，比赛的轮次为 8 − 1 = 7 轮。参加比赛的运动员为奇数时，轮次 = 人数。

例如：7 名运动员参加比赛，比赛的轮次为 7 轮。

(2) 总场（对）数的计算：单循环赛场次计算的公式为 N（N−1）/ 2，N 即为参赛的人数，用人数乘以人数 − 1，再除以 2 等于比赛的总场数。

例如：8 名运动员参加比赛，比赛总场次是：8 ×（8 − 1）/ 2 = 28 场。

（二）编排竞赛日程表

在计算出每个级别的轮次和场数（对数）以后，再将比赛的所有级别的场数相加，计算出总场数。在此基础上需要计算三个时间：

1. 选择哪个级别的人数最多，如 56 公斤级有 36 名运动员参赛，是本次赛事级别人数最多的，最少需要打 4 轮（不含抢号），即需 4 个单元的比赛。

2. 根据总场数，计算需要安排多少个单元才能进行完毕？一般来说，按正式的全国锦标赛赛制计算，每场平均大约需要 7 分钟（2012 年前规则），一个单元（约 3 个小时）最多只能安排 22~24 场的比赛。因此，用总场数除以 24 或 22 场，就能算出需要几个单元才能完成比赛。

3. 计算比赛的总时间，即用比赛的总场数乘以每场所需时间大约 7 分钟，即为比赛的总时间。有了上述三个时间数以后，再根据大会的期限编制竞赛日程表。

(三) 绘制各级别轮次表如图 2-1-2 所示

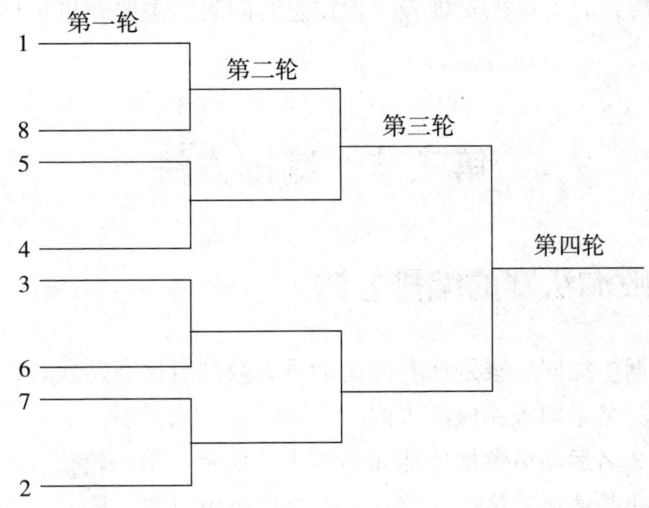

图 2-1-2

(四) 绘制每单元比赛秩序表

此表要发放到各运动队、裁判组、检录组、医务组、广播、仲裁委员会、监督委员会以及与大会相关的部门和人员。尤其是各运动队和检录组,在比赛的前一天晚上必须送到,以免影响第二天运动员称量体重。

(五) 绘制本赛会比赛的秩序册

秩序册一般应包括以下内容:

1. 散打竞赛规程。
2. 组织委员会名单。
3. 办事机构。
4. 评选奖项的办法。
5. 监督委员会名单。
6. 仲裁委员会名单。
7. 裁判人员(队伍)名单。
8. 各代表队名单。
9. 各级别运动员名单。

10. 参赛运动队和人员统计总表。

11. 竞赛日程表。

12. 整个赛会活动日程安排表（含作息时间表、主要办事机构负责人的联络方式等）。

第三节　编排方法

一、单败淘汰赛的编排方法

首先要根据参加同一级别比赛的运动员人数制定比赛轮次表，然后经各队抽签，再将运动员名字填入相应的表内。

例如：有 8 名运动员参加比赛如图 2-1-3 所示。第一轮获胜的运动员进入第二轮，第二轮获胜的运动员进入第三轮，最后决出冠军，负的运动员为亚军。如果参加比赛的运动员不是 2 的乘方数（4、8、16、32 等），在制定比赛轮次表时，必须选择最接近的较大 2 的乘方数作为号码位置数。因此，在第一轮的比赛中，就会有一些运动员轮空（轮空数＝号码最大位置数—参赛运动员数）。在淘汰赛的编排上，没有比赛运动员的轮空位置应安排在第一轮比赛中。如有 13 名运动员参加比赛，其轮次表如图 2-1-4（从大号开始安排轮空）。

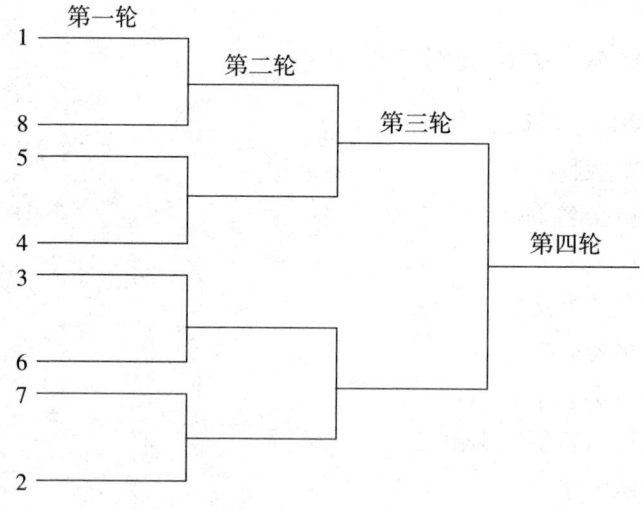

图 2-1-3

轮空位置应均匀地分布在各个区内。种子运动员应优先轮空。淘汰赛的轮空位置号码，即种子号码对应的号码位置（由大到小顺序排列）。

如果参加比赛运动员较少地超过2的乘方数时，若安排轮空则太多，可采用抢号的办法。就是两名运动员在一个号码位置上先进行一场比赛，负者淘汰，胜者进入下一轮的比赛。抢号的位置在小号对应位置，即由大到小排列如图2-1-4所示。

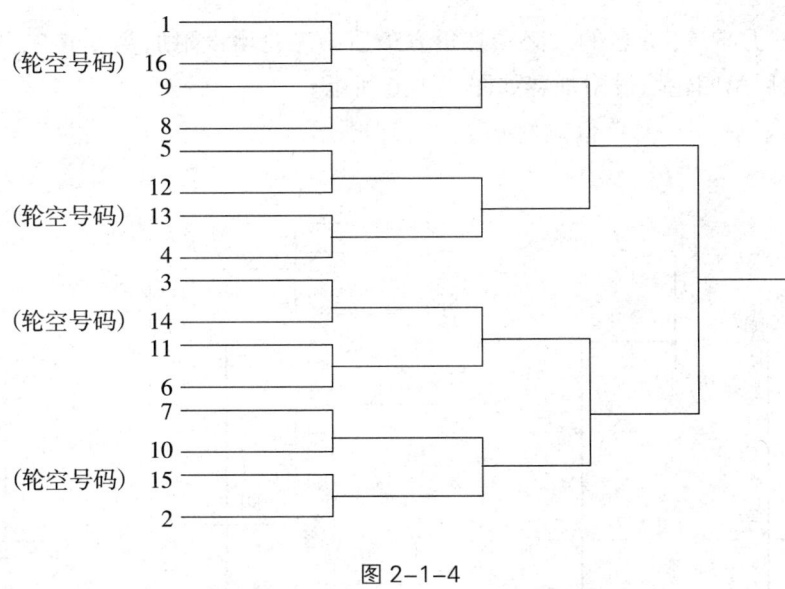

图 2-1-4

如该级别有10名运动员比赛，那么7和8位置即为抢号位置如图2-1-5所示。

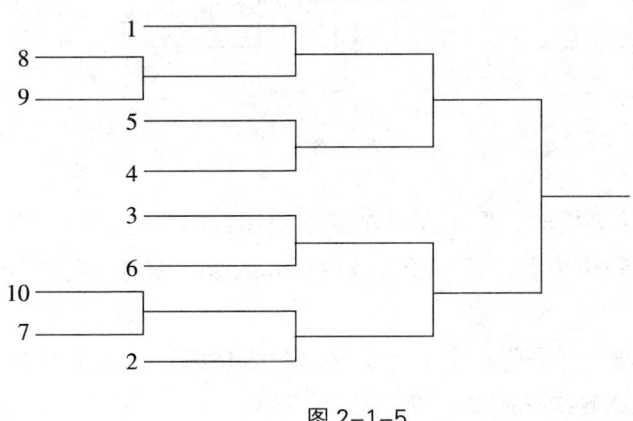

图 2-1-5

二、双败淘汰赛的编排方法

（一）双败淘汰赛是在单败淘汰赛的基础上进行编排的，胜者向右排为正轮，负者向左排为负轮。输两场即被淘汰，而正负轮最后一个，进行一场冠、亚军决赛。

（二）凡取 5、6 名的，必须在负方最后第三轮增设附加赛。取 7、8 名必须在负方最后第四轮增设附加赛如图 2-1-6 所示。

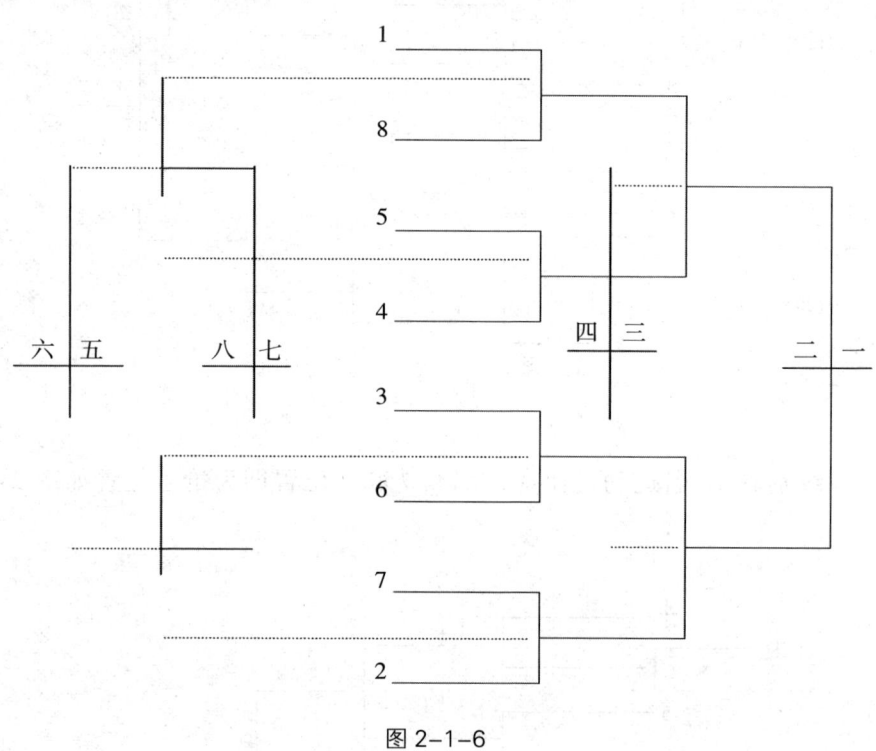

图 2-1-6

（三）排列负轮表格时，要掌握一个基本规律：即负轮中两名负者比赛一场后，其胜者再与正轮中负者比赛一场，最后形成区域范围内正轮和负轮各剩下一名运动员。

（四）负轮的排表可采用不交叉和交叉两种表格编排，但交叉必须在同一轮次里进行，不得相错轮次如图 2-1-7、图 2-1-8 所示。

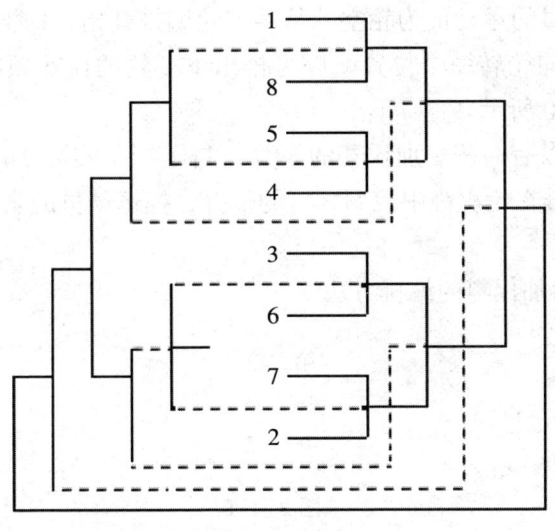

图 2-1-7（不交叉）

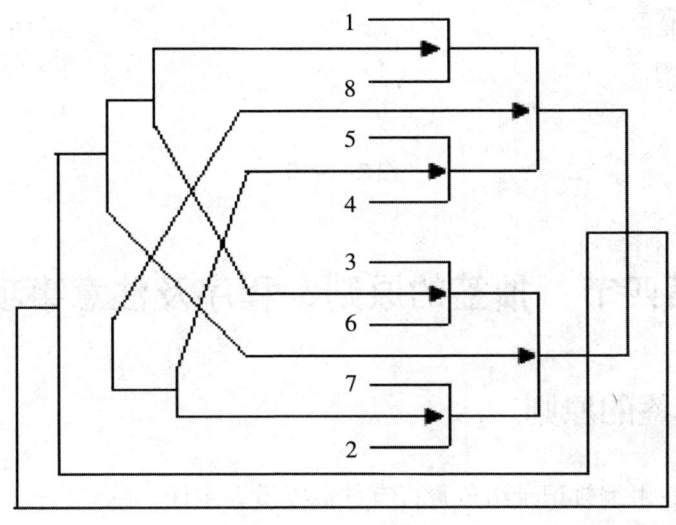

图 2-1-8（交叉）

三、单循环赛的编排方法

将参加比赛的人数，用阿拉伯数字等量地分为左右两列，左列由上往下排，右列由下往上排。然后用横线将相对的两个数连接。如果运动员是奇数可用"0"

占位，则与他相对的运动员为轮空。从第二轮编排开始，1号位固定不变，其他位数按逆时针方向轮转一个位置，即可排出下一轮的比赛顺序，依此类推如图2-1-9、图2-1-10所示。

轮次表编排以后，按参加比赛的人数，制作与人数相等的签号。抽签之后，将各队抽到的签号在轮次表中找到相应的位置，把运动员的名字填上，即可排出竞赛日程表。

4名运动员参加比赛的编排方法

第一轮	第二轮	第三轮
1——4	1——3	1——2
2——3	4——2	3——4

图 2-1-9

3名运动员参加比赛的编排方法

第一轮	第二轮	第三轮
1——0	1——3	1——2
2——3	0——2	3——0

图 2-1-10

第四节　抽签的原则、程序及注意事项

一、抽签的原则

（一）抽签由编排记录组负责，有仲裁委员会主任、总裁判长及参赛队的教练或领队参加。

（二）抽签在第一次称量体重后进行。抽签由小级别开始，如本级别只有一人，则不能参加比赛。

（三）种子选手不再抽签，编排时根据种子的顺序号在轮次表中找到相应的号码位置，就是种子的位置。根据各级别种子数目，按种子成绩，由第一名往后排满为止。单败淘汰赛的种子应均匀地分布在轮次表中若干相等的区内。如设4个种子，每个种子应进入不同的1/4区。

种子选手的设定：

1. 一次全国锦标赛或冠军赛取得前四名的运动员确定为种子选手。根据成绩排出种子的顺序。

2. 变动级别的运动员不能定为种子选手。

二、抽签程序

（一）确定抽签地点和时间，并提前布置好场地。

（二）设计抽签的程序。按一般规律先抽出各级别的"抽签顺序"号，再抽运动员的位置号。但也有特殊办法，如第十届、十一届全国运动会女子散打决赛的抽签程序设计就比较科学。先抽每一轮次三个级别比赛的序号，再抽各运动队相遇的序号。这样可以避免造成各教练员过早地出现紧张心理（弱队担心过早地碰上强队）。

（三）确定抽签办法。通常采用对号入座法，即由本队教练或代表抽取本队运动员位置号（位置号与运动员数是一致的）。

（四）选派参加抽签工作人员并做好详细的分工及运作方案，避免在工作过程中忙乱。

（五）核实各级别种子名单，并确定其顺序。

（六）打印好每一个级别的运动员名字并单独包装。

（七）准备抽签用具如用乒乓球代替号码位置、盒子、信封、胶水、图钉等。

三、抽签注意事项

（一）编排记录长必须对整个抽签工作的程序、方法、人员分工与配合、所需用具、场地安排等事项要做到充分考虑。最好在正式抽签以前全体人员做1~2次预习。

（二）确定的抽签程序和方法后，应向总裁判长汇报，一旦批准，决不能随意改变。在开始抽签前要向全体参与者宣布。

（三）为慎重起见，每个级别抽签前应宣布核实本级别的运动员和种子选手，以免人员有误；每队抽签完后，要大声宣读号码，并及时把运动员名字编入轮次表中；每个级别抽完签后，应宣读一次抽签结果。

（四）抽签过程中，一旦出现失误需要更正时，编排记录长必须向仲裁委员会主任、总裁判长汇报后研究决定更正方案。

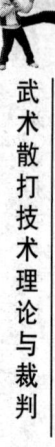

第三章 裁判人员及其职责

第一节 裁判人员的组成及要求

一、裁判人员的组成

1. 总裁判长 1 人，副总裁判长 1~2 人。裁判长、副裁判长各 1 人。
2. 台上裁判员 1 人，边裁判员 3 人或 5 人。根据比赛需要，可设 2~3 组裁判人员轮流执裁。
3. 记录员、计时员各 1 人。
4. 编排记录长 1 人。
5. 检录长 1 人。
6. 辅助裁判人员的组成
（1）编排记录员 2~4 人。
（2）检录员 4~6 人。
（3）医务监督 1 人，医务人员 2~3 人。
（4）宣告员 1~2 人。
（5）电子计分系统操作员 2~3 人。

二、对裁判员的要求

1. **具有良好的职业道德**

裁判员必须严格遵守《裁判员守则》《武术裁判员管理办法》及各项规章制度，遵纪守法。在裁判工作中，坚持原则，不徇私情；勤奋工作，不为名利；相互支持，协调配合。

2. **严格执行竞赛规则**

裁判员必须以《武术散打竞赛规则》为准绳，保证运动员在同等的条件下公平、公正地竞赛。

3. 不断提高业务水平

裁判人员应熟悉和掌握武术散打的技术，研究和探讨武术散打技、战术的发展趋势，总结和分析比赛过程中出现的或可能出现的新情况、新问题，不断丰富自己的实践经验，提高理论素养。

4. 保持健康的身体

武术散打比赛，工作强度大、时间长，裁判人员只有身体健康、精神饱满、体力充沛，才能保证在裁判工作中头脑清醒、反应敏捷、判罚准确。

第二节　裁判人员的主要职责与工作任务

一、总裁判长的主要职责与工作任务

（一）主要职责

1. 负责组织裁判人员学习竞赛规程、规则和裁判方法。
2. 检查落实场地、器材、裁判用具及称量体重、抽签、编排等有关竞赛的准备工作。
3. 根据竞赛规程、规则的要求，解决竞赛中的有关问题。但不能修改竞赛规程和规则。
4. 每场比赛，运动员因弃权变动秩序，应及时通知裁判长、编排记录长和宣告员。
5. 比赛中指导各裁判组的工作，根据需要可以调动裁判人员。
6. 负责检查裁判人员执行规则的情况。裁判组出现有争议的问题，有权作出最后决定。
7. 审核、签署和宣布比赛成绩。
8. 向大会递交书面总结。

（二）比赛前的主要工作任务

1. 学习、了解竞赛规程及有关的补充规定，要完全掌握并记牢与裁判工作有直接关联的重点内容和条款。

2. 研究、确定裁判人员的分工。在实际工作中，对裁判人员的调派和使用是由主办单位确定的。但作为总裁判长，首先要了解所选调裁判员的情况，做到知人善用。如果对个别人员的使用有自己的想法或意见，可以向上级领导提出自己的建议并予以适当调整。

3. 研究确定裁判组的学习计划、制定作息时间表。

4. 召集裁判人员会议，组织裁判员学习。

5. 指导检查各裁判组的学习、工作情况，包括编排记录组、检录组、执行裁判组、医务组、广播等的工作准备情况；帮助解决裁判组提出的各种有关竞赛工作的问题；解答并统一有关竞赛规程、规则和裁判方法中一些不详尽事宜。

6. 检查比赛场地、器材、护具、用具等落实情况。

7. 参加组委会，汇报裁判组的有关情况；解答竞赛中的有关问题。

8. 参加教练员、领队联席会议，讲解竞赛规程、规则及与比赛有关的重点问题或需要强调说明的注意事项；回答与会者提出的有关竞赛及裁判法问题。

9. 参加并监督编排记录组组织的抽签工作。

（三）比赛中的主要工作任务

1. 指导、监督各裁判组的工作。

2. 每场比赛，运动员因伤病申请弃权或无故弃权，及时签署意见并通知裁判长、编排记录长和宣告员。

3. 解决临场出现的各种与竞赛相关的问题。

4. 召开裁判组会议，总结本场比赛中的执裁情况，提出下一场需要注意的问题，即做到每场赛前有预案，赛后有小结。

5. 根据需要，随时向主办或承办单位的主管领导汇报、请示裁判工作的有关问题。

（四）比赛后的主要工作任务

1. 审核、签署比赛成绩单，宣布比赛成绩。

2. 组织全体裁判员会议，总结裁判工作。

3. 在裁判人员的自我鉴定表中，实事求是地签署个人意见。

4. 完成本次赛会的书面裁判工作总结。

（五）基本要求

1. 加强个人思想品德修养，有严格的组织纪律性和良好的工作作风，有极强的工作责任心，注重以身作则。

2. 努力钻研业务，了解和把握本专项的理论和技术的发展趋势。

3. 熟识各裁判组的工作，精通竞赛规则和裁判方法，有丰富的执裁实践经验。

4. 熟识和掌握各裁判员之间的相关情况，了解运动队之间的相关信息，做到知人善用，用人所长，避其所短。

5. 坚持原则，秉公办事，敢于负责，敢于管理，勇于开展批评和自我批评。

6. 树立大局意识，不断提高分析问题和解决问题的能力。

7. 注意调动和发挥总裁判组其他人员的积极性，做到分工明确，职责到位。如第十一届全国运动会散打决赛，总裁判长是固定的，而副总裁判长每天要通过抽签决定。总裁判长除全面负责外，重点监督台上裁判员的执裁情况和通过观看电脑示分器监督边裁判员的评分，如发现某一边裁判员犯了"低级错误"（错误地记录了台上裁判员的判罚）时，可以通过裁判长指示电脑员指令其改正并及时以口头方式通告副总裁判长；若需改变边裁判员在判定运动员的"踢打分"，或者需要改变某一边裁判员的评判结果等复杂问题时，原则上总裁判组应取得一致意见，若意见不统一时可以不改或由总裁判长决定。

二、副总裁判长的主要职责与工作任务

协助总裁判长工作，并督导检录组工作和临场裁判员的调换问题。总裁判长缺席时，可代行总裁判长的职责。

三、裁判长的主要职责与工作任务

（一）主要职责

1. 负责本组裁判员的学习和工作安排。
2. 比赛中监督、指导裁判员、计时员、记录员的工作。
3. 台上裁判员有明显错判、漏判时，鸣哨提示改正。

4. 边裁判员出现明显错判，在宣布结果前征得总裁判长同意后可以改判。

5. 根据场上运动员的情况和记录员的记录，处理优势胜利、下台、处罚、强制读秒等有关事宜。

6. 每局比赛结束后，宣告评判结果，决定胜负。

7. 每场比赛结束时审核、签署比赛成绩。

（二）比赛前的主要工作任务

1. 组织本组裁判员学习规程、规则和裁判法，统一裁判尺度。

2. 检查、落实本组在赛前所需要的用具、表格、器材等。

3. 领取和分配裁判用具，包括裁判员的服装、记录记分表、秒表、铜锣、哨子等。

4. 研究落实首场比赛的工作预案，安排或以抽签办法确定临场执裁人员等。

（三）比赛期间的主要工作任务

1. 监督、检查计时员、记录员工作的实施情况，保证万无一失。

2. 对台上裁判员出现的明显反判、错判、漏判，要及时鸣哨暂停比赛并予以纠正。

3. 对边裁判员的错判、反判、漏判现象，如情况允许应及时予以纠正。对他们的评判结果如认为反判，可向总裁判长出示判分记录并征得同意后进行改判。

4. 根据工作需要，可临时调整现场执裁人员的工作。

5. 发现场地、器材、灯光、护具等出现问题时，可以暂停比赛，予以处理。

6. 宣布每局比赛结果，比赛结束时出示胜方色别牌。

7. 审核、签署每场（对）比赛成绩。

（四）比赛后的主要工作任务

1. 每场比赛结束后，召集本组裁判员进行小结。

2. 比赛全部结束后，负责收交裁判用具。

3. 负责对本组裁判员进行个人鉴定，并如实签署自己的评语和意见。

（五）裁判长的基本要求

1. 加强个人思想品德修养，有良好的工作作风和极强的责任心。

2. 严于律己，宽以待人，对人对事出于公心，敢作敢为，勇于开展批评和自我批评，注重以身作则。

3. 对竞赛规则和裁判方法非常熟识，有丰富的实践经验，对临场的执裁问题反应灵敏，处理果断。

4. 了解每个裁判员的思想、业务及其相关情况，了解运动队和裁判员之间的相关信息，善于调动全体裁判员的积极性，知人善用、用人所长。

5. 有较强的宏观调控能力、分析问题和解决问题的能力。

6. 注意调动和发挥副裁判长的积极性，做到分工明确，职责到位。如第十一届全国运动会散打决赛，正副裁判长每天由抽签决定，裁判长除全面负责外，重点监督场上裁判员的执裁情况，做到一旦发现有错判、漏判、误判时要及时改判（原则上应与副裁判长和总裁判长意见一致）；副裁判长主要通过电脑负责监督边裁判员评判运动员的得分和调换临场裁判员，如发现有反判时要及时告知裁判长，为能否改判提供有力的依据。

四、副裁判长

协助裁判长的工作，根据需要可以兼任其他裁判员的工作。

五、台上裁判员的主要职责与工作任务

（一）主要职责

1. 检查场上运动员的护具，保证安全比赛。
2. 用口令和手势指挥运动员进行比赛。
3. 判定运动员倒地、下台、犯规、消极、强制读秒、临场治疗等有关事宜。
4. 宣布每场比赛结果。

（二）主要工作任务

1. 按照竞赛规则的要求，以口令和手势指挥运动员在场上的比赛。

如掌握比赛的"开始""分开""停"，处理场上出现的意外情况、控制比赛的节奏、宣布比赛结果等。

2. 以规则为准绳对双方运动员的犯规现象进行处罚，如判定运动员技术犯

规、侵人犯规、读秒（含强制读秒）、指定进攻与消极5秒等。

3. 按照规则的相关条款对运动员出现的状态进行裁定。如下台（含单方下台、双方下台、下台无效）、倒地（含单方倒地、双方倒地）、无效、主动倒地超过3秒等内容的裁定。

4. 在不违反规则的情况下保护运动员的安全。如为运动员整理护具、手套、服装、头发，停止比赛后运动员受伤而需要搀扶、因场地或灯光影响比赛需要处理等。

（三）基本要求

1. 检查自己的着装，不能戴手表、手饰及其他硬件金属上场。为了在场上处理情况方便，可预先准备少许棉花装入口袋中，以备用来给运动员擦除脏物。

2. 必须熟练掌握属于自己判罚的规则条款和口令与手势，执裁时要做到口令清楚，声音洪亮，动作规范，始终保持一种积极主动的状态，表现出自信、机智、果断、沉着的风格。

3. 听到第一局准备开始的通告后迅速上台。站在擂台中央，面向主席台行抱拳礼，再转身向裁判长行抱拳礼，随后指挥运动员上场并令其站在自己的左右侧。介绍运动员时两手放在背后自然站立。

4. 检查运动员的手套、护具，然后退步并示意双方运动员互相行抱拳礼。

5. 向裁判长做出表示局数的手势，待裁判长同意后，下达"预备开始"的口令。在局中的"开始"可省去"预备"，直接喊"开始"即可。但特殊需要提醒运动员作比赛的准备，如运动员因裆部感到不适而没有注意场上情况时也可以"准备"口令提醒运动员继续比赛。

6. 在场上指挥比赛时，一般应与运动员保持等腰三角形并相距约两米来回移动，尽量避免较长时间在固定的位置站立，以免阻挡其他裁判员的视线。必须根据运动员比赛激烈的程度随时调整距离，在通常情况下，当需要喊停时、双方互击猛烈时、运动员互摔时、将要下台时、场上噪音很大时、一方运动员明显处劣势时、比赛将要结束时等情况应靠近运动员。

7. 在判定运动员的摔法等情况是否有效时，必须以喊停的口令为依据，在喊停之前或同时，运动员的方法已经出现，其结果就必须判为有效。相反，运动员的方法是在喊停之后使用的，其结果就应判为无效。

8. 在执行判罚时，如因自己确实没有看清楚，可征求裁判长或边裁判员的意见后再作判罚，如判运动员是否下台。

9. 给运动员"读秒"时，要注意三点：一是要观察运动员是否有生命危险或需要急救，如有，应即刻召请医生，同时给运动员摘除护齿；二是在读秒时应靠近并清楚注意到运动员的状况，但不要挡住裁判长的视线；三是注意掌握读秒的正确节奏，如有电脑计时应在第二秒开始同步。

10. 距离每一局比赛结束还有几秒时（根据记时器发出的声音判断），要兼顾注意锣声，当锣声一响，就即刻喊停并同时做出"停"的手势。

11. 裁判长宣布比赛结果前，迅速上台，面向裁判长后指挥运动员上台并示意他们交换位置站在自己两侧，双手分别握住双方运动员的手腕，待裁判长示意比赛结果后，即将获胜方手臂上举，然后转身面向主席台重复这一动作。

六、边裁判员的主要职责与工作任务

（一）主要职责

1. 根据台上裁判员的裁定和判罚的口令与手势，准确记录运动员的得分。
2. 根据《散打竞赛规则》和裁判法，判定运动员运用踢打动作的得分。
3. 每局结束后根据裁判长信号，同时迅速显示评判结果（有电脑控制除外）。
4. 每场比赛结束时在记分表上签名并保存，以备检查核实。

（二）主要工作任务

1. 赛前认真检查着装、评分表、记分器、笔、色别牌等裁判用具。
2. 根据台上裁判员的判罚和裁定的手势，准确记录运动员的得分。如警告、劝告、倒地、下台、5秒消极、主动倒地超过3秒、强制读秒等判定的得分。
3. 根据规则中的得分标准和裁判法的要求，准确判定运动员运用踢、打动作的得分并做好详细记录。
4. 根据需要，回答台上裁判员的询问，如判定运动员是否下台等。
5. 按照裁判长的意见，修定自己的评判结果。
6. 遵照裁判长的指挥，统一出示自己的评定结果（非电子示分）。
7. 完整保留现场评分记录表并签名，以备核查或总结。
8. 比赛开始或结束，在裁判长带领下统一入场、退场，中途在没有得到裁判长的允许不得擅自离开岗位。

（三）基本要求

1. 现场执裁时要统一着装，入场后面对擂台成立正姿势站在裁判桌的左斜前方。

2. 当自己被介绍时，向前上一步行抱拳礼，然后退回原位，待裁判长示意后，迅速入位就坐，坐姿端正，精力集中，始终保持旺盛的体力。边裁判员交换时，双方在裁判桌的两侧成立正姿势互相行抱拳礼（被换下的裁判员应站在右侧）。

3. 在比赛进行中，应平均地分配注意力，不能偏向于某方运动员，尤其是比赛将要结束时更不能放松注意力。

4. 排除个人的感情干扰，对优秀与非优秀的、熟识与不熟识的、感情好与不好的运动员，执行评分标准要一致，第二局或第三局的评分不要受前一局比赛结果的影响，更不能出现事后（非即时）补加或减运动员的得分。

5. 属于台上裁判员裁定的内容和标准，必须准确地执行并予以记录。如裁判长改判了台上裁判员的判决，应根据台上裁判员改判后的手势重新记录运动员的得分。

6. 在判定双方运动员出现互相踢打的得分时，一要严格执行"击中"的评分标准，凡未达到"击中"效果的不能勉强给分；二要把双方运动员的踢打动作进行比较，在比较中找出"击中"效果好的给分，也可称之为"强势比较法"；三要对红、黑方运动员的踢打动作要分别判断清楚，避免反判。

7. 在赛前要反复操练并提升听觉、视觉与双手按动记分器的配合能力，避免在临场执裁时犯了"低级"错误，即错误地记录了台上裁判员对运动员的判罚，是本不应该犯的错误。

七、记录员的主要职责与工作任务

（一）主要职责

1. 赛前认真填写运动员的记录表。
2. 参加称量体重并将每名运动员的体重填入每场比赛的记录表中。
3. 根据台上裁判员的口令和手势，记录运动员下台、警告、劝告、强制读秒的次数。

4. 记录边裁判员每局的评判结果，确定胜负后报告裁判长。

（二）主要工作任务

1. 准备好比赛用的记录表，熟识表格的使用。

2. 根据每一单元的比赛秩序，将运动员的姓名、单位、级别、体重等准确地填入记录表中。

3. 根据台上裁判员的手势记录双方运动员劝告、警告、下台、强制读秒的次数。

4. 一局比赛中，一方被强制读秒或者下台 2 次；一场比赛中，一方被强制读秒或者警告 3 次，应及时向裁判长报告。

5. 记录边裁判员每局的评分结果。

6. 采用循环赛时，根据台上裁判员宣布的比赛结果，在记录表中填写双方运动员的比赛成绩，胜方计 2 分，负方计 0 分，平局各计 1 分。因对方弃权而获胜者计 2 分，弃权者计 0 分。

（三）基本要求

1. 熟识台上裁判员的口令和手势，尤其是强制读秒、警告、劝告、下台等手势。

2. 在记录表上填写运动员体重时，一定要填写至小数点后两位数。

3. 填写记录表字迹要清楚，不得涂改，更不得用铅笔记录。

八、计时员的主要职责与工作任务

（一）主要职责

1. 赛前检查铜锣、计时钟、核准秒表。
2. 负责比赛、暂停、局间休息的计时。
3. 每局赛前 10 秒钟鸣哨通告。
4. 每局比赛结束鸣锣通告。

（二）主要工作任务

1. 检查哨子、铜锣、核准秒表，掌握"开表""停""回表"等操作程序，熟识所需器具的用法与性能。

2. 根据台上裁判员的"开始"和"停"的手势进行开表或停表。

3. 准确地记录比赛净打 2 分钟时间并及时敲锣；记录局间休息 1 分钟的时间，当到达 50 秒时鸣哨，示意台上裁判员上场。

（三）基本要求

1. 从比赛的开始到结束，始终保持集中精力并注视台上裁判员，非特殊原因，秒表不要离开自己手中，要经常注意看表，以防失误。如兼有使用电子计时，应随时注意计时器有无出错或电源有无故障，如出现问题，要立刻报告裁判长。

2. 距每局比赛结束还有 5 秒时，一手计时一手持锣锤，做好鸣锣准备，到时即刻鸣锣，声音要响亮，不允许先停表后敲锣。

九、编排记录长的主要职责与工作任务

（一）主要职责

1. 负责运动员资格审查，审核报名单。
2. 负责组织抽签，编排每场秩序表，并按时发放到相关人员手中。
3. 准备竞赛中所需要的表格，审查核实成绩、录取名次。
4. 登记和公布各场比赛成绩。
5. 统计和收集有关材料，汇编成绩册。

（二）主要工作任务

1. 审查运动员报名表、统计每个级别参赛人数。
2. 绘制竞赛日程表。
3. 编排比赛秩序册。
4. 组织抽签。
5. 必要时参加称量运动员体重。
6. 准备比赛用各种表格。包括边裁判员评分记录表、记录员临场成绩记录表、比赛秩序表、成绩公告表、各个级别比赛对阵表等。
7. 每一个单元（场次）比赛结束后，编排、公布下一单元（场次）的比赛秩序。

8. 核实成绩，在下一单元（场）开始前发出成绩公告。
9. 编制总成绩册。

（三）基本要求

1. 编排记录长要非常熟识编排记录工作，有丰富的实践经验。如承担国际比赛的编排记录工作应有英语基础。

2. 编排记录是一项严谨细致的工作，细致决定成败，对参赛人员的统计、编排、记录、计算成绩、录取名次等不得出现丝毫的差错。尤其是抽签工作包括抽签的原则、方法、程序和人员的分工、场地布置等必须有严密的工作方案，必要时也可先进行预习，使全体人员尽早熟识各项工作环节，确保万无一失。

3. 注意整理、保存好原始材料，以备核查。

4. 对编排记录员的工作要做到分工明确，职责到位，随时检查和督导。

编排记录员根据编排记录长分配的任务进行工作。

十、检录长的主要职责与工作任务

（一）主要职责

1. 负责称量运动员体重。
2. 负责护具的准备与赛中管理。
3. 赛前 20 分钟负责召集运动员点名。
4. 点名时如出现运动员不到或弃权等问题，及时报告总裁判长。
5. 按照规则的要求检查落实比赛运动员的服装、护具与穿戴规范。

（二）主要工作任务

1. 按照大会要求，提前到比赛场内检查比赛护具、检录用具、布置检录场地，设计检录工作流程方案。

2. 根据大会安排的时间、人员、地点组织运动员称量体重。称量体重采用公制计量器，计量至小数点后两位数。运动员只准穿短裤或裸体（女子可穿紧身内衣）。称量体重的结果除编排记录组保存外，分别交总裁判长、裁判长各一份以备查。

3. 每单元赛前 20 分钟，召集运动员点名，运动员 3 次点名未到或弃权，及时报告总裁判长，需要时应向裁判长、编排记录长和广播员通报。

4. 指导并监督运动员穿戴服装、护具。服装与护具颜色不相同者不准上场；运动员不准佩戴任何与比赛无关的饰品上场；拳套必须系紧，扣结扣在腕部的背面，并用胶布固定并注上标记；戴上护头后额前头发不得外露，下腭扣结要固定，后脑扣结松紧度要合适；护裆必须穿在短裤内。所有护具穿戴好以后要求运动员不得擅自松脱。

5. 将比赛的运动员、教练员、医生带入场内指定位置。

6. 将备用护具放在内场指定处，以备临场比赛置换的需要。

7. 将完成比赛后运动员的护具收齐并交还发放处。

8. 每单元比赛结束后负责清点护具数量、整理检录所有用具并保管好，整个赛事结束后负责向主管部门交还一切借用物品。

（三）基本要求

1. 熟识检录组的任务、特点和工作环节，有丰富的检录实践经验，对规则的相关条款，如称量体重、穿戴护具服装、资格审查、弃权与无故弃权等条款要熟记并深刻理解。

2. 对全组人员要分工明确，职责到位，做到内场与外场密切配合。

3. 为保证比赛顺利进行，通常情况下，要有 2~3 组（对）运动员穿戴好护具并带入内场准备比赛。

4. 在内场要有专人负责应对在比赛中因护具松脱或损坏而需要置换等问题。

十一、副检录长的主要职责与工作任务

副检录长协助检查录长工作。

检录员根据检录长分配的任务进行工作。

十二、宣告员的主要职责与工作任务

（一）主要职责

1. 摘要介绍竞赛规程、规则和有关的宣传材料。

2. 介绍裁判员、场上运动员。
3. 宣告评判结果。

（二）主要工作任务

1. 根据需要，介绍散打竞赛规程和规则。
2. 宣布每一单元场次比赛的开始或结束。
3. 宣布裁判员进场、退场，介绍裁判员、运动员。
4. 根据台上裁判员的裁决，及时介绍比赛情况。
5. 结合比赛进程，简要介绍散打技术和得分情况。
6. 按照组织委员会或仲裁委员会或裁判组的需要，宣读有关通知、通告。

（三）基本要求

1. 学习、了解散打竞赛规程、规则和裁判方法。
2. 赛前将有关宣告内容整理成文字材料，交总裁判长审核。
3. 台上裁判员未宣布比赛结果前，不得提前宣告。
4. 未经总裁判长或有关部门同意，不得擅自宣告与比赛无关的事宜。

十三、医务人员的主要职责与工作任务

（一）主要职责

1. 审核运动员"体格检查表"。
2. 配合兴奋剂检测人员检查运动员是否使用违禁药物。
3. 负责赛前对运动员进行体检抽查。
4. 负责临场伤病的治疗与处理。
5. 负责犯规运动员的伤情鉴定。
6. 负责竞赛中的医务监督，对因伤病不宜参加比赛者，应及时向总裁判长提出停赛建议。

（二）主要工作任务

1. 审查各队运动员"体格检查表"及保险材料。
2. 配合兴奋剂检测人员检查运动员是否服用违禁药物。

3. 根据需要，配合大会对运动员做好相关内容的身体检查。

4. 根据台上裁判员的手势，及时为受伤运动员治疗。

5. 鉴定运动员是否受伤或受伤程度。

6. 根据医务监督条例对不能继续比赛的运动员应向总裁判长提出停赛建议，并决定是否转送医院。

（三）基本要求

1. 熟识散打运动损伤的基本特点和规律，了解本项目的医务监督条例。

2. 认真执行医务监督条例，做到实事求是地诊断运动员的伤情，并负责任地向总裁判长提出是否停赛的建议（写出书面材料并有主要负责人签名）。

3. 赛前认真准备临场比赛所需药品，联络好准备转送的医院及救护人员和用车。

4. 在比赛进行中，必须集中注意力观察场上比赛情况，一旦发现运动员有伤情且被台上裁判员召唤时，即刻快速上场处理。

5. 医务人员的组成，通常设主要负责人1名，人员2~3名（最好配备有骨伤科和脑外科人员）。

第四章　武术散打竞赛规则的演变

武术是由"一拳一腿、一劈一刺、一攻一防"发展成为各种套路演练和博击对抗形式的人体防卫术，历史悠久，源远流畅。但作为一项体系较完整的体育竞赛项目，其发展的历史较短。

第一节　民国时期

竞赛办法采用单、双败淘汰制，"三局两胜制"。比赛场地一般是长方形的平地。1929年的国术游艺大会采用了长20米，宽18.6米，高1.3米的擂台比赛。不分体重，即时抽签分组比赛。有不戴护具与戴护具两种形式，但都不是散打专用的。有的比赛没有时间限制，一对选手比赛有时长达1小时以上。

允许使用的技术：凡以手、肘、脚、膝击中对手任何部位得1分。有时要求"点到为止"，即对动作没有力度的要求，只要碰着身体，裁判就喊停，选手跳来跳去，当时报纸评论"比武场成了斗鸡场"。有时什么方法都不限，又没有护具，打法残酷，被击倒就算输，所以受伤人不少，当时报纸又评论"比武场成了斗牛场"。

禁止击打部位是眼睛、裆部、喉咙。违者视为犯规。犯规达3次者，取消比赛资格。严重者一次取消比赛资格。比赛规则漏洞百出，有时一边比赛一边修改。

第二节　试验期间

武术散打在1982—1988年，将近10年的试验期间，一直本着"积极、稳妥、安全"的科学态度，散打比赛规则始终在不断研究、修改和完善之中。其重点变化的内容有：

1. 护具的研制与选用。特别是护具的大小、厚薄、轻重，对手套的形状进行过多种、多次试验，其中包括采用分指手套、露指手套，不用手套等。

2. 比赛场地的变化。1987年以前，一直采用8米×8米并铺有软垫的平面场地比赛。1988年，在甘肃省兰州市举行的"全国武术对抗项目表演大会"同年在深圳市举行的"首届国际武术散打擂台邀请赛"，才开始使用"擂台"式的比赛场地。

3. 对限制动作和评分标准的变化。如拳法能否允许连续击打头部？用腿法是否允许击打头部，分值是多少，连续击中身体有效部位的分值是否累计相加，双方互相击中能否得分，关于这些问题的讨论，相关的领导部门和专业人员，态度十分慎重，反复进行研究。

第三节　快速发展阶段

自1989年起，散打被列为全国计划内的竞技体育比赛项目以后，同年正式采用了1988年初步修订的《武术散手竞赛规则》。1990年重新作了修订后，出版发行了第一本铅印版的国内《武术散手竞赛规则》。此后，又颁布了1996年版、1998年版和1999年的补充规定。其中主要修改的内容如下：

1. 护具的选用与取舍。如1999年在全国武术散打锦标赛上，取消了护头、护胸、护小腿、护脚背，只保留了手套、护齿、护裆。

2. 在禁用方法的条款中，对下台和连击头部的限制作了反复修定。如1999年取消了"禁用拳法连击头部的规定"。增加了：①不得用死拉硬推的方法将对方推拉下台；②一方主动倒地，另一方不得用任何方法攻击倒地方的头部等。

3. 修改了得高分的动作。如在1998年版的《武术散手竞赛规则》中分别有3分、2分、1分的标准；1999年在补充通知中分别修改为4分、2分、1分的标准。

第四节　成熟阶段

1. 修订了运动员称量体重的时间。自1998年开始，原规则要求在1小时内称完所有级别运动员的体重，而2003年版的规则修改为每个级别运动员称量体重必须在 1 小时内称完。

2. 2004 年又增加了穿戴护头和护胸等护具的规定，与国际武术散手竞赛规则相一致。

3. 仲裁委员会能否改变裁判组的判决结果。在 2002 年以前的 10 多年里，仲裁委员会如果认定裁判组的裁决是错的，可以改变裁判组的评判结果。自 2003 年版的规则修改为：仲裁委员会如果认定裁判组的裁决有明显错误，仲裁委员会提请中国武术协会或国际武术联合会对错误的裁判员按有关规定进行处理，但不能改变裁判组的判决结果。

4. 2003 年版的《武术散手竞赛规则》，在禁用方法中取消了"禁用死拉硬推的方法，将对方推拉下台"的规定。

5. 2003 年版的《武术散手竞赛规则》，再次取消了得高分的动作，分别修改为 2 分、1 分、不得分的标准。

6. 由于散打竞赛规则对高分动作的评分标准反复修改，因此，对台上裁判员的职能也随之做了调整。自 2003 年以后，取消了台上裁判员评判高分动作的职能。

7. 反复研究、修改"后倒地者"能否得分、"击中小腿"能否得分、双方出现"互打互踢"时能否得分等问题。在 2003 年版的《武术散手竞赛规则》又作了修改：

（1）增加了"击中小腿一次，得 1 分"的规定。

（2）取消了"互打互踢不得分"的条款。

（3）全国散打锦标赛与商业赛事出现了多种竞赛规则碰撞与影响的问题。如比赛场地；穿戴护具；使用肘、膝的攻击方法；摔法的得分标准等。相当多的运动员都参加过多种赛制的比赛，难免在训练和比赛中发生冲突，或者出现暂时不适应的状态，以至产生了一些负面的影响。但是，由于运动员参加比赛的机会多了，高水平竞技对抗的机会多了，无疑对运动员竞技能力的提高有着较大的促进作用，其效果也是不可低估的。

第五节　现行国内竞赛规则及裁判法主要修改的内容

现行《武术散打竞赛规则与裁判法》，是指 2013 年经中国武术协会审定，由人民体育出版社出版的最新版本。

竞技散打裁判知识

1. 取消了运动员"先后倒地,后倒地者得 1 分"的规定。

取消了"后倒地者得 1 分"的规定,意味着:运动员在使用摔法或用踢打动作攻击对方,造成双方先后倒地时;或者主动使用倒地动作,击倒对方而不能顺势站立者,均为无效动作,没有得分效果。但不影响踢打动作的得分。

2. 将原记分方法中的"使用同一个动作产生分值不同的效果,则以上线取值"的规定。修改为:"依据不同的动作产生不同的分值,按各自不同的分值累计相加得分"。即"叠加"计算法。

3. 对每局的胜负评定,边裁判员采取了没有举"平局(牌)"的办法。即一局比赛中,双方运动员的得分相同时,判主动进攻技术强者为该局胜方。

4. 增加了"可用方法"的条款。即"可以使用武术的各种拳法、腿法和摔法。"

5. 在"技术犯规"的条款中,增加了"运动员在比赛中背向逃跑"的规定。

6. 在"技术犯规"的条款中,增加了"运动员相互抱缠超过 2 秒钟时,不听从台上裁判员分开口令"的规定。

7. 在"侵人犯规"的条款中,增加了"用方法故意致使对方的伤情加重"的规定。

8. 在"侵人犯规"的条款中,增加了"在分开口令后没有后撤即主动进攻对方"的规定。

9. 在得 1 分条款中,为"运动员被指定进攻 8 秒钟(现修改为 5 秒钟)后仍不进攻者,对方得 1 分"的规定。

10. 把边裁判员每局的判分公布于众,即俗称"公开上墙"。

11. 将成年男子散打的体重级别增加了"100 公斤级",一共设有 12 个级别。

12. 增加了台上裁判员喊"分开"的口令和手势。

第六节　现行国内《武术散打竞赛规则与裁判法》的基本精神

现行《武术散打竞赛规则与裁判法》,是武术运动管理中心在认真总结2003年版的《武术散打竞赛规则》和 2004 年以来下发的有关竞赛方面的补充通知的基础上,于 2010 年在陕西省宝鸡市组织召开了,有全国散打项目的专家、著名教练员、资深裁判员等共 20 多人参加的规则研讨会;后来又广泛征求了有关专业人员的意见,并在 2011 年、2012 年全国武术散打锦标赛及其他相关赛事的实

践检验之后，于2013年经中国武术协会审定，由人民体育出版社出版。

凡是中华人民共和国举办的全国运动会、城市运动会、农民运动会等综合性运动会的散打比赛，全国的单项散打锦标赛、青少年锦标赛、武术之乡散打比赛、武术馆校散打比赛、全国武术段位制散打晋段比赛，以及各省市和地区举办的省市运动会散打比赛、跨地区的散打邀请赛等赛事，基本使用此规则和裁判法。此规则与裁判法的基本精神，包括以下几个方面。

一、增强体育竞赛的安全性

竞技散打，不仅是一项徒手搏击对抗项目，更是一个体育竞赛项目。因此，在制定和修改竞赛规则时，自始至终都考虑如何保证竞赛的安全问题。如，是否使用护具、使用什么样的护具等。新规则明确规定了五种护具必须要穿戴的，即护头、护胸、拳套、护齿、护裆。而且分别规定了男子65公斤级及以下级别和女子比赛的拳套重量为230克；男子70~85公斤级的拳套重量为280克；男子90公斤级及以上级别的拳套重量为330克。禁击部位条款中，规定了"后脑、颈部、裆部"是绝对不能攻击的部位。在执裁中，凡是出现了违反此规定而造成对方伤害者，不管是有意还是无意，必须给予警告；严重者给予取消比赛资格的处罚。又如，在禁用方法中，规则的自始至终都没有删去"有意砸压对方"和"使用擒拿动作中的反关节打法"的规定，这完全是出于保证安全竞赛的目的。

二、体现竞赛的公平性

散打是两人互为对手的对抗搏击项目，俗话说"身大力不亏"。因此，在研究体重分级时，必须要考虑体重级差大小的科学性。如果级差太小，设置的级别又会太多而增加了金牌的总数，势必会造成在实践中难于操作；如果级差太大，更会影响竞赛的公平性。因此，规则中对60公斤级及以下的小级别，体重的差数为4公斤；65~90公斤级的体重差数为5公斤；原规则中的90公斤以上级，因上线没有封顶，运动员的体重最重可达130多公斤，甚至会更多。因此，一个级别内的身体重量就有可能相差40多公斤。为考虑竞赛的公平性，经专家人员研究决定，中间再增加一个100公斤级。这样100公斤以上级别的体重就会相差少一些，对竞赛的公平性是有利的。同时，100公斤以上级别的重量不封顶，主

要考虑能广泛吸纳特别型体的人员参与散打运动，这对国际间的技术交流是有积极意义的。

在裁判员的设置上，除了1名台上裁判员赋予一定的职责外，负责判分的边裁判员设置了3~5人。一般较大型的非商业性的比赛，都采用5人制裁判，5名边裁判员可以从不同的角度判定运动员的得分，即各判各的分，最后以红、蓝色别（灯、或牌）多者为胜方（边裁判员不得举平局），这对提高竞赛的公平性是有利的。同时，为了增加边裁判员执裁的透明度，有利于各运动队及观众的监督。在比赛中采取公开边裁判员的评判过程和结果。这些措施都是为了使武术散打竞赛更加"公平、公正、公开、公信"。

三、引领"踢打摔"三类攻击技术的均衡发展

散打运动与跆拳道、拳击、摔跤相比，最大的特点之一是，技术的含量大，包括有拳法、腿法、摔法三大攻击技术体系；特点之二是，可攻击身体从脚至头（除禁击部位以外）的前后、左右；特点之三是，在击打的距离上有"远踢、近打、贴身摔"的变化，即两人相距较远时可用腿攻、相距较近时可用拳打、当两人贴身抱缠时可用摔法。这三种技术的综合运用，是散打运动发展的主体方向，决不可出现有利于拳法而不利于摔法，或有利于摔法而不利于腿法的偏颇现象。如现行竞赛规则规定：两人抱缠时击中不得分，其目的是为了给摔法创造使用的机会。在得分的标准上，如对方被踢打"击中"（有得分效果）而造成倒地，站立者除了可得踢打分以外，还可得对方的倒地分。这些条款的制定，都是基于使"踢打摔"三类技术能"均衡发展"的基本原则。

四、把握规则和裁判法的可操作性

作为中国传统文化典型代表的武术，有绵绵数千年的发展历史，有体系完整、传承有序的拳种多达130个以上。可以说，武术的攻击方法取之不尽，用之不竭，其动作的技术难度也千差万别。有人建议，为了鼓励运动员大胆使用各种有难度的技术动作，如有地躺的、腾空的、转身的、转身加腾空的，有的还会在转身的度数和腾空的高度加以区别等。因此，有人主张散打的得分标准应该按照动作运动轨迹的难易度进行分级评分。假如这样，势必会导致得分标准的多种层次，以至增加了执行规则和裁判法的极大难度，甚至还

会有不可操作性。现行的武术散打竞赛规则,把得分标准只分为3级,即得2分、得1分和不得分。这样,既在一定程度上体现了不同的击打效果分,又考虑到裁判员在实践中,能够有可操作性。同时,也有利于大众对散打竞赛知识的了解和普及。

第五章　新竞赛规则与裁判法的释义

现行《武术散打竞赛规则与裁判法》，是指由中国武术协会审定，于 2013 年由人民体育出版社出版的，最新武术散打竞赛规则和裁判法。以下简称为《规则与裁判法》。

通　则

第一条　竞赛种类

（一）团体比赛
（二）个人比赛

释义：

团体比赛，通常是指以参加比赛的运动队为一个团体单位，按照计算团体总分的方法，把全队运动员参加比赛的成绩分相加，即为本队的团体总分。一般大型综合运动会，如全国运动会、城市运动会、农民运动会等，每个级别一般录取前八名，根据运动员的名次，分别按照 9、7、6、5、4、3、2、1 的得分计算，即第一名为 9 分，第二名为 7 分，依次类推。凡是全国、洲际、世界锦标赛等单项比赛，每个级别一般录取前六名，计算运动员的名次分，按照 7、5、4、3、2、1 的得分计算。

如：中华人民共和国第五届城市运动会散打比赛的团体分计算办法是：

1. 名次分：各级别录取前 8 名，从第 1 名到第 8 名分别按 9、7、6、5、4、3、2、1 的得分计算。

2. 团体分：将参加男子比赛的 7 名运动员；女子比赛的 5 名运动员的名次分相加，即分别为男子或女子团体的总分，得分高者名次列前。

3. 总分相等时，按下列顺序排列名次：

（1）个人获得第一名多者名次列前，如仍相等，个人获得第二名多者列前。依次类推。

(2) 参赛运动员累计受警告少的队名次列前。
(3) 参赛运动员累计受劝告少的队名次列前。
(4) 如以上都相同，名次并列。

除此之外，为了促使各参赛队在报名时尽量把名额报满，以保证赛事的规模及场数。在计算团体分时，也可另加各队参赛人数的基本分，即，把每队参赛的运动员按"人头分"相加。在散打的试验阶段，计算团体分有时就采用了此办法。

另外，在第十届、十一届全国运动会女子散打团体赛的预、决赛，第六届城市运动会的男、女团体赛，还采用了"捆绑式"的竞赛办法。即将每队参加比赛的 3 名或 5 名不同级别的运动员，先按抽签的办法确定每一轮、每个级别比赛的先后顺序；然后再按抽签确定队与队之间的比赛。竞赛办法是：①个人先按每场"三局两胜制"的办法决出每一场（个人）的胜负；②然后采用"三场两胜制"（或五场三胜制）的办法决出每队的胜负。如在同一轮次的比赛，只要其中一队的前两名运动员首先获得了比赛的胜利，即 2：0，那么该队就是胜方。安排在第三场的运动员无论水平多高，也无需继续比赛。所以，这样的团体赛实际就是全队的比赛，比的是整体的实力。

个人比赛，是指按每个级别的个人名次计算成绩，如第一名、第二名……淘汰赛不另外计算得分，直接按名次算成绩。循环赛按每场的成绩折合成得分相加，如胜 1 场计 2 分、输 1 场计 0 分、平局各计 1 分、弃权为 0 分，最后计算总分，得分高者名次列前。

第二条　竞赛办法

（一）淘汰赛

（二）循环赛

释义：

淘汰赛，分别有单败淘汰赛、双败淘汰赛两种。单败淘汰赛，是指每名参赛运动员经过 1 次失败后就被淘汰（不含附加赛）。双败淘汰赛，是指每名参赛运动员经过 2 次失败后就被淘汰。由于淘汰赛的场次少，赛期短，对于举办大型赛事时，采用单败淘汰赛较多。如目前的全国锦标赛、世界锦标赛或综合运动会的散打比赛等。但由于是抽签配对，比赛的胜负有时会带有偶然性。为此，一般赛事都设有种子选手（上一次赛事的前四名设为种子选手），种子选手不再抽签，编排时根据种子选手的名次顺序，分别在轮次表中找到相应号码的位置，以避免

最优秀的运动员抽签时在第一轮就相遇。

循环赛,分单循环赛、双循环赛两种。循环赛,是指同一级别的每名运动员都与其他参赛者相遇比赛,相遇一次为单循环赛;相遇两次为双循环赛。最后按每场得分的总和计算名次。这种竞赛办法比较公平、合理,运动员也能够有更多比赛和交流的机会。但是由于比赛场次多,赛期长,给赛事的主办方或承办单位,以及各运动队增加了各方面的负担。所以,目前的散打比赛只有在一个级别不超过4人时,才采用单循环赛,一般达4人以上的级别,均采用单败淘汰赛。

淘汰赛和循环赛,每场比赛均采用三局两胜制,每局比赛2分钟,局间休息1分钟。

三局两胜制释义

1. 三局两胜制,是指在一场(对)比赛中,首先获得前两局比赛的胜利者,为该场胜方,第三局无须继续比赛。若前两局比赛为1:1时,第三局就是决胜局,胜者为该场胜方。

2. 每局比赛2分钟,是指每局把喊"停"的时间扣除,把用于纯比赛的时间相加,当到达2分钟时,即该局比赛结束。具体操作为:计时员只要听到台上裁判员喊"开始"的口令就即刻开启计时表;当听到"停"的口令就即刻停表。当开表的时间累计达到2分钟时,计时员必须准时鸣锣通告,示意该局比赛时间到。

需要注意的是:由于《规则与裁判法》规定,当台上裁判员发出"分开"的口令后,除双方运动员必须按裁判法要求(具体要求在"犯规与罚则"中解释)执行外,记时员无须停表,仍算作比赛的时间。

3. 局间休息1分钟,是指每局之间的间歇时间。上一局比赛结束,计时员应即刻开始计算局间休息的时间。间歇时间至50秒时,通知台上裁判员和运动员上场准备比赛。当局间休息满1分钟时,台上裁判员即刻发出"开始"比赛的口令。

第三条 参赛年龄与资格审查

(一)成年组运动员的参赛年龄限在18~35周岁。青年组运动员的参赛年龄限在16~18周岁以下。

释义:

周岁,是指实足年龄。如某人在某年1月1日出生,到次年的1月1日才算满1周岁，在这区间都称之为未满1周岁。所以，成年运动员参赛的年龄起点限在18周岁以后（含18周岁），而止点限在35周岁以内（含35周岁）。通常是以参加某一次比赛的报到之日，作为计算周岁的止点。凡不足18周岁或超出35周岁者，均属不符合规定。按照这样的计算，青年运动员参赛的年龄起点为16周岁，止点是18周岁以下，所以不足16周岁和超过18周岁都属于不符合规定。

（二）参赛运动员必须携带"运动员注册证"。

释义：

"运动员注册证"，是指主办竞赛的管理单位，用于管理运动员的有效证件。如现在各省市、行业体协、解放军武警总队、相关体育院校及其他所属单位的参赛运动员，必须在国家体育总局武术运动管理中心注册登记后，才发给"运动员注册证"。也就是说，只有经过这种注册的运动员，才有资格参加由"国家武术运动管理中心"主办的各种赛事。这样的规定，是为了验证运动员的真实身份，所以在运动队报名和称量体重时，都必须查看"运动员注册证"。同时，也避免了参赛运动员之间"冒名顶替"的现象发生。

（三）运动员必须有参加比赛的人身保险证明。

释义：

武术散打，是两人都用自己的身体进行互相攻击的搏击类项目，比起其他个人表演项目的受伤率相对要高些。现国家体育总局已把散打划归为"高危"运动项目，而且有的参赛运动员可能还会带有某些潜在性疾病。所以参加人身保险，是一种以防万一的保险性措施。当前，国家体育总局正在与相关部门研究增加为运动员伤害保险而设的险种问题。

（四）运动员必须出示自报到之日起前15天内、县级以上医院出具的包括脑电图、心电图、血压、脉搏等指标在内的体格检查证明。

释义：

1. 15天以内，是指从报道之日为止点，往前推算15天。不允许使用过期的身体检查证明。主要考虑时间过长会影响运动员身体状况的真实性。

2. 必须是县级以上的医院出具的证明方能有效。主要考虑在国内少部分不发达地区县级以下医院，因医疗条件、设备所限而不能满足检查的需要。

3. 身体检查内容包括四项：脑电图、心电图、血压、脉搏，缺一不可。本人认为，以后还可以根据赛事的大小或者比赛激烈的程度，再增加一些体检项目，如脑部、胸部的CT指标等。如有必要的，还可以在赛前再做复查。这对赛事的安全是有利的。

第四条 体重分级

1. 48 公斤级（≤48 公斤）
2. 52 公斤级（>48 公斤~≤52 公斤）
3. 56 公斤级（>52 公斤~≤56 公斤）
4. 60 公斤级（>56 公斤~≤60 公斤）
5. 65 公斤级（>60 公斤~≤65 公斤）
6. 70 公斤级（>65 公斤~≤70 公斤）
7. 75 公斤级（>70 公斤~≤75 公斤）
8. 80 公斤级（>75 公斤~≤80 公斤）
9. 85 公斤级（>80~≤85 公斤）
10. 90 公斤级（>85 公斤~≤90 公斤）
11. 100 公斤级（>90 公斤~≤100 公斤）
12. 100 公斤以上级（>100 公斤）

释义：

1. 48~60 公斤级之间，每个级别的级差为 4 公斤；

2. 60~90 公斤级之间，每个级别的级差为 5 公斤；

3. 48 公斤级没有下限规定；90~100 公斤级级差 10 公斤；100 公斤以上级没有上限规定。

4. 每个级别的区间规定，起点必须大于上一个级别，如 60 公斤级，起点必须大于 56 公斤；而止点必须等于或小于该级别，即 60 公斤级的止点不能超出 60 公斤。

第五条 称量体重及其规定

（一）运动员经资格审查合格后方可参加称量体重，并且必须携带"运动员注册证"。

释义：

此款规定了运动员，在参加第一次称量体重之前必须经过资格审查，如审查合格了，在称量时本人必须携带"运动员注册证"，因为注册证内有很多个人信息，包括本人照片、出生年月、籍贯、参赛经历等。经过检查核实之后才可以参加称量体重。这是对参赛运动员严格把关的有效做法。

需要注意两个问题：

1. 如何证明是否已经进行过资格审查而且合格呢？为此，要求编排记录组人员，在编印每个级别参赛运动员名单时必须进行审核，如果不符合报名条件的运动员就不能列入称量体重的名单内。因为检录组是根据这个名单称量体重的，凡是在名单上有名字的运动员，他们都会视为这些运动员已经过资格审查并合格的。

2. 检查"运动员注册证"，必须有专门人员检查核实该注册证是否是本人的，以免出现没人查看而流于形式，或者出现冒名顶替现象。

（二）必须在仲裁委员的监督下称量体重，由检录长负责，编排记录员配合完成。

释义：

1. 称量体重的工作由检录长负责组织、指挥并承担责任。检录组成员和编排记录员，应按照检录长分配的任务进行工作。

2. 仲裁委员只是承担监督工作。如称量体重时是否符合称量的程序，是否准确掌握称量体重的时间，运动员或运动队是否提出疑义等。若有问题，仲裁委员可以提出个人意见，检录长原则上应该遵照执行。如的确属原则性问题，可以暂停称量，待集中研究统一意见后再进行称量。

（三）运动员必须按照大会规定的时间到指定地点称量体重。称量体重时运动员须裸体或只穿短衣、短裤。

释义：

1. 称量体重的时间、地点是由大会选定的，运动员必须服从。

2. 规则规定了运动员在称量体重时对服装的要求。运动员是裸体还是穿短衣、短裤，均可由本人选择。

（四）称量体重先从比赛设定的最小级别开始，每个级别在1小时内称完。在规定的称量时间内体重不符合报名级别时，则不准参加后面所有场次的比赛。

释义：

称量体重必须从本次比赛设定的最小级别开始，每个级别在1小时内称完。如果在某级别有人体重不符合报名级别，只能限定在1小时之内进行减重或增重。若超过1小时后仍不符合报名级别时，则不准参加以后场次的比赛，作弃权论，但已经取得的成绩有效。因此，称量体重时必须有人专门负责记录每一个级别开始称量体重的时间，并严格把控在1小时之内结束。

需要注意的是：如果是在第一次称量体重就不符合报名时的级别，则不能进

行抽签。

第六条 抽签

（一）由编排记录组负责抽签，有仲裁委员会主任、总裁判长及参赛队的教练或领队参加。

释义：

1. 抽签由编排记录组负责，实际就是编排记录长负责，包括宣讲编排工作的组织、抽签的程序与方法及注意事项等。编排记录员要完成编排记录长安排的工作。

2. 仲裁委员会主任、总裁判长负责监督、检查抽签工作。如果抽签工作有失误或相关人员对抽签工作有疑义，编排记录长需在征求他们的意见后予以更正或解释。

3. 各队教练或领队只参加抽签，如对抽签工作有疑义，可以向仲裁主任、总裁判长或编排记录长提出，但不得干扰抽签工作。

（二）在第一次称量体重后进行抽签，由比赛设定的最小级别开始。如该级别只有一人，则不能参加比赛。

释义：

1. 经过称量体重并合格之后才进行抽签，一是为了对运动员进行资格审查；二是为了避免运动员因体重不合格而弃权。否则，会造成轮空的位置较多，势必会影响竞赛的公平性。

2. 抽签由比赛设定的最小级别开始，因为比赛也是从小级别开始，这样有利于运动员安排赛前的准备与调整。

第七条 服装护具

（一）运动员必须穿中国武术协会认定的武术散打比赛服装及护具。

（二）比赛护具分红、蓝两种颜色。包括拳套、护头、护胸以及自备的护齿、护裆和缠手带，护裆必须穿在短裤内，缠手带的长度为3.5~4.5米。

（三）女子运动员和男子65公斤级及以下级别的拳套重量为230克；男子70~85公斤级的拳套重量为280克；男子90公斤级及以上级别的拳套重量为330克。

释义：

1. 运动员使用拳套的重量是有严格规定的。在穿戴时应该注意的是：缠手带的长度规定在 3.5~4.5 米之间，宽度和材料也有规格上的要求。这主要是考虑运动员的手腕以下部位的大小有差异，每个人可依据自己的情况和习惯选择，但必须以缠紧并便于握拳为准，拳套绳子必须系紧，扣结要系在腕部的背面，并且需用胶布固定。

2. 选择的护头大小要合适，戴上护头后额前的头发不得外露，下颌扣结要固定，后脑扣结松紧要合适。

3. 穿戴护具符合不符合要求，首先要经检录处严格检查，运动员上场后，台上裁判员也要大致做一下检查，如发现有不合格的必须重新整理。

4. 比赛中运动员只能穿戴《规则》中规定的护具进行比赛，既不能多穿戴（如护腿、护脚背等），也不能少穿戴（如护齿、护裆等）。否则判技术犯规，并要求立即改正，方可继续比赛。运动员若因伤确需穿戴《规则与裁判法》规定以外的护具上场比赛，也只能穿戴质地较软的护具上场，如护肩、护腰、护膝、护踝、胶布等，并且必须经医务监督员确认盖章后方为有效。

5. 运动员拳套内必须有缠手带才能参加比赛，如裁判员在场上一旦发现运动员没有缠手带时，台上裁判员可直接取消该运动员的比赛资格，并宣布对方为本场胜方。

6. 运动员检录上场后，无论什么原因，只要拳套脱落，一律按有意松脱护具处理，判该运动员技术犯规并给予"劝告"的判罚。在比赛中，如果运动员在将对方推打下台或摔倒时而自己的拳套脱落，则不仅判对方下台或倒地无效，反而要判拳套脱落的运动员技术犯规；反之，如果被摔倒或下台一方运动员的拳套脱落，不仅判倒地或下台有效，而且还要被视为有意脱落手套，判"劝告"1 次。

第八条　比赛礼仪

（一）每场比赛开始前介绍运动员时，运动员向观众行抱拳礼。

（二）每局比赛开始前，运动员上台后先向本方教练员行抱拳礼，教练员还礼；运动员之间再相互行抱拳礼。

（三）宣布比赛结果时，运动员交换站位。宣布结果后，运动员先相互行抱拳礼，再向台上裁判员行抱拳礼，裁判员还礼。然后向对方教练员行抱拳礼，教练员还礼。

（四）边裁判员换人时，互相行抱拳礼。

释义：

1. 这些条款，规定了运动员、台上裁判员、教练员、边裁判员的礼节要求，并且对运动员行抱拳礼的先后顺序也作了规定，相关人员必须严格规范地遵照执行。

2. 被交换下场的边裁判员起立后应站在裁判台的右侧，刚上场执裁的边裁判员应站在裁判台的左侧，双方面对面成立正姿势互行抱拳礼后，各自再回到自己的座位上就坐。

3. 比赛结束时，教练员应该在教练席上等对方运动员行礼并还礼后，方可离席。

4. 抱拳礼的要求是：双臂在胸前成圆形相抱，左掌在上，右拳在下与胸平，目视前方。

第九条　弃权

（一）比赛期间，运动员因伤病（需有医务监督员出具的诊断证明）或体重不符合报名级别时不能参加比赛，作弃权论，不再参加后面场次的比赛，但已进入名次的成绩有效。

（二）比赛时，运动员实力悬殊，为保护本方运动员的安全，教练员可举弃权牌表示弃权，运动员也可举手要求弃权。

（三）不能按时参加称量体重、赛前3次检录未到或检录后擅自离开，不能按时上场者，作无故弃权论。

（四）比赛期间，运动员无故弃权，取消本人全部成绩。

释义：

1. 上述条款主要对弃权与无故弃权作了非常详细的规定，并根据近几年在比赛场上出现的弃权和打假赛的情况，对无故弃权的界定及处理更加严格。为的是更好地端正散打比赛的赛风，营造一个公平、公正、公开、公信的赛场氛围，这对引导武术散打事业的健康发展无疑是有利的。

2. 2010年4月，国家体育总局武术运动管理中心下发的《2010年全国女子武术散打锦标赛运动员弃权问题的有关规定》部分内容如下（仅供参考）：

（1）比赛期间，运动员出现伤病后不能再参加比赛，随队医生必须在60分钟内到大会医务监督处领取统一的表格，以书面的形式由随队医生和领队签字后将申请提交大会医务监督处。

（2）大会医务监督员接到申请后须对受伤运动员进行诊断，提出诊断意见后报总裁判长批准，方可有效。否则，将视为无故弃权。

（3）无任何理由，不能按规定的时间参加比赛者，将视为无故弃权。

（4）运动员在比赛中点数领先处于优势（受伤除外），而弃权者，将视为无故弃权。

（5）比赛期间，运动员无故弃权，取消本人全部成绩；所代表的运动队将被取消参加重大国际赛事的运动员的选拔资格。

在比赛中，运动员因实力悬殊而举手（牌）要求弃权时，如情况属实，可按弃权处理。但是，为了防止打假赛，故在裁定时强调了以下几种情况，凡符合其中之一者，则按打假赛处理。

（1）比赛中，未有发生身体接触或稍有接触而自己主动下台者。

（2）比赛中，未被对方击中、踢中或对方未使用摔法而自己主动倒地者（因场地湿滑而倒地者除外）。

（3）一局比赛中，三次被判消极 8 秒（原规则）者。

（4）比赛中点数领先时，而弃权者。

上述情况一经竞赛监督委员会认定，将按照有关规定，取消该运动员比赛成绩，同时取消该场比赛相关运动员的成绩及相关单位的协议记分。

第十条　竞赛中的有关规定

（一）临场执行裁判人员应集中精力，不得与其他人员交谈，未经裁判长许可，不得离开席位。

（二）运动员必须遵守规则和比赛礼仪，尊重和服从裁判员。在场上不准有吵闹、谩骂、甩护具等任何表示不满的行为。每场比赛未宣布比赛结果前，运动员不得退场（因伤需急救者除外）。

（三）比赛时，每名教练员只能代表所报名单位，坐在指定位置进行现场指导，并只能带一名队医或助手协助工作。

（四）运动员严禁服用兴奋剂，局间休息时不得吸氧。

释义：

1. 竞赛中的有关规定，明确规定了在比赛现场对裁判员、运动员和教练员以及助手或医生的行为规范。如果相关人员违反了有关规定，在处理的方式、方法上有着各个时期的不同特点：如 2005 年 6 月 30 日，国家体育总局武术运动管理中心下发的《关于第十届全国运动会武术散打决赛竞赛事宜的补充规定》部分内容如下（仅供参考）：

1. 每名教练员只能代表所报名单位进行现场指导，并只能带一名助手协助工作，如发现一名教练员在比赛现场指导非报名所代表单位的运动员时，将给予取消十运会决赛教练员资格的处罚。

2. 对相关人员违反了上述规定时，除按照各自的规定，如裁判员守则、运动员守则的办法进行处罚外，还与自身的任职资质、职业道德、职业规范以及人际关系等队伍建设问题联系在一起，应该引起广大相关人员的重视和严格执行。

第六章　技法要求、得分标准与判罚

第一节　可用方法与禁用方法、得分部位与禁击部位

第十九条　可用方法

可以使用武术的各种拳法、腿法和摔法。

释义：

应当如何理解"武术"的各种拳法、腿法和摔法呢？本人认为这不仅是一个概念问题，更是一个"种与属"的关系问题。

1. 在本书的上篇有关"武术概念的嬗变"中，已把武术与散打的概念作了阐述，这里不再重复了。武术是散打的上位之"种概念"；而散打属于武术中的徒手对抗性内容，是武术的下位之"属概念"。因此，凡徒手格斗技法，包括"踢、打、摔、拿、肘、膝"等都应该来源于武术这个"总源头"。

2. 规则中写明了可以使用武术中的"拳法、腿法和摔法"。而在此《规则与裁判法》出台以前，一直沿用着"手法、腿法和摔法"。所谓"手法"，按武术的名词术语中解释为"臂的运行"，即南拳中所讲的"桥法"，包括有架桥、劈桥、穿桥、截桥等。而"拳法"，是指腕关节以下的拳，包括拳心、拳背、拳轮的运用。所以，如今执行的《规则与裁判法》，明确规定的是"拳法"而不是"手法"。因此，两者间在击打的方法和部位上有着明显的区别。

第二十条　禁用方法

（一）用头、肘、膝进攻对方和反关节技法攻击对方。

释义：

1. 用"头、肘、膝"进攻对方，是指用头、肘、膝三个部位主动、且伴有明显发力地攻击对方。一旦违反了此规定，就必须根据《规则与裁判法》的有关条文，对犯规者给予"侵人犯规"的处罚。但由于武术散打比赛，允许使用贴身搂抱的摔法进攻对方，因而避免不了用头、肘、膝三个部位触及对方的身体；或

者有时因对方进攻而出现低头、抬肘、提膝等防守动作，触及了对方的身体，但并没有主动而明显地伴有快速发力的过程，也没有产生攻击效果。凡属这些情况，都应该是合理的，不属于犯规之列。因此，如何判断是否犯规，最主要的标准是：仔细观察使用者在接触对方的一瞬间，有无伴随用头、肘、膝的发力攻击对方，如"有"则属侵人犯规；如"无"则属合理使用。

2. 用反关节技法攻击对方，是指在使用固定对方前端关节的方法时，而对相近的另一个关节进行击打、拧扳；或者使用方法迫使对方的关节超出正常活动范围的攻击动作。长期实践证明，人体容易被"反关节"攻击的部位是肩关节和肘关节。如果使用正常的攻防方法，虽然击中了关节部位，但攻击者没有在击打的瞬间实施固定相近关节的行为，则不属于用反关节动作攻击对方。

（二）用迫使对方头部先着地的摔法或有意砸压对方。

释义：

1. 用迫使对方头部先着地的摔法，是指一方在使用摔法的过程中，在已控制了对方身体的瞬间，突然加速用力强迫对方头部先着地的行为。判断是否使用了迫使对方头部先着地的行为，一般应符合下列三种情况：

（1）对方处于被控制状态而无法使用自我保护的倒地动作时，攻击者突然用力采用招法，使对方头部先着地。

（2）对方处于悬空状态时，攻击者突然改变用力方向，迫使对方的头部朝下落地。

（3）对方临近倒地状态时，攻击者突然拧转对方头部，迫使其头部先着地。

经过长期散打比赛的实践证明，特别是在较高水平的竞技对抗中，当双方运动员的技战术水平旗鼓相当时，其中一方想实施上述违反规则的摔法是比较困难的。因此，在临场执裁时，判断运动员是否使用迫使对方头部先着地的摔法，需要考虑以下三方面因素：

①使用者使用摔法的技术是否合理，凡是合理使用技术者不属犯规之列。

②倒地一方的跌法是否正确，凡因不正确的跌法而造成受伤者，应该是自身原因造成的，不属犯规之列。

③使用者是否有明显加速用力的表现，如没有，一般不属于犯规动作。

综合上述几个因素分析，如果采用正常的摔法，而被摔的一方因自己的保护能力差，倒地动作不合理而造成头部先着地，均应不属于犯规之列。

2. 有意砸压对方，是指在对方倒地时，使用者迅速用身体的某一部位，再次加力于对方的身体，以达到使对方丧失战斗力的行为。如有的运动员在对方倒地的一瞬间，迅速用膝或肘加力于对方身体的喉部、胸部、腹部、裆部等薄弱部位。因此，台上裁判员要准确地观察使用者，是否有加速用力砸压对方的表现，凡是"有"者，必须按"侵人犯规"处罚。

（三）用任何方法攻击倒地方的头部。

释义：

此款实际包括了对两种状态的限制。一是，用任何方法攻击主动倒地方的头部。当一方在使用主动倒地动作进攻时，如果没有把对方击倒，仍然可以有3秒钟时间躺在地上，继续与站立者相互击打。但此条款明确规定了，站立者不得用任何方法攻击主动倒地方的头部，违者必须按"侵人犯规"处罚。这是出于保证竞赛中的安全考虑。二是，当一方倒地后（包括被击倒、摔倒或自行滑倒），站立者除了不得用任何方法攻击倒地方的头部外，也不得攻击倒地方的身体其他部位。因为按《规则》规定，一方倒地后（主动倒地除外），台上裁判员必须立即喊"停"。喊停之后，任何一方都不能继续进攻，违者也属"侵人犯规"。如果因台上裁判员喊停不及时或稍有延误时，为了保证运动员的安全，站立者也绝不能用任何方法攻击倒地方身体的任何部位（包括头部），违者必须按"侵人犯规"处罚。这也是出于对参赛者的道德品质和职业规范的要求；也是为了保证竞技体育安全竞赛的需要。

第二十一条 得分部位

头部、躯干、大腿。

释义：

得分部位，是指一方运动员使用拳法或腿法击中对方后，根据不同的评分标准，能够产生相应的得分效果的部位。头部，是指从下颌底部（第一颈椎）以上，除了后脑以外的面部、头部两侧及顶部。躯干，是指锁骨以下、肩关节以内、髋关节以上的腹部、胸部、背部和两侧肋部。大腿，是指髋关节以下，膝关节以上（不含膝关节），包括臀部在内的大腿里外侧。

需要强调的是：人体的肩部、上肢、膝关节及小腿以下既不是禁击部位，也不是得分部位，击中后既不能判犯规，也不能判得分。由于肩部与胸、背连接，腹部与臀部连接，运动员击中在连接部位时，要做到准确判断有一定的难度。根据实践经验，也为了有利于执裁，便于统一尺度。现在执裁中已确定：如用腿法击中躯干而发出护具的响声时，可按得2分部位判断；用腿法击中在膝关节以上至腰以下而发出击中皮肉的声音时，可按得1分部位判断；凡听到的是击打手套

的声音，而又没有看清楚击中得分部位时，应作无效处理；凡击中在肩部与胸、背的连接部位；或击中大腿与小腿的关节连接部位均按不得分处理。

第二十二条　禁击部位

后脑、颈部、裆部。

释义：

禁击部位，是指运动员在比赛中，不能用任何方法攻击的身体部位。后脑，是指头部后面，耳廓垂直线以内的部位。颈部，是指人体第一椎骨以下，锁骨以上的四周。裆部，是指人体大腿的内侧，小腹与肛门之间的阴部。

执裁时，台上裁判员要集中注意力，及时准确地判断运动员的犯规行为并作出处罚决定。如果一时难以作出判断，且运动员又有表现时，在喊停之后，可及时征求裁判长或就近边裁判员的意见，确定是否击中禁击部位。如"是"，则应按"侵人犯规"处罚；如"不是"，应给予该运动员口头提示并继续比赛。如若该运动员仍然没有继续比赛的举动，台上裁判员应给予该运动员（非犯规）"强制读秒"处理，绝不能因运动员的假"痛苦状"而干扰了裁决的准确性。

第二节　得分标准

第二十三条　得分标准

（一）得 2 分

1. 一方下台，另一方得 2 分。

释义：

此款重点包含着两个条件的界定，一是如何确定为"下台"？二是如何确定为"一方下台"？

（1）"下台"，是指比赛时，在台上裁判员发出开始和停的口令期间，运动员的身体任何部位支撑了台下保护垫或场地，均为下台。

（2）"一方下台"，是指比赛时，在台上裁判员发出开始和停的口令期间，一方的身体任何部位支撑了台下保护垫或场地，同时又与台上运动员的身体任何部位产生了脱离现象，即为一方下台，对方得 2 分。

在裁判的实践中，运动员的下台有以下三种现象：

①双方同时下台，即在台上裁判员发出"停"的口令之前或同时，双方运动员的身体，同时都支撑了台下保护垫或场地。

②双方先后下台，即在台上裁判员发出"停"的口令之前或同时，双方运动员的身体先后都支撑了台下保护垫。

以上两种下台现象，台上裁判员均应做双方下台的手势，互不得分。

③下台无效，造成下台无效也有以下几种原因和现象：

一是，一方运动员是在台上裁判员喊停之后，才完成攻击方法而造成单方或双方下台。台上裁判员应判"无效"。

二是，双方或单方运动员在倒地之后，因一方或双方出现了第二次用力，而后造成的下台，应用下台无效，台上裁判员应按先前"倒地"的状况进行裁决。

三是，在台上裁判员喊停的同时或之前，一方运动员支撑了台下保护垫或场地，而另一方运动员仍在台上站立或倒地，但双方运动员仍然互相抱缠而身体没有完全脱离。台上裁判员应判"无效"。

2. 一方倒地，站立者得2分。

释义：

（1）倒地，是指运动员在比赛中，除双脚以外的身体任何部位支撑了台面。

（2）双方倒地，是指运动员在比赛中，因互摔而失去身体平衡后，双方运动员（除双脚外）都以身体的其他任何部位支撑了台面；或者一方运动员因失去平衡而使身体任何部位支撑在先倒地方的身体之上，均应判为双方倒地（含同时或先后倒地）。

倒地，在比赛中有三种类型：

①被击倒，一方运动员由于被对方重拳、重腿的击打后，造成身体失去了平衡而倒地。

②被摔倒，一方运动员由于被对方使用摔法，造成身体失去平衡而倒地。

③自行滑倒，一方运动员因对方进攻，而自己防守不当或因自己的身体失去控制等原因造成的倒地。

凡属以上三种情况的倒地，站立者均可得2分。

3. 用腿法击中对方头部、躯干得2分。

释义：

执行这一条款，首先要清楚散打比赛中的腿法，主要包括有蹬、踹、鞭、勾、扫、摆、劈7种。使用这些腿法时，无论是原地完成，还是转身完成，还是

腾空转身后完成等，都没有难度之分。

另外，在执行这一条款时，必须正确地理解一个关键词，即"击中"对方头部、躯干得2分。何为"击中"对方头部、躯干？应该如何把控"击中"的评分标准呢？

"击中"，是指一方运动员使用允许的踢、打方法，明显地击打在对方的得分部位，而产生了相应的得分效果的一个专用术语。至于如何掌控是否达到了"击中"的得分效果？经多年的裁判实践体会，一般要从以下4个方面入手：

（1）看进攻方法。凡攻击方法清楚，力点准确，明显地击打在对方的得分部位上。

（2）看防守效果。对方被击打时，凡是没有做出相应的防守动作；或者出现被击中在先、防守在后；或者出现了防守错误而没有产生防守效果等现象，均为防守不好。

（3）看位移现象。对方被击中后，身体产生了晃动、移动、震动等现象。

（4）听声音效果。对方被击中得分部位时，所发出的响声。如打在护具上发出的清脆声；打在胯骨以下肌肉发出的声音等。裁判员需要特别注意区别：击打在护具上、肌肉上、手套上等所发出的声音效果是不一样的。而区别这些不同响声的能力，只能在专业教学训练中得到领悟和提高。按照实践经验，凡是听到击打在护胸、护头时发出的声音，应该是"击中"效果；凡是听到击打在皮肉时发出的声音，必须结合视线判断，是否击打在得分部位；凡是击打在手套时发出的声音，应该视为无效击打。

以上4个方面，虽然都是评判击打时能否得分的依据，但前两条应该是基本条件，也是最重要的条件；后两条是评定质量和效果（力度）的参考标准，是辅助条件。而且后两条并非都要同时有明显的效果。对声音和位移的判断，因击打的方法（横线和直线）、部位，男性或女性、体重的大小、比赛场地安静与否、裁判员与运动员相距的远近等多方面的不同，被击打后所发出的声音和产生的位移现象，会有很大的区别。因此，以声音或位移来评定击打的力度，一定要根据具体情况而作出实事求是的判断。或者从某一个侧重点入手，如用拳腿击中头部时，应侧重注意击中后产生的"位移变化"，而不应强调击打的声音；用拳法击中躯干时应侧重于击打目标是否"清晰"，而不应过分强调击打的声音和位移现象；用鞭腿击中躯干时应侧重听到护具发出的声音，而不应强调位移；用蹬、踹腿等直线动作击中躯干时，应侧重于被击打的部位和对方的防守效果等。绝对不能理解为4个方面都是判定"击中"的必备条件。

在以往的散打比赛中,有不少裁判员对踢打动作的得分标准确定的"门槛太高",要求击打的力度非常苛刻。甚至是"舍不得"或"很吝啬"地给分。有的裁判员对这种现象也很有看法,甚至说"这声音(击打声音)连'傻子'都能听得出来啦,怎么还不给分",总之,在当前的散打比赛中,裁判员对踢打动作的判分要给予"松绑"。否则,将会有背于我们所倡导的:竞技散打技术应朝着"拳、腿、摔"三类技术均衡发展的方向。

现行的《规则与裁判法》,正是总结了以往裁判员在执法中出现的弊端后,修订了新的记分方法。即将原记分方法中"使用同一个动作产生分值不同的效果,则以上线取值",改变为"依据不同的动作产生不同的分值,按各自不同的分值累计相加记分"。如,红方用踹腿"击中"蓝方躯干,致使蓝方下台(第一次),应判红方踹腿2分,加上因蓝方下台,红方又得2分,红方这个踹腿一共得了4分(原规则只能得2分)。再如,红方用拳法"击中"蓝方头部,致使蓝方倒地,应判红方拳法得1分,加上因蓝方倒地,红方又得2分,一共得3分。再如,红方用踹腿"击中"蓝方躯干,致使蓝方倒地,而蓝方又被强制读8秒钟。这样红方一记踹腿得2分;因蓝方倒地,红方又得2分;因蓝方被强制读秒1次,红方又得2分。最后红方共得了6分。当然,按裁判员的职责不同,边裁判员只能判定运动员踢打动作的得分,而倒地和"强制读秒"是由台上裁判员判定的,边裁判员只有如实记录的责任。

4. 用主动倒地的动作致使对方倒地,而自己顺势站立者,得2分。

释义:

理解这一条款的关键有两点,一是对"主动倒地的动作"的判定;二是确定是否"顺势站立"。

主动倒地动作,是指运动员在使用攻击方法之前,必须先主动使用倒地动作(除两脚以外的其他身体部位支撑台面)后,才能完成的方法。目前,在全国或世界的重大比赛中,已经确定并得到认可的主动倒地动作有三个:①扶地前扫腿;②扶地后扫腿;③后倒蹬肢(俗名兔子蹬鹰)。运动员在使用这3个动作时,台上裁判员要及时准确地分辨出是否是"主动倒地"。如果主动倒地者处于正常平衡的状态下运用上述某一个动作,即为用"主动倒地动作";如果使用者本身已处在失去平衡的状态下,为了躲避对方的击打而顺势倒地,即为"被迫倒地",应按单方倒地或双方倒地处理。

"顺势站立"是指在使用主动倒地的动作击倒对方后,自己能够利用动作的惯性,并在台上裁判员喊停之前或同时起立的状态。能否顺着主动倒地的动作

"惯性"起立,是鉴定"顺势站立"的关键。实践证明,使用主动倒地动作者在击倒对方后,如本人的身体没有被对方身体任何部位压住,在正常情况下(因受伤或不了解规则除外),使用者会顺势站立的;反之,如果使用者本人的身体被对方身体(或某一部位)压在下面,只能等待台上裁判员喊停之后才能站立,此为"不能顺势站立"。

使用主动倒地动作进攻,大致会出现以下几种情况:

(1) 红方使用主动倒地动作将蓝方击倒,并能顺势站立者,红方得2分。

(2) 红方使用主动倒地的动作将蓝方击倒,而因本人的身体被蓝方身体压住,以致不能顺势站立,应判双方倒地,动作无效。

(3) 红方使用主动倒地动作没有击倒蓝方,但在3秒钟内起立,红方不扣分。

(4) 红方使用主动倒地动作没有将蓝方击倒,但在3秒钟内仍不能起立,判红方消极3秒,蓝方得1分。

(5) 红方使用"后倒蹬肢"动作将蓝方蹬(甩)下台,且双方身体已脱离时,判红方使用动作成功,得2分。

(6) 红方使用"后倒蹬肢"动作没有将蓝方蹬(甩)下台,以致双方倒在台上、或台下,而双方身体又没有脱离,则判动作无效。

以上所述多种情况,在散打比赛中均是复杂而多变的。因此,台上裁判员在执裁时,必须敏锐地观察运动员使用主动倒地动作时的状态(主动还是被动),并根据出现的结果,做到准确的判断。

5. 一方被强制读秒1次,另一方得2分。

6. 一方受警告1次,另一方得2分。

释义:

"读秒",通常有两大类:

一类是,一方运用了合理的攻击方法(非犯规动作)进攻,致使另一方因受到重击或重摔后有可能造成伤害,为避免运动员受伤而进行的读秒,即为"强制读秒"。一方被强制读秒一次(读至8秒),对方得2分。

在执行第五款时,需要注意的是:给受重击者强制读秒,是对其有可能受伤实行的保护,是一种意外现象。因此,进攻者如果是用踢打动作"击中"对方时,对方又被强制读秒1次,边裁判员除应给进攻者"击中"的效果分外(2分或1分),还应累计加上对方因被强制读秒1次(台上裁判员的判决),得2分;如果对方是被"击倒"的,那么台上裁判员还要判对方倒地,这样进攻者在这一个动作中可能产生 3 种结果,即:击中得分、因对方倒地得分、因对方被强制读秒得分,3 项必须累计相加得分,绝对不能把这 3 种不同性质的得分互相取代。

另一类是,因一方"侵人犯规",不管是否需要给对方进行读秒,但只要受警告 1 次,对方就得 2 分。

"读秒"(含强制读秒和因犯规读秒),通常有三种状态:

(1) 读 8 秒

无论是"强制读秒"还是"因犯规读秒",在读秒过程中,运动员已举手示意可继续比赛,台上裁判员必须读完 8 秒钟后才能终止读秒。

(2) 读 10 秒

在读秒过程中,运动员没有示意要求继续比赛,或虽已示意继续比赛,但其知觉仍然处在不正常状态时,台上裁判员必须读完 10 秒钟。一旦读到 10 秒钟,则表示该场比赛已经结束。

(3) 终止读秒

在读秒过程中,如果发现运动员出现休克或关节脱臼、骨折,或有生命危险等状态时,台上裁判员应终止读秒,立即取下运动员的护齿并用手势请医生上台,给运动员进行急救并送至后场处理。

读秒后通常有 5 种处理办法:

①一方运动员因对方侵人犯规而被读秒,在读至 8 秒钟前已表示能继续比赛且知觉正常时,需读完 8 秒钟,并给予犯规运动员"警告"1 次的处罚,被读秒者得 2 分。

②一方运动员因对方侵人犯规而读秒,在读到 8 秒钟之前没有表示能继续比赛,则需要读完 10 秒钟后才能终止比赛。经医务监督人员检查,确认为不能继续比赛者,则判受伤者(被读秒者)为获得本场比赛的胜方,但不能参加以后所有场次的比赛。

③被读秒者(受伤者)若经医务监督人员检查确认,尚未达到"不能比赛"的伤害程度,则应先判犯规方被"警告"1 次,再判犯规方为获得该场比赛的胜方。被读秒者按弃权处理。

④一方如果是使用允许的攻击方法进攻,另一方因受重击被"强制读秒",当读至 8 秒钟之前就表示能继续比赛,且知觉正常时,则读完 8 秒钟后,判另一方(被读秒者)被"强制读秒"1 次(手势俗称"压点"),一方(进攻者)得 2 分。

⑤一方如果是使用允许的攻击方法进攻,另一方受重击被"强制读秒",在

读至 8 秒钟之前仍没有表示能继续比赛，则必须读完 10 秒钟后才能终止比赛，判一方（攻击方）为该场胜方，另一方等于放弃比赛，按弃权处理。

（二）得 1 分

1. 用拳法击中对方头部、躯干部位得 1 分。

释义：

此条款中的"拳法"，是指用腕关节以下部位的拳法，击中对方头部、躯干部位得 1 分。如果用"前臂"（肘除外）击中对方是不能得分的，允许使用，不属于犯规动作。

2. 用腿法击中对方大腿得 1 分。

释义：

大腿，是指髋关节以下，膝关节以上（不含膝关节）的大腿前、后、内、外侧。在临场执裁时，由于运动员在快速的移动和激烈的互相击打中，有时只靠眼睛对髋关节上下的判断是比较困难的。因此，判断是否击中躯干还是髋关节以下部位时，一般以护具为界，如听到击打时的声音是护具发出的响声，应判为击中躯干，得 2 分；如只是听到击打皮肉的响声，应判为击中髋关节以下部位，得 1 分。对于是否击中膝关节以上部位（不含膝关节）的判断时，要以视觉清晰为准。临场执裁人员不仅要注意攻击腿法的起点，还要注意腿法击中时的止点，即眼的视线要从起点跟至终点（击打部位），绝对不能只凭感觉或声音判定是否给分。否则，就容易把击中小腿误认为是大腿，或反之把击中大腿误认为是小腿的误判现象。如果的确无法判断清楚时，只能按"就低不就高"的原则不予评分。

3. 运动员被指定进攻后达 5 秒钟仍不进攻时，另一方得 1 分。

释义：

执行这一条款时，实际有两个时间段要执行的，即："指定进攻前"与"指定进攻后"的两个 5 秒钟。"指定进攻前的 5 秒钟"，是指自台上裁判员发出"开始"比赛的口令后，要在自己的心里默记时间，如果运动员大约在 5 秒钟后没有进攻时，台上裁判员就应该指定消极的一方运动员（如双方运动员都消极时则任意指定一方）进攻；"指定进攻后的 5 秒钟"，是指被指定进攻的运动员，要在 5 秒钟之内组织进攻。如若被指定进攻的运动员，在 5 秒钟之内没有组织进攻，台上裁判员必须喊"停"，判指定进攻的运动员为"消极 5 秒钟"，对方得 1 分。

在 2013 年以前的《武术散打竞赛规则》规定"运动员被指定进攻后达 8 秒

钟仍不进攻时,对方得1分"。从新旧规则的条款看,只有3秒钟之差。但是在过去的执裁中,台上裁判员只是严格地执行了"被指定进攻后的8秒钟;而裁判员喊"开始"的口令之后的8秒钟,根本没有很好地执行,甚至随意性较大,有时运动员相互对峙多达十几秒钟,甚至几十秒钟,台上裁判员都没想起来执行"指定进攻前的8秒钟",导致比赛很不激烈。

另外,在执行这一条款时,应该注意处理以下问题:

(1) 当运动员被指定进攻后,台上裁判员应用手在体前来回摆动的方法表示默记时间。在5秒钟之内,被指定进攻运动员应处在有效的击打距离内完成组织进攻,若因对方调整了距离或做出了防守后,没能取得击打效果,进攻仍可有效,裁判指令结束。

(2) 运动员被指定进攻后,如果在5秒钟之内没有组织进攻,或者只是在无效的距离外佯装进攻,故不能作为执行了裁判指令,应继续计算时间,一旦到达5秒钟时,应即刻喊停,判被指定进攻运动员消极5秒钟,对方得1分。

(3) 运动员被指定进攻后,无论任何一方运动员在5秒钟内组织了进攻,裁判指令结束。

(4) 在一局比赛中,若是单方出现多次消极,可多次指定其进攻;若是双方多次消极而需要再次指定进攻时,为考虑公平性,应变换指定进攻者。

4. 一方主动倒地3秒钟不起立,另一方得1分。

释义:

这一条款,实际包含着两个含义:

一是,运动员使用主动倒地动作进攻,如果没有把对方击倒,仍然可以允许躺在地上与站立者互相击打(站立者不能击打倒地方头部),如果主动倒地方,在3秒钟之内起立,对方不得分(不包括击中得分)。

二是,双方运动员在互相击打,当到达3秒钟时,台上裁判员应立即喊停,判主动倒地方消极3秒钟,对方得1分。因此,要求台上裁判员在执行此款时,首先要准确地判定运动员是否使用主动倒地动作进攻,如是主动倒地,但没有将对方击倒,此时应即刻默计时间,以便准确地把握3秒钟;如不是主动倒地,台上裁判员应即刻喊"停",判倒地方倒地。

总之,在竞技散打比赛中,有关对运用主动倒地方法进攻的判断,虽然只有得2分(成功使用)、不得分(3秒钟之内起立)、判3秒钟消极3个等级,但执裁时,情况千变万化,如果包括运动员使用虚假动作时,情况更加复杂。台上裁判员要做到准确无误地执裁,有非常大的难度。因此,要求裁判员必须不断地研

究业务，并精通专业技术，不断熟识裁判法，从而不断提高临场执裁的反应能力和判断能力。

5. 一方受劝告一次，另一方得 1 分。

释义：

运动员因技术犯规而被劝告一次，对方得 1 分。需要强调的是：即便是同一运动员多次出现同一错误，也只能按劝告进行再次或多次处罚，决不能因为是运动员重犯而加重处罚标准。对运动员出现了侵人犯规，也不能因结果不严重就可以降级按劝告处罚。

（三）不得分

1. 方法不清楚，效果不明显，不得分。

释义：

此款是指，运动员在完成踢打动作时，由于没有掌握好击打的时机、距离而勉强出招，造成攻击方法不清晰、击打的力点或部位不准确，以致击打的质量和效果均未达到"击中"标准。裁判员在执裁时，应该根据标准，做到准确把握、标准一致，避免个人的随意性执裁，或受感情干扰。

2. 双方下台，互不得分。

释义：

双方下台，是指双方运动员在台上裁判员喊"开始"至"停"的口令时间内都掉下了擂台。即便运动员下台，有同时或先后之分，但都不能产生得分效果，均属于双方下台。

3. 双方倒地，互不得分。

释义：

双方倒地，是指在比赛过程中，双方运动员的身体（除双脚以外）都支撑了台面；或者一方将另一方摔倒时，自身也失去了平衡，以致身体的某一部位支撑在先倒地运动员的身体上。

需要强调的是：

（1）在台上裁判员发出"停"的口令之后，因先倒地一方明显再次用拉、绊、扫、勾、别等方法致使另一方也倒地，应判先倒地一方为倒地。

（2）双方互摔，因先倒地一方为了造成双方倒地，而紧紧抓握另一方的手臂，或搂着对方颈部不放，即便运动员双方仍然有身体接触，但站立者并未形成实质性的附加支撑，仍然判先倒地一方为单方倒地。

4. 一方用方法主动倒地，另一方不得分。

释义：

关于什么方法才是主动倒地，在上面得 2 分的条款中已经作了解释，这里主要强调的是，用主动倒地方法进攻，如果没有击倒对方，在 3 秒钟之内双方可以继续互打（但站立者不能用任何方法攻击主动倒地方的头部），如果符合了"击中"得分的要求，裁判员要按具体"击中"的标准给予判定；如果没有产生"击中"效果，主动倒地者只要在 3 秒钟之内（台上裁判员喊停之前）已经起身站立，另一方不得分。

5. 抱缠时击中对方，不得分。

释义：

这一条款的规定，首先要充分理解什么是抱缠。"抱缠"是一个组合词。即凡是双方运动员有身体接触状态，或互相抓握、或互相搂抱、或四肢相互缠绕等现象，均可视为抱缠。"抱缠时击中对方不得分"，是指一方运动员抱住另一方运动员，或者在双方运动员互相抱缠的情况下击打对方，即便是击打在得分部位也不予以记分。但在执裁时，必须注意区别以下五种非抱缠状态：

(1) 一方将要搂抱对方，但还没有出现接触时，就被对方击中，仍可得分。

(2) 一方抱住对方身体某一部位后立即脱手，在脱离后的瞬间，即刻以拳或腿反击而击中对方，仍可得分。

(3) 双方运动员在没有抱缠状态下相互攻击，并连续互有击中对方的得分部位，仍可得分。

(4) 在"分开"口令的同时挣脱了抱缠，并使用方法击中对方得分部位，均应视为击中有效，仍可得分（非犯规现象）。

第三节　犯规与罚则

第二十四条　犯规与罚则

（一）技术犯规

1. 消极搂抱对方。

释义：

消极搂抱，是指运动员在比赛过程中，主动搂抱对方以阻止对方的进攻，但

又不使用摔法、或假摔、或只是无效地踢打对方，以期等待裁判员喊"分开"或"停"的行为，且这种行为反复出现。

(1) 消极搂抱的目的

①运动员在体力极度透支的情况下搂抱对方，而后又不使用摔法；或假摔，企图通过裁判员喊"停"或"分开"的机会从中获得体力的调整，其实质是采用"消极战术"。

②一方抢攻击中对方或失败之后，为了阻止对方进行有效的反击而立即抱缠对方，又不使用摔法。

③一方发现对方即将抢攻而尚未产生效果时，为避免对方"击中"，便即刻快速逼近并主动搂抱对方，又不使用摔法。

(2) 消极搂抱的状态

①一方双手搂抱对方的头部、颈部而不用摔法，或只是无效地踢打对方。

②双手搂抱对方的肩部内侧或外侧而不使用摔法；或以一臂或双臂拧夹对方的臂部而假打、假摔。

③双手搂抱对方的腰腿部而不使用摔法或假摔。

在比赛中，消极搂抱的形式还会很多，但都是指一方搂抱对方后而不使用摔法或假摔，或者只是做无效的踢打动作的行为。台上裁判员发现运动员消极搂抱时，第一次可以用"分开"的口令和手势。如果第二次再出现消极搂抱时，台上裁判员应喊"停"，并给予该运动员不要进行"消极搂抱"的提示。当第3次出现"消极搂抱"的行为时，每出现1次，就对该运动员判"技术犯规"1次。

需要强调的是：第一，任何一方运动员一旦搂抱对方后，没有使用摔法、或是假摔、或只是用手脚进行无效踢打的现象，这就是"消极搂抱"。决不能混同于使用摔法而延长搂抱的时间。第二，运动员如果一旦出现"搂抱"时，台上裁判员首先要观察是哪一方运动员主动搂抱对方？是"消极搂抱"（没有用摔）还是"主动抱摔"？如果是消极搂抱，就必然会出现上述①的现象；如果是使用主动抱摔，则必然是先经过搂抱（对方），再实施摔法（尤其是使用主动贴身抱摔）的转换过程。因此，台上裁判员要做到敏锐观察，不能一出现搂抱时就即刻喊停。否则，反而会制约、甚至限制了正常使用摔法。在现行的《规则与裁判法》中，对双方互摔或抗摔而又不能出现结果时，台上裁判员不叫"停"而采用"分开"的口令，以减少喊"停"的次数。当然，现行《规则与裁判法》取消了"使用摔法有2秒钟快摔的限制"。由此而带来各种抱缠后的假摔，或抗摔的复杂现象。因此，要求台上裁判员：一要熟识专业技术特点，提高敏锐的洞察力；二要准确地判断谁是主动实施搂抱；三要分清运动员搂抱后的意图，什么样的情况是抱缠？什么样的情况是抱摔；四要统一尺度、敢于判罚、公平判罚"，要让参赛运动员习惯于我们的判罚尺度，以至在他（她）们各自的训练中，能有一个明确的指导思想和训练方法。

第三，因《规则与裁判法》中的不得分条款规定："抱缠时击中对方，不得分"（为有利于使用摔法）。为此，运动员出现的"消极搂抱"，实际就是主动实施的"消极战术"。另外，由于新规则中取消了"使用摔法2秒钟不成功则'喊停'"的规定。因此，在每局2分钟的比赛中，势必会导致运动员用摔、抗摔（也含假摔）的时间和次数增多。裁判员不能因有了"分开"口令的规定，而弱化了对"消极搂抱"的处罚；更不能以"分开"的口令取代了对"消极搂抱"的判罚。否则，就很难从根本上改变当前竞技散打比赛中的"消极搂抱较多、比赛不激烈"的现状；也会大大地降低了本次（2013年）修改规则与裁判法的力度和效果。

出于上述的几种原因，本人想借此机会，谈谈个人的看法：

为了更好地限制和减少比赛中运动员搂抱后"不用摔"；或"假摔"；或"谁也摔不了谁"的现象，新规则和裁判法已经把原规则中"双方互摔，后倒地者得1分"的条款取消了。本人认为修改得很成功，而且在比赛中因运动员互相搂抱而"暂停"比赛的现象也的确少了许多，比赛也激烈多了。但本人认为力度还不够，如果在竞技散打比赛中实施只允许使用"接招（腿和臂）后的摔法"，而不允许使用"主动贴身搂抱摔"。估计那些"消极搂抱""搂抱后的假摔""搂抱后的假抗摔"等现象肯定还会减少。可能有人会担心"散打的摔法会因此而没了摔法"；会失去散打的技术特点；失去了我国运动员在国际赛场上的优势。根据近几年中央电视台5频道举办的"散打职业联赛"（本人在此赛事中担任裁判长），其使用的规则就是不允许使用"主动贴身搂抱"的摔法。实践证明，比赛中的搂抱现象少了许多，而且运动员更加注重了接腿后的快摔、巧摔，使比赛更加激烈和精彩，其利还是大于弊的。同时，作为武术中的竞技散打，对"踢、打、摔"的技术内容必然要有所取舍，不可能把武术中的"踢"、拳击项目中的"打"、摔跤项目中的"摔"全部技术都包揽到"竞技散打"中来。

2. 背向对方逃跑。

释义：

背向逃跑，是指一方运动员在比赛中，为了躲避对方的进攻而转身背向逃跑的行为。一旦出现此行为，台上裁判员应喊"停"，并给予逃跑一方运动员"技

术犯规"的处罚，对方得1分。增加这一条款，其目的是为了控制运动员在比赛中采用的"消极战术"。在具体执裁时，要把握运动员采用"消极战术"的三种原因：一是逃跑者在该局比赛中，得分可能暂时有些领先，为保住已有的优势；二是逃跑者的体能不如人，为保存体力；三是在动作表现形式上既转身又逃跑，以至能迅速拉开距离而躲避对方的进攻。台上裁判员若能熟识和把握运动员选用背向逃跑的原因，在判罚时就会做到心理有数，以便更加准确地执裁。

3. 处于不利状况时举手要求暂停。

释义：

在激烈的散打比赛中，运动员处于不利状态的情况很多，如有体力不支的、有下台危险的、有可能被连续击中的、也有可能被摔倒的等等。按竞技比赛的制胜规律来说，双方运动员必须通过实施各种战术而获取主动权，其中之一就包括了千方百计地迫使对手处于不利状况而实施打击。如果一方运动员处于不利状况时就举手要求暂停，而台上裁判员又不得不喊停，这样对有利的一方运动员是不公平的。因此，此款是为了贯彻竞赛的公平、公正性原则，对处于不利状况而要求暂停者，给予劝告一次，对方得1分。然而，在执裁的实践中，运动员使用的战术有真有假、真假兼用，运动员必定会找出很多要求暂停的理由。因此，要做到判断准确，严格执法是有难度的，需要执裁者必须善于洞察分毫，分清真伪，不断提高执裁水平。

4. 有意拖延比赛时间。

释义：

有意拖延比赛时间，是指在比赛中，当裁判员发出上场或准备比赛的指令后，运动员没有迅速执行指令，或故意找出各种原因以致影响正常比赛的行为。具体表现有以下几种情况：

（1）如运动员在局间休息时自行择下护头或护齿，甚至松解护具，且又没有提前做好上场准备。在台上裁判员指挥上场后，才不紧不慢地整理护具、着装、头发等，拖拖拉拉地上场。

（2）不配戴护齿就上场，被台上裁判员发现后才下场补戴。

（3）在开赛前不能按时进入比赛现场；或者倒地后、下台后不立即听从台上裁判员的指挥，故意磨磨蹭蹭，慢慢悠悠地起立或上台。

（4）女子运动员在比赛中因头发或内衣影响动作，要求暂停比赛进行整理。

（5）在比赛中，台上裁判员喊停后，运动员没有征得台上裁判员的同意而自行离开比赛现场或下台，延误比赛时间。

上述各种情况均可视为有意拖延比赛时间，运动员一旦有了上述表现，台上裁判员应给予劝告的处罚。

5. 上场不戴或有意吐落护齿、松脱护具。

释义：

散打比赛，对运动员穿戴的护头、护胸、手套等都是由大会统一配备的，护齿、护裆、绑手带必须自备。穿戴时有严格的要求，松紧度要合适，穿好以后都需要固定，特别是手套和护头个人不得随便松脱。在比赛中，有的运动员为了适应个人的习惯；或者出于战术的需要；或体力不好的运动员，想通过整理护具，或重戴护齿的时间进行体力调整；或想实施下台战术的运动员，有意将自己的手套戴得松一些；有的运动员甚至还在身上涂抹些油性物质，以便在对方将要下台时有利于自己脱离。以上这些行为，都是不利于竞赛的公平和公正。一经发现运动员有意吐落护齿，有意松脱护具、护头，应立刻给予"劝告"处罚。

需要注意的是，如护齿是在被对方击打头部后，或者在相互搂抱中丢落地下等客观原因造成的一些现象，应不属于有意吐落护齿。

6. 比赛中对裁判员有不礼貌的行为或不服从裁判。

释义：

运动员对裁判员不礼貌或不服从裁判，其表现形式各种各样，有的怒在脸上，有的表现在动作上，有的使劲扔甩护具，有的出言不逊，甚至口出脏话。这些都有损于武术的传统道德和行为规范，重者必须予以劝告，并责令其承认错误和予以纠正。

7. 运动员相互抱缠超过2秒钟时不听从台上裁判员"分开"的口令。

释义：

"抱缠"，是指在比赛中，双方运动员相互搂抱在一起而没有使用摔法的行为。"抱缠"与"抱摔"不同，抱缠的目的不是用摔，而是采用"消极战术"的一种。"分开"是指运动员相互抱缠超过2秒钟时，台上裁判员应喊"分开"的口令。当台上裁判员发出"分开"的口令时，运动员必须松开对方，面向对方，两脚依次后退一步，双方完全分开且相隔两臂间距后，不用等台上裁判员示意，即可进攻对方。

增加"分开"的口令，目的是为了减少停止比赛的次数和时间（下达"分开"口令时不停表），以便提高比赛的观赏性。但由于散打比赛，运动员双方出现抱缠时往往与使用摔法有密切关系。因此，在执裁过程中要把握以下要点和尺度：

（1）当一方运动员刚一"搭把"，即刻用摔法使对方失重或失控，以致将对方摔倒或致使对方下台。也就是说，运用摔法是一气呵成的，没有"变招"或"变劲"的现象。对于这样的摔法，可直至见到结果再喊"停"。

（2）当一方或双方运动员在使用摔法"得把"后，因对方抗摔使施摔方一再变劲、变招，甚至出现僵持状态时，台上裁判员应即刻向前"分开"双方，运动员各自后退两步并继续比赛。

（3）运动员在台上裁判员喊"分开"的同时，发力将对方摔倒或推打下台，应被视为动作有效。或者在"分开"口令的同时挣脱了抱缠，并使用方法击中对方，应被视为击中有效，台上裁判员不需暂停比赛。

（4）在台上裁判员发出"分开"口令并示意双方运动员分开后，若运动员不听从指挥，继续搂抱对方或松开对方后不后撤，台上裁判员则喊"停"，判该运动员"技术犯规"（即技术犯规条款中的第7款）。

（5）在台上裁判员发出"分开"口令并示意双方运动员分开后，若运动员继续进攻对方，或者没有后撤就主动进攻对方，台上裁判员应即刻喊"停"，并给予该运动员"侵人犯规"的处罚（即侵人犯规条款中的第5款）。

（6）在台上裁判员喊"分开"后，如果确实属于动作原因造成双方运动员无法分开时，台上裁判员可喊"停"，然后指挥继续比赛。

台上裁判员喊"分开"时应注意以下几种情况的处理：

（1）喊"分开"时应靠近双方运动员，尽量与双方运动员成三角形站立，以便双方运动员都能听清口令和看见手势。

（2）双方运动员抱缠虽超过2秒钟，但一方或双方有脱离的意识并可能产生分开效果时，台上裁判员不应喊"分开"。

（3）双方运动员在擂台黄色警戒线以外抱缠虽超过2秒钟，有可能会出现一方或双方下台时，台上裁判员不应喊"分开"。

另外，2005年，在第十届全国运动会散打决赛中，国家体育总局武术运动管理中心根据以往在竞赛中出现的情况，又作了有关"技术犯规"的补充规定（仅供参考）。

运动员不得蓄怪异的发型及异样的颜色，尤其是女子运动员在赛前应将头发整理好，如赛场上出现运动员主动要求裁判员帮助整理头发时，将给予技术犯规的处罚。

不允许运动员蓄怪异的发型和异样的颜色，这关系到本运动项目在社会及人们心目中的形象问题，管理者有必要通过法律（规则就是法律）的手段对有关人员加以限制和要求，特别是在竞技赛场上的限制和要求，只有与竞赛规则和裁判法挂钩，与运动员的成绩挂钩，执行起来才有保证，才有处罚的力度。

由于女子散打项目开展的时间较晚，有关竞赛工作的规范性、运动员队伍的管理等问题处在不断地摸索和总结之中。在临场比赛时，由于女子服装特别是内衣、发型均有其特殊性，如规范性不强，质量不高，要求不严格，势必会影响比赛的规范性，甚至会影响项目的形象。对在比赛中出现头发影响动作而要求暂停处理时，台上裁判员应该暂停比赛并予以整理（也可让本方教练员或助手整理），但必须给予"劝告"一次的处罚。这也是对另一方运动员公平性原则的体现。

（二）侵人犯规

1. 在口令"开始"前或喊"停"后进攻对方。
2. 击中对方禁击部位。
3. 以禁用的方法击中对方。

释义：

执行侵人犯规的处罚，需要掌握以下三点处罚尺度：

（1）在第一款的规定中，运动员在裁判员发出"开始"前或喊"停"的口令后进攻对方，这里用了"进攻"两个字，是指运动员在"开始"前或"停"之后已完成了攻击动作，而不需要强调是否产生"击中"效果，均属侵人犯规之列，应给予警告。

（2）在第二款和第三款中都用了"击中"两个字，意思是产生了"击中"效果。凡是碰着、擦着，或者没有明显击中后果的，在没有进行读秒的情况下一般可采用提示方法即可；如确认是产生了击中效果的，就必须给予犯规者警告。

（3）台上裁判员如果认为不属于"侵人犯规"之列，而给受伤运动员口头提示后又没起作用，如"受伤者"仍然用手捂着被击打的部位，甚至还在地上躺着。台上裁判员可采用两步措施：第一步先用语言提醒"受伤者"（不要紧），之后再发出继续比赛的试探性口令——"预备"做提示，如果双方都做准备了，就即刻发出"开始"的口令继续比赛；若"受伤者"仍没听从指挥时，第二步就必须"读秒"，一经读至 8 秒甚至 10 秒，就必须按"强制读秒"或者"因对方犯规而读秒"的办法处理（参考得 2 分标准中之 5、6 款），绝不能没有判罚而不了了之。

4. 用方法故意致使对方受伤部位的伤情加重。

释义：

此款是指运动员在比赛过程中，面部出现了开放性伤口（例如：鼻腔因击打

而流血或眉弓开裂，经医生临场处理后继续比赛），另一方运动员在搂抱过程中，故意用拳套或掌根去揉搓或用头部磨蹭、顶撞对方的伤口，致使对方的伤口的伤情进一步加重的行为。其目的是为了使对方因伤而不能继续比赛。这是一种违背武德和现代体育精神的行为，在比赛中应予以制止，台上裁判员一经发现，必须判犯规者侵人犯规。同时也是提醒所有参赛者，应自觉抵制这种不道德的行为。

5. 在"分开"口令后没有后撤即主动进攻对方。

释义：

按正确执行"分开"口令后的要求是：运动员当听到台上裁判员发出"分开"口令时，双方必须各自后退两步并拉开实战距离约两臂后，才可以继续进攻对方。此款指的是运动员犯了两种错误：一是运动员没有后撤；二是即刻主动进攻对方。而且这里仍然还是用了"进攻"两个字，与侵人犯规中的第一款是一个意思，即运动员只要完成攻击动作了，就属于侵人犯规之列，应给予"警告"的处罚。

另外，在比赛中还有两种情况要加以区别：

（1）当"分开"口令后，有时往往只是单方连续退了几步，此时双方相距已经较远，而另一方并没有退步，也没有即刻进攻对方。为了严格执法和避免其他人效仿，台上裁判员还是应该给予另一方运动员"技术犯规"的处罚。

（2）如果没有完成退步的另一方运动员，却即刻进攻了对方，虽然没有产生"击中"后果，但也属于侵人犯规之列，应给予犯规者警告。

（三）罚则

1. 每出现一次技术犯规，劝告一次。

释义：

罚则，是指对运动员在比赛中出现了违反《规则》和裁判法的行为后而必须执行相应的处罚。

运动员在比赛中只要出现了规则中所列举的"技术犯规"（共7款）的行为，应受到"劝告"的处罚。即便是同一错误多次出现，也只能多次执行劝告的处罚标准，而不能因为是重犯就可以加重处罚。

2. 每出现一次侵人犯规，警告一次。

释义：

运动员在比赛中只要出现了规则中所列举的"侵人犯规"（共5款）的行为，应受到"警告"的处罚。如果认为所犯错误较轻且又没有造成后果时，可以给运动员口头"提示"，但不能给予劝告的降级处罚。

3. 侵人犯规达 3 次，取消该场比赛资格。

4. 运动员故意伤人，取消其比赛资格，所有成绩均无效。

5. 运动员使用违禁药物或局间休息时吸氧，取消其比赛资格，所有成绩均无效。

释义：

此三款需要注意区别的是：第 3 款，侵人犯规达 3 次，取消"该场"比赛资格，这里只是对该场进行处罚。对原来已经取得的比赛成绩仍然有效，并且保留了后面参加比赛（如循环赛或附加赛）的资格。第 4 款和第 5 款，运动员故意伤人或使用违禁药物，或局间休息时吸氧，均判"取消比赛资格"，即包括后面所有场次的比赛资格，而原来已经取得的成绩均无效。所以，上述第 3 款与第 4 款、第 5 款的处理办法有着较大的区别，在裁判实践中必须严格把握。

第四节　暂停比赛

第二十五条　暂停比赛

（一）运动员倒地（主动倒地除外）或下台时

释义：

这里用括弧注明"主动倒地除外"，应理解两个要点：一是运动员使用主动倒地方法进攻，如果没有击倒对方时，可以允许在 3 秒钟之内继续互相进攻，不能立即喊停。二是若到了 3 秒钟时，如主动倒地方还没有起立，就应该执行本条第 5 款，喊停后判主动倒地方消极 3 秒钟。除此之外，运动员出现的其他倒地或下台，台上裁判员均应即刻喊"停"并进行裁决。

（二）运动员犯规受罚时

释义：

运动员犯规分有技术犯规和侵人犯规，凡是在比赛中发现运动员有犯规行为时，必须立即喊停并进行相应的处罚。

（三）运动员被提示时

释义：

"提示"是指在比赛中，运动员初次技术犯规，或者发现有侵人犯规的迹象且尚未形成结果时，为了避免重犯而采用口头提醒的一种措施。如运动员第一次

出现消极搂抱的行为时可以采用"分开"的口令处理；当第二次再出现时，应该喊停后并向运动员给予提示，即告知如果下次再犯，就必须进行判罚。再如，发现某运动员用腿法进攻时，有击中对方裆部的危险，台上裁判员可以在喊停后，给予该运动员安全提示。"提示"不是判罚，因此台上裁判员要注意掌握尺度：对于技术犯规的提示，只是掌握在初犯使用，一旦是重犯，就必须进行判罚；对于侵人犯规，一般只是掌握在没有造成结果时使用，一旦造成了结果，就必须按照规则进行判罚，决不能以提示取代判罚。

（四）运动员受伤时

释义：

在比赛中，运动员无论是何种原因受伤，或是自己举手要求暂停，或是其他裁判员、裁判长等发现运动员受伤，从安全比赛出发，台上裁判员均应暂停比赛并进行处理。处理的措施一般可请医务监督人员进入场地，如伤情严重不能继续比赛时，医务监督组必须提出意见，最后由总裁判长决定；若是简单的擦一下鼻血，为考虑比赛的节奏不能松懈，台上裁判员可用自己备用的棉花代行处理。

（五）运动员主动倒地超过3秒钟时

释义：

运动员使用主动倒地方法进攻，而没有致使对方倒地时，按规则规定，使用者可在3秒钟内的时间以卧姿的状态与对手（站立着）对持或互打，一旦到达3秒钟时仍没有站立（无论主、客观原因），台上裁判员应即刻喊停，判主动倒地者消极3秒钟，对方得1分。

（六）运动员被指定进攻后达5秒钟仍不进攻时

释义：

参考"得1分条款"中之3。

（七）运动员举手要求暂停时

释义：

在散打比赛中，运动员有权在任何情况下举手要求暂停比赛，台上裁判员必须按照运动员的要求暂停比赛。但是，运动员要求的暂停，往往有客观原因和主观原因。客观原因，如场地、灯光或护具松脱等问题要求暂停是合理的，裁判员喊停后要进行处理；因主观的原因要求暂停，情况较复杂，如因处于不利状况、体力不支、有意松脱护具、吐落护齿或故作假象等要求暂停是不合理的。台上裁判员在喊停后要对运动员的不合理要求进行处罚，即被劝告一次。这也是出于对另一方运动员的公平竞赛原则。

（八）裁判长纠正错判、漏判时

释义：

在裁判长的职责中规定，在比赛中发现裁判员有明显错判、漏判时，必须及时鸣哨暂停比赛并予以纠正，台上裁判员必须喊停并准确地执行。

（九）当场上出现问题或险情时

释义：

在散打的临场比赛中，一些意想不到的问题时有发生，如运动员的护具松脱、护齿掉地等；特别是险情的出现更是难以预料；如运动员在激烈地互击中，一方运动员在被连击的情况下突然失去自我保护能力；或受到重击后可能有伤害危险；或运动员身体突然反应异常等。这些情况不论是台上裁判员或裁判长或是相关人员发现时，都应及时通过裁判长指挥台上裁判员暂停比赛并进行处理。

（十）因灯光、场地、电子记分系统故障等客观原因影响比赛时

释义：

散打比赛中，规则规定能够暂停比赛的，共有10款，但在执行过程中，情况复杂，千变万化，需要裁判长和台上裁判员根据规则精神和现场的实际情况果断而及时地处理。绝不允许随意地"喊停"，特别是在大型激烈的比赛中，运动员竞技能力旗鼓相当，如果暂停的情况不合理，会造成有意偏袒一方，导致比赛不公正的后果。当然，也不能完全排除在比赛中会发生意想不到的、规则又没有明文规定的事件而需要暂停比赛，作为现场执裁人员，特别是裁判长和台上裁判员有权作出暂停比赛的决定。

第七章　胜负评定

第二十六条　胜负评定

（一）优势胜利评定

"优势胜利评定"，是指在比赛中，因双方运动员的竞技能力差距较大，或因一方受重击后而失去继续比赛的能力，不需要等待全场或全局的比赛结束就可以判定另一方为本场胜方的状态。

1. 在比赛中，双方实力悬殊，判技术强者为该场胜方

释义：

此条款，应着重理解两个关键问题：①何谓"实力"？②何谓"实力悬殊"？实力，是指运动员的竞技能力，包括身体形态、素质、机能、技战术水平和心智能力等方面的条件。实力悬殊，是指双方运动员因竞技能力有较大差异，导致在比赛中出现了"一边倒"的现象。如一方只有招架之功而无还手之力；或者一方动作盲目性大，章法凌乱；或者一方攻击动作缺乏力度和硬度，无法威慑对方，也封堵不了对方的强烈攻势而总处劣势状态，甚至产生了畏惧心理等。此时比赛的胜负已经很明显，为保护弱方运动员的安全，经台上裁判员与裁判长和总裁判长商议确定后，宣布技术强者为该场优势胜利方。

2. 比赛中，一方被重击倒地不起达 10 秒钟，或虽能站立，但知觉失常，判另一方为该场胜方

释义：

此条款，应该着重理解三个要点：首先，进攻者没有侵人犯规，属正常合理的击打动作。其二，被击者倒地不起应以台上裁判员读完 10 秒钟为依据。其三，"知觉失常"是指被击者在受重击之后，所表现出来的一种不正常的身体状态。具体表现为：站立时重心不稳，步履蹒跚，不能平衡身体，面部表现痴呆，视觉模糊，呼吸急促等。被击者虽然在 8 秒钟之前就可能坚持起立或没有倒地，但观察其神态仍然是知觉失常时，台上裁判员必须连续读完 10 秒钟后才能结束比赛，判进攻者为该场胜方。

3. 一场比赛中，一方被重击强制读秒达 3 次，判另一方为该场胜方

释义：

在散打比赛中，运动员被强制读秒的次数是全场累计相加的。一方运动员一旦受到了 3 次被"强制读秒"时，无论本场比赛进行了多长时间都可以结束比赛，判另一方运动员为该场胜方。

4. 一局比赛中，双方运动员得分相差 12 分时，判得分多者为该场胜方

释义：

执行这一条款时，应着重理解两个要点：即，①一局比赛中双方运动员的得分相差 12 分，不是局与局间的累计得分；②一方运动员领先另一方运动员 12 分，在裁判法中规定为：如果在实行 5 人制边裁时，应至少要获得 4 个边裁判员的判定；如果实行 3 人制边裁时，需要全部 3 个边裁判员的判定。因此，不能以少数边裁判员的判分为判定胜负的依据。

（二）每局胜负评定

1. 每局比赛结束时，依据边裁判员的评判结果，判定每局胜负

释义：

按《规则与裁判法》规定，边裁判员可设 3 人制或者 5 人制，当前的全国或世界武术散打锦标赛、综合运动会散打比赛等大赛都是采用 5 人制边裁。当每局比赛结束时，边裁判员根据运动员的得分，通过色别牌或色别灯表示评判结果。色别牌或色别灯包括红牌（红灯）、蓝牌（蓝灯）两种。最终成绩评定是以红色或者蓝色牌（灯）为准，多者为胜方。

2. 一局比赛中，一方受重击被强制读秒 2 次，另一方为该局胜方

释义：

上面"优势胜利"条款中说明了对强制读秒的次数计算方法是全场累计的，如果在一局比赛中，一方被强制读秒 2 次，无论本局比赛进行了多长时间都应即刻结束比赛，判另一方为该局胜方。

3. 一局比赛中，一方 2 次下台，另一方为该局胜方

释义：

下台的次数是按每局计算的，规则规定每一局比赛，运动员有 2 次下台的机会，局与局之间不存在累加。所以，在一局比赛中，一方第 1 次下台，对方得 2 分，若第 2 次下台时，该局比赛应即刻结束，判对方为该局胜方。

4. 一局比赛中，双方运动员得分相同时，判主动进攻技术强者为该局胜方。

释义：

针对当前散打比赛"不激烈，打法消极"的现象，为鼓励运动员积极主动进攻。现行国内《规则与裁判法》不设平局牌（灯），即边裁判员不允许举"平局牌（灯）"。如一局比赛中，双方运动员的得分相同时，判"主动进攻技术强者"为该局胜方。

在执行这一条款时，关键是如何把控理解何为"主动进攻技术强者"。具体的评判标准为：

（1）一局比赛结束，当双方运动员比分相同时，依据运动员在本局比赛中被判消极搂抱、消极5秒钟、强制读秒少者的顺序直接决定本局胜方（由电脑按照这个办法设计程序直接判定胜负）。

（2）当以上几种情况相同时，应根据下列情况综合考虑判定胜负。

A. 在主动运用进攻技术的方法和效果方面表现好于对方；

B. 比赛过程中，某方运动员在积极主动方面表现好于对方；

C. 在主动进攻意识和顽强拼搏的精神方面好于对方。

值得注意的是：

a. 判定时要根据运动员在整局而不是某一个时间段比赛中的表现，尤其是不能只根据临近比赛结束前运动员的表现来判定。

b. 边裁判员要根据比赛中运动员的实际表现来判定，而不应受场外因素（观众、教练员等）的影响。

（三）每场胜负评定

1. 一场比赛中，先胜两局者为该场胜方。

释义：

采用"三局两胜制"的竞赛办法，是散打区别于世界诸多搏击类项目的重要特点之一。先胜两局者为胜方，这样就有很多场次不需要打满三局即可以结束比赛。这里的"先"胜两局是指首先获得的意思，如前两局是2∶0的结果，则不需要进行第3局比赛；如前两局是1∶1，则第3局就是决胜局。

2. 比赛中，运动员出现伤病经医务监督员检查确认不能继续比赛者，判另一方为该场胜方。

释义：

在比赛中，一方运动员由于个人原因而出现伤病，如关节脱臼、眉弓、嘴唇、面部出现开放性损伤等，流血不止，且伤口达到了一定的宽度，即使本人不愿意放弃比赛，但经医务监督人员检查确认，认为不能继续比赛时，应立即终止比赛（大会医务监督组有决定权），判对方为该场胜方。

3. 比赛中因一方犯规，另一方诈伤，经医务监督员确诊后，判犯规一方为该场胜方。

4. 因对方犯规而受伤，经医务监督员检查确认不能继续比赛者为该场胜方，但不得参加后面所有场次的比赛。

释义：

第3、4款的规定，主要是指一方运动员因对方犯规受伤，在终止了比赛之后，对于判定本场胜负的不同处理办法。

（1）第3款是指受伤运动员，经医务监督组确诊后，认为在伤情上没有达到"不能继续比赛"的程度，有诈伤嫌疑。因此，在裁判实践中的处理方法通常采用：首先给予犯规者警告一次（属侵人犯规），然后再宣布犯规者为该场比赛的胜方。

（2）第4款是指受伤运动员，经医务监督组确诊后，认为在伤情上的确"不能继续比赛"。因此，比赛结果判受伤者为该场胜方。但《规则与裁判法》明确规定，因对方犯规而获胜的运动员不得参加以后（指本次赛事）所有场次的比赛，这是为了保证运动员养伤和有利于身体的恢复，同时也是为了避免其他不利于公平竞赛的负面现象发生。

附录　裁判员晋级考试

目前，武术裁判考试包括有晋级考试（即国际 A 级、国际 B 级、国家级、一级、二级、三级）和复试（国际级和国家级一般每 4 年复考一次）两种。不同的晋级考试由相应的管理部门负责组织和实施。如国际级裁判考试由国际武术联合会技术委员会负责；国家级裁判考试由国家体育总局武术运动管理中心负责；一级裁判考试由各省、市武术管理部门或部分体育院校（如北京体育大学、上海体育学院、武汉体育学院、成都体育学院、西安体育学院、沈阳体育学院等）负责；二级以下裁判考试由县以下或各行业体协负责。考试的形式和内容是根据不同的裁判等级设置的，如国际级和国家级裁判考试，一般包括笔试、口试、录像考试、技术考试等。笔试为理论考试，包括竞赛规则和裁判法的全部内容，一般包括四种题型，即填空题、判断题、选择题、问答题。口试为抽签考试，每个签一般包括一大一小两个题目，内容不多，但要求复习的范围很广，既含规则和裁判法的理论部分，也有实践知识。所以，"复习从宽考试从严"是口试的特点。录像考试为实践考试，实践考试还包括裁判手势考试。录像考试主要是通过比赛的实况录像，按照边裁判员的职责要求进行实际评判。技术考试为技能考试，含套路技术演练和散打技术操练，套路内容可以选择自己的特长项目，散打技术考试内容及形式由主考人员（组）确定。

需要说明的有以下五点：

1. 本书在理论考试的试题中，同一内容可以按不同的题型出题，因此有些内容可能会重复，目的是使读者便于了解考试的不同形式以及对知识的深刻理解。

2. 有些题目的标准答案，会根据题目内的某一个词的变化而变化，希望读者一定要准确地理解题目中每一句话的意思，举一反三。

3. 有些词的具体意思是约定俗成的，如"击中"一词是指使用者用踢打动作攻击对方身体的得分部位，并已产生了"得分"效果，它不同于"进攻、攻击、击打"等词类只是表述使用者的目的或动作过程，而不是最终结果。再如"强制读秒"一词是指攻击方在没有犯规的情况下使用正常的攻击方法，致使对方受到重击后的一种现象，它与"犯规读秒"不同。"犯规读秒"是指因对方犯规而被读秒。所以，要求读者要准确理解这类词意。

4. 试题的标准答案，应以中国武术协会审定的，2013年出版的《武术散打竞赛规则与裁判法》为准。目前国内与国际两个版本的散打竞赛规则是有区别的。

5. 在笔试中的问答题和口试题的标准答案在规则和裁判法中都能找到，为了避免内容的重复，本书只选择了部分的题型作介绍，不再注明标准答案。

笔试题

一、填空题

1. 每年举办的全国散打锦标赛的竞赛种类包括<u>团体赛</u>、<u>个人比赛</u>。

2. 目前全国散打锦标赛的竞赛办法一般采用<u>淘汰赛</u>、<u>循环赛</u>两种。每场比赛采用<u>三局</u>两胜制，每局比赛<u>2</u>分钟，局间休息<u>1</u>分钟。

3. 全国散打锦标赛规定成年组运动员的参赛年龄限在<u>18~35</u>周岁；青年组运动员的参赛年龄限在<u>16~18</u>周岁以下。

4. 全国散打锦标赛的参赛运动员必须携带<u>"运动员注册证"</u>，必须有参加比赛的<u>人身保险</u>证明，必须出示自报到之日起前<u>15</u>天内<u>县级</u>以上医院的包括<u>脑电图</u>、<u>心电图</u>、血压、脉搏等指标在内的体格检查证明。

5. 国内散打锦标赛运动员的体重分级共有<u>12个级别</u>，即48公斤级、52公斤级、<u>56公斤级</u>、<u>60公斤级</u>、<u>65公斤级</u>、<u>70公斤级</u>、75公斤级、80公斤级、85公斤级、<u>90公斤级</u>、<u>100公斤级</u>、<u>100公斤以上级</u>。

6. 运动员称量体重时须在<u>仲裁委员</u>的监督下，由<u>检录长</u>负责，编排记录员配合完成。

7. 运动员经<u>资格审查</u>合格后，方可参加称量体重，并且必须携带"<u>运动员注册证</u>"。

8. 运动员必须按照大会规定的时间到指定地点称量体重。称量体重时<u>裸体</u>或只穿<u>短衣</u>、<u>短裤</u>。

9. 称量体重先从<u>比赛设定</u>的最小级别开始，每个级别在<u>1小时</u>内称完。在<u>规定的</u>称量时间内体重不符合<u>报名级别</u>时，则不准参加以后<u>所有场次</u>的比赛。

10. 由编排记录组负责抽签，有<u>仲裁委员会主任</u>、<u>总裁判长</u>及参赛队教练或

281

领队参加。在第一次称量体重后进行抽签，由比赛设定的最小级别开始。如该级别只有1人，则不能参加比赛。

11. 比赛期间，运动员因伤病需有医务监督员出具的诊断证明或体重不符合报名级别时不能参加比赛，作弃权论，不再参加后面场次的比赛，但已进入名次的成绩有效。

12. 运动员不能按时参加称量体重，赛前3次检录未到或检录后擅自离开，不能按时上场者，作无故弃权论。

13. 比赛期间，运动员无故弃权，取消本人全部成绩。

14. 检录长在赛前20分钟负责召集运动员检录。

15. 运动员严禁使用兴奋剂，局间休息时不得吸氧。

16. 散打比赛的得分部位为头部、躯干、大腿。

17. 散打比赛的禁击部位为后脑、颈部、裆部。

18. 散打比赛禁止用头、肘、膝和反关节技法攻击对方。

19. 散打比赛禁止用任何方法攻击倒地一方的头部。

20. 散打比赛，一方击中对方禁击部位，判侵人犯规，被警告1次。用方法故意致使对方受伤部位的伤情加重，判侵人犯规1次。侵人犯规达3次，取消该场比赛资格。运动员故意伤人，取消其比赛资格，所有成绩无效。

21. 比赛中运动员对裁判员有不礼貌的行为或不服从裁判，判技术犯规。

22. 比赛中运动员上场不戴或有意吐落护齿、松脱护具，判技术犯规。

23. 比赛中，运动员在口令"开始"前或喊"停"后进攻对方，判侵人犯规。

24. 在散打比赛中，双方运动员实力悬殊，判技术强者为该场胜方。

25. 比赛中一方运动员被重击倒地不起达10秒钟，或虽能站立，但知觉失常，判另一方为该场胜方。

26. 一场比赛中，一方运动员被重击强制读秒达3次，判另一方为该场胜方。

27. 一局比赛中，一方运动员受重击被强制读秒2次，判另一方为该局胜方。

28. 一局比赛中，一方运动员2次下台，判另一方为该局胜方。

29. 一场比赛中，先胜两局者为该场胜方。

30. 在散打比赛中，运动员出现伤病，经医务监督员检查确认不能继续比赛者，判另一方为该场胜方。

二、判断题（对的画"√"，错的画"×"）

1. 散打比赛采用三局两胜制，每局比赛 2 分钟，局间休息 1 分钟。（√）
2. 成年组散打运动员的参赛年龄限在 18~35 周岁。（√）
3. 青年组散打运动员的参赛年龄限在 15~18 周岁以下。（×）
4. 散打运动员参赛时必须出示自报到之日起前 15 天内县级以上医院出具的包括脑电图、心电图、血压、脉搏等指标在内的体格检查证明。（√）
5. 全国散打锦标赛运动员的体重分级共设 12 个级别。（√）
6. 称量体重先从比赛设定的最小级别开始，每个级别在 1 小时内称完。在规定的称量时间内达不到报名级别时，则不准参加该场比赛。（×）
7. 运动员必须穿中国武术协会认定的武术散打比赛服装及护具，服装与护具颜色需相同。（√）
8. 女子运动员和男子 65 公斤级及以下级别的拳套重量为 230 克。（√）
9. 散打比赛期间，运动员因伤病或体重不符不能参加比赛者，作无故弃权论。（×）
10. 比赛中，运动员实力悬殊，为保护本方运动员的安全，教练员可举弃权牌表示弃权，运动员也可举手要求弃权。（√）
11. 运动员不能按时参加称量体重，赛前 3 次检录未到或检录后擅自离开，不能按时上场者，作弃权论。（×）
12. 比赛期间，运动员无故弃权，取消本人全部成绩。（√）
13. 比赛时，每名教练员只能代表所报名单位，坐在指定位置进行现场指导，并只能带一名队医或助手协助工作。（√）
14. 总裁判长负责组织裁判人员学习竞赛规程和规则，研究裁判方法。（√）
15. 比赛中，总裁判长根据工作需要，可以调动裁判人员。（√）
16. 副总裁判长协助总裁判长工作，总裁判长缺席时，可代行总裁判长的职责。（√）
17. 裁判长当发现比赛结果出现明显反判时，在宣布结果前可以改判。（×）
18. 在比赛中，台上裁判员要检查运动员的护具，保证安全比赛。（√）
19. 台上裁判员负责判定运动员倒地、下台、犯规、消极、强制读秒、临场治疗等有关事宜。（√）
20. 记录员参加称量体重工作，并将每名运动员的体重填入每场比赛的统计

表中。（√）

21. 计时员在每局比赛结束时要先停表后鸣锣。（×）

22. 检录长在赛前30分钟负责召集运动员检录。（×）

23. 医务人员要配合兴奋剂检测人员检查运动员是否使用违禁药物。（√）

24. 散打比赛的得分部位为头部、躯干和腿部。（×）

25. 散打比赛的禁击部位为后脑、颈部、裆部。（√）

26. 比赛中，红方使用主动倒地动作攻击蓝方，蓝方在红方倒地时用鞭腿击中红方头部，台上裁判员喊停并给蓝方警告一次。（√）

27. 比赛中，双方运动员互摔，红方倒地在先，蓝方在红方倒地的瞬间以膝部突然发劲，砸压了红方腹部，台上裁判员喊停后判无效倒地在先。（×）

28. 比赛中，双方运动员互摔，红方用头部顶住蓝方胸部，台上裁判员没有判红方犯规。（√）

29. 比赛中，红方用主动倒地动作没有击倒蓝方，台上裁判员没有即刻喊停。（√）

30. 比赛中，判定运动员是否产生"击中"效果，一般可从以下四个方面评判，即看进攻、看防守、看位移、听声音入手或侧重其中几个主要方面进行判定。（√）

31. 比赛中，红方以左冲拳击中蓝方头部，致使蓝方倒地，台上裁判员判蓝方倒地，边裁判员给红方一共记了3分。（√）

32. 比赛中，双方运动员互摔，红方将蓝方推下擂台后，自己也随之倒在了擂台上，并与蓝方脱离，台上裁判员只判蓝方下台。（√）

33. 比赛中，双方运动员互摔，在台上裁判员喊停的同时蓝方倒地，蓝方再次用腿将红方蹬至台下，并与蓝方脱离，台上裁判员判红方下台。（×）

34. 比赛中，双方运动员互摔，在台上裁判员喊停之前，红方倒地在先并与蓝方搂抱在一起，但红方的脚却踩在了台下地面，台上裁判员判红方下台。（×）

35. 比赛中，双方运动员互摔，在台上裁判员喊停的同时，红方倒地在先并与蓝方搂抱在一起，但蓝方的脚却踩在了台下地面，台上裁判员判动作无效。（√）

36. 比赛中，蓝方以踹腿击中红方腹部，致使红方下台（第一次），蓝方这个动作一共可得4分。（√）

37. 比赛中，红方使用扶地前扫腿攻击蓝方，致使蓝方倒在红方身体之上，台上裁判员喊停后判动作无效。（√）

38. 比赛中，红方用踹腿击中蓝方的锁骨与颈部的连接处，红方可得 2 分。（×）

39. 比赛中，蓝方用蹬腿击中红方的腹部，蓝方可得 1 分。（×）

40. 比赛中，红方用鞭腿击中蓝方的腰部与臀部的连接处，红方可得 1 分。（√）

41. 比赛中，蓝方用鞭腿进攻红方，红方提膝防守后却被击中了大腿，边裁判员判蓝方不能得分。（×）

42. 在比赛过程中，红方举手要求弃权，因本方教练不同意弃权，台上裁判员没有终止比赛。（×）

43. 一场散打比赛，红方被劝告 4 次，警告 1 次，台上裁判员可结束比赛并宣布蓝方为该场胜方。（×）

44. 比赛中，蓝方使用扶地后扫腿攻击红方，致使红方倒地，蓝方顺势起立，台上裁判员喊停后判红方倒地。（√）

45. 比赛中，红方以拳腿连续追击蓝方，蓝方在退守中企图用后倒蹬枝动作将红方蹬下擂台，却被红方压倒在身体之下，台上裁判员判蓝方倒地。（×）

46. 比赛中，蓝方以拳腿连续追击红方，红方在退守中企图用后倒蹬枝动作反击，却被蓝方用手按在地下，蓝方仍站立，台上裁判员判红方倒地。（√）

47. 比赛中，红方用扶地前扫腿攻击蓝方，蓝方闪躲后继续与红方互攻，台上裁判员在红方没有起立之前喊停，判红方消极 3 秒。（√）

48. 比赛中，蓝方主动用扶地前扫腿攻击红方，红方闪躲后继续与蓝方互攻，蓝方再次用扫腿将红方扫倒，蓝方顺势站立，台上裁判员喊停后判红方倒地。（√）

49. 比赛中，红方用扶地后扫腿攻击蓝方，蓝方闪躲后继续与红方互攻，红方再次用勾腿将蓝方勾倒，致使蓝方倒在了红方大腿之上，台上裁判员喊停后判蓝方倒地。（×）

50. 比赛中，红方用腿击中蓝方的档部，蓝方被读秒，当读至 10 秒钟时仍没表示继续比赛，台上裁判员可宣布蓝方为该场胜方。（×）

51. 比赛中，双方运动员互击，蓝方被红方的重拳击中头部后倒地，台上裁判员给蓝方读秒，蓝方在读至 10 秒钟后仍然知觉失常，台上裁判员即可宣布红方为该场胜方。（√）

52. 比赛中，红方被蓝方的腿击中肋部后倒地，红方又被台上裁判员强制读秒至 8 秒钟，边裁判员给蓝方一共记了 6 分。（√）

285

53. 比赛中，蓝方在红方的猛烈追击下，为了避免掉下擂台而急速举手要求暂停，台上裁判员喊停后再即刻指挥比赛。（×）

54. 消极搂抱，是指一方运动员为了躲避进攻而主动搂抱对方后又不使用摔法的行为。（√）

55. 在女子比赛中，蓝方因头发影响了视线而举手要求暂停，台上裁判员喊停后让其助手帮助整理了头发，并给予蓝方劝告1次。（√）

56. 比赛中，双方运动员猛烈互攻，蓝方面部受击后造成护齿掉地，台上裁判员喊停后判蓝方有意吐落护齿，被劝告1次。（×）

57. 局间休息结束，蓝方运动员上台后被发现没有戴护齿，台上裁判员令其补戴后并给予蓝方劝告1次。（√）

58. 红方在台上裁判员喊停之后，误以为是该局比赛结束而走下了擂台，台上裁判员判红方延误比赛时间，被劝告1次。（√）

59. 台上裁判员发出比赛"开始"后，蓝方因吐痰而走下了擂台，台上裁判员判蓝方下台1次。（√）

60. 在比赛中一方运动员用方法，致使另一方受伤部位的伤情加重，应判侵人犯规。（√）

61. 比赛中，红方在喊"分开"后没有退步就进攻蓝方，台上裁判员喊停后判红方侵人犯规，被警告1次。（√）

62. 比赛中，运动员互相抱缠没有使用摔法时，台上裁判员应喊"分开"的口令。（√）

63. 在比赛中，一方运动员主动抱摔对方，到达2秒后台上裁判员喊"分开"口令。（×）

64. 比赛中，一方运动员使用主动倒地动作没有击倒对方，在3秒钟之内起立，另一方不得分。（√）

65. 比赛中，一方运动员消极达5秒钟，台上裁判员判其消极，另一方得1分。（×）

66. 比赛中，红方将蓝方踢下擂台的同时，自己也倒在了擂台上，双方身体已经脱离，应判互不得分。（×）

67. 比赛中，蓝方想主动用后倒蹬枝动作将红方蹬下擂台，反被红方压在了身上，台上裁判员判蓝方倒地在先。（×）

68. 比赛中，红方用扶地前扫没有把蓝方扫倒，台上裁判员即刻喊停。（×）

69. 在比赛开始前，红方被发现没有戴缠手带，台上裁判员即刻宣布了蓝方

为该场胜方。（√）

70. 比赛中，蓝方用高鞭腿击中红方头部，由于惯性作用自己却顺势倒地，应判各得 2 分。（√）

71. 比赛中，蓝方因受到红方的重击，台上裁判员及时给蓝方进行强制读秒，当读至 2 秒时蓝方强烈表示没事，台上裁判员见此状况便终止了读秒并继续比赛。（×）

72. 在比赛中，女子运动员要求整理头发是不犯规的。（×）

73. 在比赛中，女子运动员可以不戴护裆。（×）

74. 称量体重时，女子可以穿短衣、短裤或裸体。（√）

75. 称量体重时，每一个级别的称量时间最长可达 1 小时。（√）

76. 运动员到达比赛现场后，因忘记了携带与护具颜色相同的比赛服装，经教练员同意可以参加比赛。（×）

77. 在比赛中，红方将蓝方推打下擂台的同时，红方的手套却被蓝方抓在身上，台上裁判员判下台无效，判红方有意松脱护具被劝告 1 次。（√）

78. 蓝方没有参加当天称量体重，在开始检录时向检录长递交了本队医生开具的身体受伤证明并请求弃权，检录长批准了该请求。（×）

79. 在比赛中，台上裁判员发现蓝方没有配戴护裆，随即要求蓝方补戴后再继续比赛。（×）

80. 在比赛过程中，红方被蓝方推打下擂台的同时，红方的手套却被蓝方抓在手上，台上裁判员判红方下台、同时又判红方有意松脱护具被劝告 1 次。（√）

81. 某运动员报名时的参赛级别为 60 公斤级，在抽签前称量体重为 56.5 公斤，编排记录长没有批准该运动员抽签。（×）

82. 65 公斤级及以上级别的女子运动员使用手套的重量为 280 克。（×）

83. 在一局比赛中，蓝方第二次击中红方的裆部，台上裁判员判蓝方故意伤人，取消该场比赛资格，判红方获胜。（×）

84. 比赛结束后，红方没有给蓝方行抱拳礼，台上裁判员严肃地指挥红方，补行抱拳礼。（√）

85. 一局比赛结束，当双方运动员比分相同时，应首先依据运动员在本局比赛中被判"消极搂抱、消极 5 秒、强制读秒"少者的顺序直接决定本局胜方。（√）

86. 比赛结束后，边裁判员可以自行处理现场评分记录表。（×）

87. 台上裁判员在执裁时不许穿皮鞋、戴手表和眼镜。（√）
88. 台上裁判员在读秒时，必须面对运动员，但可以侧向裁判长。（√）
89. 比赛开始前，红方被发现没有戴绑手带，台上裁判员判红方技术犯规后开始比赛。（×）
90. 边裁判员在判定攻击动作是否"击中"时，应主要看被击者的位移情况。（×）
91. 边裁判员在判定得分标准时，应掌握"就低不就高"的原则，如可给可不给的就不给，对击中 1 分部位还是 2 分部位判定不准的，应该判得 1 分。（√）
92. 在比赛过程中，台上裁判员在判定是否侵人犯规时，不能只看被击打运动员的痛苦表情，作为处罚的依据。（√）
93. 双方运动员互相激烈进攻，其中红方一记鞭腿攻击了黑方腹部，一号边裁判员没有看清楚，但因观众的掌声非常热烈而给了红方 2 分。（×）
94. 在第二局比赛中，双方运动员的得分相同，边裁判员首先考虑红方在该局被警告一次，结果判蓝方为该局胜方。（×）
95. 比赛中，蓝方运动员因受到重击而被强制读秒，当读至 8 秒钟时，台上裁判员停止了读秒并询问蓝方是否能继续比赛，待蓝方点头示意后，台上裁判员判蓝方被强制读 8 秒，之后继续比赛。（×）
96. 蓝方因受重击而倒地，出现瞳孔放大并处休克状态，台上裁判员没有进行读秒而直接向医务席出示急救手势。（√）
97. 一场比赛中，前 2 局双方获胜局数相同，但红方已被强制读秒 2 次，则无需进行第 3 局比赛，判蓝方为该场胜方。（×）
98. 在比赛中，双方运动员互摔，红方倒地，但蓝方手套脱落，台上裁判员判红方倒地无效，判蓝方技术犯规被劝告 1 次。（√）
99. 运动队如对评判结果有疑义时，应在该运动员比赛结束后 15 分钟内，由本方领队或教练员向仲裁委员会提出书面申诉，并同时交付 1000 元人民币的申诉费。（√）
100. 仲裁委员会成员可以参加与本人所在单位有牵连问题的讨论。（×）

三、选择题

1. 运动员未能按时参加称量体重，应视为（B）。
   A. 弃权　　　　B. 无故弃权　　　　C. 取消该场比赛资格

2. 台上裁判员给受伤运动员强制读秒时，应该面对（C）。
   A. 裁判长　　　　　B. 医生　　　　　C. 运动员
3. 散打比赛的禁击部位包括（C）。
   A. 裆部、眼睛、后脑　　B. 颈部、裆部、喉部　　C. 后脑、颈部、裆部
4. 散打比赛的得分部位包括（A）。
   A. 头部、躯干、大腿　　B. 头部、躯干、下肢　　C. 头部、躯干、腿部
5. 运动员互摔，在倒地后发现蓝方肘关节脱臼，台上裁判员应（B）。
   A. 即刻读秒　　　B. 请医生进行急救　　C. 征求裁判长意见
6. 女子散打比赛中，运动员因头发影响动作而要求暂停整理时，台上裁判员应该（C）。
   A. 不理睬　　　B. 暂停整理后继续比赛　　C. 暂停整理后并给予劝告
7. 蓝方以右冲拳猛击红方眼部，致使红方知觉失常，经读10秒钟后仍未恢复，应判（A）。
   A. 蓝方获胜　　B. 蓝方犯规红方获胜　　C. 等待医务监督检查结果
8. 红方以鞭腿猛击蓝方肘部，致使蓝方肘关节脱臼，应判（B）。
   A. 红方犯规、蓝方获胜　　B. 红方获胜　　C. 给蓝方强制读秒
9. 红方用蹬腿击中蓝方躯干后，不慎用手支撑了台面，应判（A）。
   A. 各得2分　　　B. 红方得2分　　　C. 互不得分
10. 红方被指定进攻后，虽在5秒钟之内击中了蓝方，但紧接又一次出现了5秒钟消极，应判（B）。
    A. 红方消极　　　B. 再次指定红方进攻　　C. 红方被警告
11. 蓝方将红方推下擂台的同时，蓝方也倒在了擂台上，双方身体已经脱离，应判（B）。
    A. 红方下台、蓝方倒地　　B. 红方下台　　C. 下台无效
12. 红方进身搂摔蓝方，蓝方两次用拳明显击中红方背部，应判（C）。
    A. 蓝方得2分　　　B. 判红方消极搂抱　　C. 不得分
13. 蓝方在提膝的同时，被红方用腿击中臀部，应判（B）。
    A. 红方得2分　　　B. 红方得1分　　　C. 不得分
14. 蓝方用腿击中红方躯干后，被红方抱住摔倒在地，红方自己也随之倒地，应判（A）。
    A. 蓝方得2分　　　B. 红方得1分　　　C. 不得分

15. 运动员报名级别为65公斤级，称量体重时为60公斤，应参加哪个级别的比赛（C）。

   A. 60公斤级　　　　　B. 65公斤级　　　　　C. 不准参加比赛

16. 一局比赛中，双方运动员出现得分相同时，应以（A）判定胜负。

   A. 主动进攻技术强者　B. 受劝告次数少者　　C. 受警告次数少者

17. 红方使用扶地后扫腿将蓝方扫倒，在台上裁判员喊停时，红方未能站立，应判（C）。

   A. 红方3秒钟　　　　B. 红方得1分　　　　C. 动作无效

18. 蓝方用转身摆腿击中红方躯干后，自己随之顺势倒地，应判（C）。

   A. 蓝方得2分　　　　B. 互不得分　　　　　C. 各得2分

19. 蓝方用腿击中红方躯干，红方被强制读8秒钟，应判（C）。

   A. 蓝方犯规　　　　　B. 蓝方得2分　　　　C. 蓝方得4分

20. 台上裁判员喊停的同时，红方被打下擂台，蓝方也倒在了台上，但双方未有脱离。应判（C）。

   A. 红方下台、蓝方倒地　B. 红方下台　　　　C. 无效

21. 红方以腿击中蓝方躯干，蓝方即刻又以腿击中红方大腿，应判（A）。

   A. 红方得2分、蓝方得1分　B. 红方得1分　　　C. 不得分

22. 红方使用主动后倒蹬枝动作，致使蓝方倒地，在台上裁判员喊停之前未能站立，应判（B）。

   A. 红方得2分　　　　B. 无效　　　　　　　C. 红方消极3秒

23. 蓝方使用主动后倒蹬枝动作企图摔倒红方，但反被红方压在了身上，应判（C）。

   A. 蓝方1分　　　　　B. 蓝方倒地在先　　　C. 无效

24. 蓝方使用摆腿击中红方头部，致使红方倒地后，蓝方也随之倒地，应判（A）。

   A. 蓝方得2分　　　　B. 蓝方得1分　　　　C. 蓝方得3分

25. 红方使用蹬腿击中蓝方躯干，致使蓝方倒地，台上裁判员又给蓝方强制读8秒，应判（B）。

   A. 红方得4分　　　　B. 红方得6分　　　　C. 红方得3分

26. 红方使用鞭腿击中蓝方头部后，蓝方再使用抱腿摔将红方摔倒，应判（A）。

   A. 各得2分　　　　　B. 互不得分　　　　　C. 蓝方得2分

27. 蓝方使用蹬腿击中红方躯干，致使红方倒地后，蓝方也随之倒地，在台上裁判员喊停后又给红方强制读8秒钟。应判（C）。

　　A. 蓝方得3分　　　　B. 蓝方得2分　　　　C. 蓝方得4分

28. 红方先后两次用拳明显击中蓝方头部，蓝方倒地，台上裁判员又给蓝方强制读8秒钟，应判（A）。

　　A. 红方得6分　　　　B. 红方得3分　　　　C. 红方得4分

29. 双方互摔，致使双方先后倒地并抱缠在一起，后倒地者的脚踩在了台下地面，应判（A）。

　　A. 动作无效　　　　B. 先倒地者倒地在先　　　　C. 后倒地者下台

30. 红方使用摔法致使蓝方倒地在先，在台上裁判员喊停的同时蓝方又用力将红方蹬下了台下地面，应判（B）。

　　A. 蓝方倒地在先　　　　B. 动作无效　　　　C. 红方下台

31. 红方使用腾空后蹬腿击中蓝方躯干，致使蓝方下台（第1次），红方也倒在了台上，应判（A）。

　　A. 红方得4分　　　　B. 红方得4分、蓝方得2分　　　　C. 蓝方下台

32. 蓝方使用扶地后扫腿击中红方小腿，在台上裁判员喊停之前蓝方未能站立，应判（C）。

　　A. 蓝方得1分并消极3秒　　　　B. 蓝方得1分　　　　C. 蓝方消极3秒

33. 蓝方用蹬腿进攻红方躯干，红方闪躲后用脚勾倒了蓝方，应判（A）。

　　A. 红方得2分　　　　B. 红方得4分　　　　C. 各得2分

34. 蓝方倒地时，因红方压在肘关节上而造成前臂骨折，应判（B）。

　　A. 红方犯规　　　　B. 红方获胜　　　　C. 红方得1分

35. 双方运动员夹颈搂抱，红方两次踢中蓝方大腿，蓝方一次踢中红方臀部，这一组合中应判（B）。

　　A. 各得2分　　　　B. 互不得分　　　　C. 红方得2分、蓝方得1分

36. 双方运动员互摔，红方被摔下擂台后造成肘关节脱臼，应判（B）。

　　A. 蓝方犯规　　　　B. 蓝方获胜　　　　C. 读秒

37. 蓝方被红方摔倒，蓝方没能起立并呈现痛苦状态，台上裁判员应(A)。

　　A. 给蓝方读秒　　　　B. 请医生上台　　　　C. 征求裁判长意见

38. 红方欲举手要求暂停，台上裁判员还没喊"停"时，蓝方用腿击中红方躯干，应判（A）。

　　A. 蓝方得2分　　　　B. 蓝方得分无效　　　　C. 蓝方侵人犯规

39. 蓝方在场上处于不利状态并举手要求暂停，台上裁判员可以（C）。

　　A. 不理睬　　　　B. 暂停后继续比赛　　　C. 暂停后判蓝方劝告 1 次

40. 台上裁判员喊"停"后，蓝方被红方用拳击倒达 10 秒钟后仍不能站起，台上裁判员的处理方法为（C）。

　　A. 宣布蓝方获胜　　　　B. 红方被警告并获胜

　　C. 待医务监督组检查确认不能继续比赛后，宣布蓝方获胜

41. 蓝方用蹬腿击中红方腹部，红方用鞭腿击中蓝方大腿后反被蓝方摔倒，在这一组合中，应判（C）。

　　A. 蓝方得 2 分　　　　B. 蓝方得 3 分　　　C. 蓝方得 4 分、红方得 1 分

42. 红方用扶地前扫腿击中蓝方小腿，蓝方紧接用鞭腿击中红方大腿，当红方起立后蓝方又用鞭腿击中其肋部，在这一组合中，应判（A）。

　　A. 蓝方得 3 分　　　　B. 红方得 1 分、蓝方得 3 分

　　C. 各得 1 分、蓝方被警告

43. 红方被蓝方用蹬腿击中头部后倒地，在台上裁判员喊停之前，蓝方用腿击中红方头部，应判（ ）。

　　A. 蓝方得 6 分　　　　B. 蓝方得 4 分　　　C. 蓝方得 4 分并被警告 1 次

44. 一方运动员在比赛中故意伤人，应判该运动员（C）。

　　A. 侵人犯规　　　B. 技术犯规　　　C. 取消比赛资格，所有成绩均无效

45. 本局比赛时间已到，但在计时员还没有敲锣之前台上裁判员已喊停并对红方进行读秒，此时计时员应如何处理（A）。

　　A. 停表等待读秒　　　　B. 敲锣　　　　C. 继续走表

46. 双方运动员互相攻击，红方身体失控将要倒地时，蓝方用腿击中红方头部，应判（C）。

　　A. 蓝方侵人犯规　　　　B. 蓝方技术犯规　　　C. 蓝方得 2 分

47. 红方用拳击中蓝方头部，蓝方用鞭腿击中红方大腿，红方又用拳击中蓝方头部，蓝方受重击后身体晃动，台上裁判员给蓝方强制读 8 秒钟，在这一组合中，应判（B）。

　　A. 红方得 3 分　　　　B. 红方得 4 分、蓝方得 1 分　　　C. 红方得 2 分

48. 蓝方用扶地后扫腿进攻，致使红方倒地时重重地砸在蓝方身上，在喊停后蓝方仍未能起立，台上裁判员给蓝方读了 8 秒钟，应判（C）。

　　A. 蓝方得 1 分、红方得 2 分　　　B. 红方被警告 1 次　　　C. 红方得 2 分

49. 在比赛中，蓝方教练员在座位上大声指导，台上裁判员对其行为可（C）。

　　A. 给予提示　　　　B. 给予劝告　　　　C. 不予理睬

50. 红方用扶地前扫腿击中蓝方小腿，随之双方互攻，红方再次用脚将蓝方勾倒并顺势起立，应判（C）。

　　A. 红方得1分　　　B. 红方得3分　　　C. 红方得2分

51. 红方因蓝方侵人犯规，被台上裁判员读至10秒钟后仍不能继续比赛，台上裁判员可（B）。

　　A. 直接宣布红方获胜　　　B. 等待医务监督组确诊后再宣布比赛结果

　　C. 征求裁判长意见

52. 双方运动员激烈互击，红方突然举手要求暂停，并以另一只手示意被击中裆部，台上裁判员喊停后即刻给红方读秒，当读至5秒后红方表示能继续比赛，台上裁判员读完8秒后应（A）。

　　A. 根据自己的判断处理　　　B. 判蓝方警告　　　C. 判红方强制读秒1次

53. 红方用踹腿击中蓝方胸部，自己却因失去重心而倒地，在台上裁判员喊停的同时蓝方也因没能站稳而倒地，应判（B）。

　　A. 蓝方得1分　　　B. 红方得2分　　　C. 互不得分

54. 蓝方用鞭腿击中红方腰部，红方接腿后将蓝方摔倒，蓝方因摔得太重而被强制读8秒钟，应判（B）。

　　A. 各得2分　　　B. 红方得4分、蓝方得2分　　　C. 红方得2分

55. 红方用鞭腿击中蓝方头部，蓝方接腿后企图用摔法，但反被红方摔倒，而红方却因惯性作用掉下了擂台，双方身体已脱离，应判（A）。

　　A. 各得2分　　　B. 红方得4分、蓝方得2分　　　C. 红方下台

56. 蓝方用鞭腿击中红方臀部，红方也用鞭腿反击，但反被蓝方摔倒，蓝方也随之倒地，应判（A）。

　　A. 蓝方得1分　　　B. 蓝方得2分　　　C. 蓝方得3分

57. 在编排轮次表时，种子选手应安排的号码位置是（A）。

　　A. 按名次安排在相应的号码位置上

　　B. 按名次从最大号码位置数开始安排　　　C. 随意安排

58. 在比赛期间，运动员因技术悬殊，弃权应由谁提出才能同意（C）？

　　A. 教练员或运动员提出　　　B. 裁判长提出

　　C. 教练员、运动员、裁判长三方都可以

59. 散打比赛采用循环赛时，计算个人名次按积分多者名次列前，若两人或两人以上积分相同时，首先依据的顺序是（A）。

A. 负局数少者列前　　　B. 受警告少者列前　　　C. 受劝告少者列前

60. 竞技散打比赛的擂台规格为（A）。

A. 高 80 厘米、长 800 厘米、宽 800 厘米

B. 高 60 厘米、长 800 厘米、宽 800 厘米

C. 高 80 厘米、长 700 厘米、宽 700 厘米

四、问答题

1. 散打竞赛的种类包括哪些？
2. 散打的竞赛办法是如何规定的？
3. 运动员资格审查包括哪些内容？
4. 运动员称量体重有哪些规定？
5. 抽签工作有哪些规定？
6. 参赛运动员的服装有哪些规定？
7. 参赛运动员的护具有哪些规定？
8. 散打比赛中的礼节有哪些规定？
9. 散打比赛中的弃权有哪些规定？
10. 散打竞赛中的有关规定是什么？
11. 总裁判长的职责是什么？
12. 裁判长的职责是什么？
13. 台上裁判员的职责是什么？
14. 边裁判员的职责是什么？
15. 记录员的职责是什么？
16. 计时员的职责是什么？
17. 编排记录长的职责是什么？
18. 检录长的职责是什么？
19. 宣告员的职责是什么？
20. 医务人员的职责是什么？
21. 散打比赛的禁用方法有哪些？
22. 简述得 2 分条款。
23. 简述得 1 分条款。

24. 简述不得分条款。
25. 散打比赛技术犯规条款包括哪些？
26. 散打比赛侵人犯规条款包括哪些？
27. 罚则条款包括哪些？
28. 暂停比赛条款包括哪些？
29. 优势胜利的条款包括哪些？
30. 如何判定每局的胜负？
31. 如何判定每场的胜负？
32. 个人名次评定条款包括哪些？
33. 团体名次评定条款包括哪些？
34. 编排的原则包括哪些？
35. 种子设定的规定包括哪些？

口试题

一号签

1. 团体赛中的团体分是如何计算的？总分相等怎么办？
2. 做出并叙述"抱拳礼"的方法与要求。

二号签

1. 散打比赛中的个人赛如何计算个人成绩？
2. 做出并叙述运动员"上台"的手势。

三号签

1. 简述什么是循环赛？什么是淘汰赛？
2. 做出并叙述双方运动员"行礼"的手势。

四号签

1. 简述散打比赛的竞赛办法。
2. 做出并叙述"预备-开始"的手势。

五号签

1. 简述资格审查中有关运动员的参赛年龄和体格检查的内容规定。
2. 做出并叙述"停"的手势。

六号签

1. 按规则规定，散打运动员的体重一共分多少级？如何分级？
2. 做出并叙述"消极5秒钟"的手势。

七号签

1. 称量体重的条款中有哪些规定？
2. 做出并叙述"读秒"的手势。

八号签

1. 抽签条款中有哪些规定？
2. 做出并叙述"消极搂抱"的手势。

九号签

1. 比赛运动员的服装护具有哪些规定？
2. 做出并叙述"强制读8秒"的手势。

十号签

1. 竞赛中的礼节有哪些规定？
2. 做出并叙述"消极3秒"的手势。

十一号签

1. 竞赛中的弃权有哪些规定？
2. 做出并叙述"指定进攻"的手势。

十二号签

1. 竞赛中的有关规定包括哪些？
2. 做出并叙述"倒地"的手势。

十三号签

1. 简述散打禁击部位及身体的具体位置？
2. 做出并叙述"第一局"的手势。

十四号签

1. 简述散打的得分部位及身体的具体位置。
2. 做出并叙述"第二局"的手势。

十五号签

1. 简述判断是否用"头、肘、膝"攻击对方的标准。
2. 做出并叙述"第三局"的手势。

十六号签

1. 简述判断用迫使对方头部先着地的摔法的标准。
2. 做出并叙述"分开"的手势。

十七号签

1. 简述下台和一方下台的基本概念。
2. 做出并叙述"同时倒地"的手势。

十八号签

1. 简述倒地的基本概念。倒地一般包括哪几种情况？
2. 做出并叙述"一方下台"的手势。

十九号签

1. 简述判定"击中"效果应包括哪些界定标准？
2. 做出并叙述"双方下台"的手势。

二十号签

1. 简述"读秒"包括哪几类？"读秒"通常有哪几种状态？
2. 做出并叙述"消极搂抱"的手势。

二十一号签

1. 简述"读秒"后有哪几种处理办法?
2. 做出并叙述"踢裆"的手势。

二十二号签

1. 简述对裁判人员的要求。
2. 做出并叙述"击后脑"的手势。

二十三号签

1. 简述裁判长的主要职责。
2. 做出并叙述"肘犯规"的手势。

二十四号签

1. 简述台上裁判员的职责。
2. 做出并叙述"警告"的手势。

二十五号签

1. 简述边裁判员的职责。
2. 做出并叙述"劝告"的手势。

二十六号签

1. 简述编排记录长的职责。
2. 做出并叙述"取消比赛资格"的手势。

二十七号签

1. 简述检录长的职责。
2. 做出并叙述"无效"手势。

二十八号签

1. 简述采用单循环赛时有关计算轮次和场次的方法。
2. 做出并叙述"急救"手势。

二十九号签

1. 简述采用单败淘汰赛时有关计算轮次和场次的方法。
2. 做出并叙述"休息"的手势。

三十号签

1. 简述编排的原则。
2. 做出并叙述"交换站位"的手势。

录像考试

录像考试为裁判实践考试，主要是对一个边裁判员实际操作能力的培养、考核。因录像的动作图像较小，速度较快，视线的角度较小，"击中"的声音效果也因录音质量问题与现场有较大差异。因此，录像考试实际比临场执裁要困难一些。

一、考试的内容

一般在大型的全国武术散打锦标赛或国际性的武术散打锦标赛中，摘录 10~20 局不同运动员的比赛实况录像作为考试内容。关于选择录像考试的难度大小可由组织者根据考试的目的、对象的不同水平而有所差异。一般是双方运动员的竞技水平越接近，难度越大；竞争越激烈，难度越大。反之，难度就越小。

二、考试方法

1. 每一局的考试录像只按正常速度播放一次。
2. 播放完录像后，给 1 分钟的时间计算运动员的得分，并准确地登记在录像评分表中。

三、考试要求

1. 每一个裁判员必须独立评判，不得互相影响。为此，每人的座位应相隔一定距离，避免相互干扰。
2. 因为录像考试只能看到一个平面，而且还会有因录像角度而看不清运动

员的击中部位或台上裁判员的判罚手势。因此，凡是因运动员或裁判员的身体阻挡，或录像角度原因看不清击中部位，或看不见台上裁判员的判罚手势时，一般可以忽略不计分。

3. 在评分表中必须填写清楚红蓝方运动员各自的得分，而且填写清楚获胜方(红方还是蓝方)。

4. 录像评分表即为试卷，应试者不得在表中乱写、乱改，凡是涂改不清楚的一律按 0 分计算。

四、评分标准

1. 每一局满分一般为 3~10 分。

2. 每局评判结果如没有反判，即胜负方没有判错，可以获得一局满分的 60%~70%分；如果运动员的点数得分也是对的，即为满分。

3. 结果如果没有反判，但评判运动员的点数得分不同，扣分的标准为：

一般正负值相加差 1 个点数时，不予扣分；如果正负值相加差 2 个点数则扣 1 分。例如，标准答案为：红方得 6、蓝方得 4；若评判为 7∶4 或 6∶5，不扣分；若正负点数相加差 2 点，则扣 1 分；正负点数相差 3 点，仍扣 2 分；正负点数相差 4 点，则扣 2 分。如此类推，但最多不得超过点数应扣分的总和。

技术考试

一、考试内容

1. 散打技术考试，一般包括步法、拳法、腿法、摔法、防守法、跌法，以及进攻与防守反击技术组合。

2. 套路技术考试，一般为套路演练，包括传统套路、竞赛套路，以及其他自选套路，可以任选一项，演练时间 1 分钟左右。

二、考试形式

1. 个人练习。散打技术必须按规定的要求，包括单个技术练习、组合技术练习、踢打沙包等。套路技术需要提前申报项目和名称。

2. 双人配合练习。练习的内容有摔法练习、攻防练习、打靶练习、条件实战、实战等。

三、评分标准

1. 散打技术考试，凡符合规格正确，动作协调，发力顺达，力量充实者给予满分。按优秀、良好、及格、不及格的等级，套入相应的分数段，为最后得分。

2. 条件实战或实战考试，凡符合动作敏捷、反应灵活，战术意识强，进攻与防守反击效果好、技术全面者给予满分。按好、中、差的等级，套入相应的分数段，为最后得分。

3. 套路考试，凡符合特点突出、规格正确、劲力顺达、动作熟练、节奏分明，手、眼、身法、步配合协调、完整者给予满分。按优、良、中、差的等级套入相应的分数段，为最后得分。

参考文献

[1] 中国武术协会审定. 武术散打（散手）竞赛规则（试用）.

[2] 国际武术联合会审定. 国际武术散手竞赛规则.

[3] 中国武术协会审定. 武术散打（散手）竞赛裁判法（试用）.

[4] 全国体育院校教材委员会审定. 中国武术教程（上、下册）[M]. 北京：人民体育出版社，2003.

[5] 中国武术协会审定. 武术散打竞赛规则与裁判法[M]. 北京：人民体育出版社，2013.

[6] 国家体委武术研究院. 中国武术史[M]. 北京：人民体育出版社，1997.

[7] 中国武术百科全书[M]. 北京：中国大百科全书出版社，1998.